走向田野：乡村振兴的承县探索

ZOUXIANG TIANYE: XIANGCUN ZHENXING DE CHENGXIAN TANSUO

赵频　王海娟　编著

图书在版编目(CIP)数据

走向田野：乡村振兴的承县探索 / 赵频，王海娟编著. —武汉：中国地质大学出版社，2025.3. —ISBN 978-7-5625-6167-5

Ⅰ.F327.424

中国国家版本馆 CIP 数据核字第 2025L7J828 号

走向田野：乡村振兴的承县探索	赵频　王海娟　编著
责任编辑：沈婷婷	责任校对：徐蕾蕾

出版发行：中国地质大学出版社(武汉市洪山区鲁磨路388号)	邮编：430074
电　　话：(027)67883511　　传　　真：(027)67883580	E-mail:cbb@cug.edu.cn
经　　销：全国新华书店	https://cugp.cug.edu.cn

开本：787mm×960mm　1/16	字数：250千字	印张：12.75
版次：2025年3月第1版	印次：2025年3月第1次印刷	
印刷：武汉邮科印务有限公司		

ISBN 978-7-5625-6167-5	定价：48.00元

如有印装质量问题请与印刷厂联系调换

前 言

走向田野：乡村振兴的承县探索

社会科学是经验性的科学，公共管理作为一门社会科学也不例外。学习公共管理要借助经验，将相关的理论学习与经验相结合，进而形成研究问题。教师在讲授公共管理研究方法时，往往会因不知如何将课程的理论方法运用于调研情境而苦恼；学生在学习该门课程和阅读经典著作时，也会因不知如何才能使理论与实践相结合而苦恼。基于此，如何训练学生将理论与调研实践相结合，形成真正的公共管理研究问题，是我们一直在思考的问题。

在信息时代和数字化时代的冲击下，"〇〇后"大学生往往缺乏去看真实世界的动力，对于社会的认知更多依托于既有的书本和网上信息，在获取二手资料的舒适圈中去认识世界。但真实的世界果真如此吗？很明显，真实的世界需要学生亲自去了解，去认识。

本书来源于行政管理专业大二学生的暑期调研实践。该专业的大二学生已经学习了专业基础知识，在老师的引导下进行了经典著作的阅读，经过了社会调查研究方法的理论训练，奠定了一定的专业知识基础和调研方法基础。但学生缺乏经验的积累，知识的习得更多的是被动性吸收，缺乏深入理解，更不用说养成创新性思维以及生成新的知识。基于此，我们在调研的设计中，让学生自己去感知经验世界，形成对经验世界的认识，再与习得的理论知识相观照，在从经验世界达至理论世界中感受到学习的乐趣，激发学生创新性思维的形成。

与问卷调查不同，我们的调研实践在前期没有特意设计。学生在调研之前对调研主题、调研地点、调研对象、调研方式一无所知。这也是田野调查的一大特点，不带任何预设或假设进入调研情境中，在调研情境中不断磨炼调研技能和激发对问题的想象，逐步形成研究问题。调研历时两周。第一周，我们将学生分组并带入各个村，通过对村庄各类群体的访谈和观察去了解村庄的经济、社会、文化、生活等生态及环境，逐步认识村庄发展的特点，挖掘村庄可能会有的研究问题，访谈时间不得少于3个小时。由一位同学主问，其他同学追问。访谈没有具体的访谈提纲，在访谈中学生需要集中精力，不断组织语言去发问。在白天进行入村入户访谈之后，每晚会安排小组讨论，流程是先组内讨论，再组间讨论，通过每天晚上的讨论，让学生逐步明晰访谈的路线，在现象间找关联，在村庄内部找原因，尝试提炼访谈现象背后隐藏的公共管理的相关概念和理论，进而撰写访谈日志。第一周调研结束后，全部调研小组进行集体讨论，通过分享激发灵感，对研究村落进行深入理解和剖析。通过第一周的调研，学生基本了解所在村庄的基本情况和主要特点，发现可以进一步探讨的研究问题。第二周，每组学生开始带着自己的主题进行调查访问。同样地，在每天访谈结束后进行小组讨论、组间讨论，再于一周后进行大讨论。通过不断的复盘，抽丝剥茧，将研究问题逐步深入，进而撰写主题报告。除了撰写主题报告之外，学生还就所见、所闻、所思、所想撰写个人报告。在这一过程中，两位老师在确定主题、收集整理资料、选定内容、分析资料等每一环节给予充分的指导，一遍遍地斟酌文字，对报告进行修改，终成此书。

本书分四篇。第一篇为乡村社会变迁，记录了转型中的农村村级治理、经济发展和村庄社会的家庭、留守儿童、人情、礼俗等；第二篇为乡村建设，记录了县域视角下农村多层次养老服务体系、生活治理、美丽乡村建设等；第三篇为乡村社会治理，记录了村落理事会、村民"微自治"、城郊村的治理困境及简约治理；第四篇为田野感悟，记录了学生对调研的感想。我们欣喜地看到，这次调研实践不同于以往的教学实习，不是让学生坐在办公室处理行政性事务，而是让学生走到田野中去近距离接触农村。通过这次的调研训练，他们的改变超出了我们的预期，不仅积累了知识，更是重塑了他们的三观。

面向社会实际的调查研究推动了马克思主义理论的产生、发展和创新。无论是《资本论》《寻乌调查》《反对本本主义》的写作，还是在马克思主义中国化、时代化的探索中，党和国家所有重要决议的出台、重大理论成果的创新，都离不开深入细致、形式多样的调研研究。青年大学生是党和国家事业发展的生力军，调查研究是"谋事之基，成事之道"。青年大学生理应坚守调查研究的优良风气，在学习、发扬先辈们的光荣传统中提高研究调查能力，让调查研究成为学习、工作、生活的新风尚。

为避免引起不必要的误会，书中调研地所用地名、人名皆为化名。

赵 频

2024 年 9 月

目 录

走向田野：乡村振兴的承县探索

第一篇　乡村社会变迁 ……………………………………………（1）

第一章　转型中的农村社会 ………………………………………（3）
　第一节　村级治理的成就与困境 …………………………………（3）
　第二节　村庄经济发展 ……………………………………………（12）
　第三节　村庄社会的人情与礼俗 …………………………………（14）
　第四节　结　语 ……………………………………………………（18）

第二章　社会转型下的城郊村图景 ………………………………（19）
　第一节　村庄概况 …………………………………………………（19）
　第二节　村庄社会 …………………………………………………（20）
　第三节　农民家庭与城市化 ………………………………………（23）
　第四节　农业产业 …………………………………………………（25）
　第五节　村庄治理 …………………………………………………（27）
　第六节　结　语 ……………………………………………………（34）

第二篇　乡村建设 …………………………………………………（37）

第三章　县域视角下农村多层次养老服务体系建设 ……………（39）
　第一节　政府主导：特困老人养老服务 …………………………（40）
　第二节　"公建民营"的机构养老 …………………………………（45）
　第三节　家庭经营式养老公寓 ……………………………………（49）
　第四节　社区居家养老服务 ………………………………………（53）
　第五节　互助养老：老年协会 ……………………………………（56）
　第六节　结　语 ……………………………………………………（59）

第四章　乡村生活治理之殡葬改革 ………………………………（61）
　第一节　殡葬改革的背景、推动及成果 …………………………（61）
　第二节　多元共治下的殡葬治理模式 ……………………………（65）
　第三节　平稳推动殡葬改革的建议 ………………………………（68）

  第四节 结　语 …………………………………………………… (69)

 第五章 美丽乡村建设 ……………………………………………… (73)

  第一节 美丽乡村建设实践 …………………………………… (73)

  第二节 美丽乡村建设中存在的不足 ………………………… (80)

  第三节 结　语 …………………………………………………… (83)

第三篇 乡村社会治理 ……………………………………………………… (87)

 第六章 乡村治理中的村落理事会 ……………………………………… (89)

  第一节 村庄概况 ………………………………………………… (89)

  第二节 村落理事会的运行情况 ………………………………… (90)

  第三节 村落理事会的性质 ……………………………………… (95)

  第四节 村落理事会的限度 ……………………………………… (98)

  第五节 发挥理事会作用的优化路径 …………………………… (100)

  第六节 结　语 …………………………………………………… (101)

 第七章 村民"微自治" ……………………………………………… (103)

  第一节 村民"微自治"实践过程 …………………………… (104)

  第二节 村民"微自治"的运行机制 ……………………………… (106)

  第三节 村民"微自治"运行的困境 ……………………………… (110)

  第四节 破解村民"微自治"运行困境的对策建议 ……………… (111)

  第五节 结　语 …………………………………………………… (115)

 第八章 城郊村的治理困境 ……………………………………………… (117)

  第一节 村情概况 ………………………………………………… (117)

  第二节 城郊村治理现状 ………………………………………… (120)

  第三节 城郊村面临的治理困境 ………………………………… (123)

  第四节 优化城郊村治理的对策建议 …………………………… (132)

  第五节 结　语 …………………………………………………… (137)

 第九章 城郊村的简约治理 ……………………………………………… (138)

  第一节 村庄概况 ………………………………………………… (138)

  第二节 村庄治理现状 …………………………………………… (141)

  第三节 乡村治理特质 …………………………………………… (146)

  第四节 乡村治理面临的挑战 …………………………………… (150)

  第五节 结　语 …………………………………………………… (152)

第十章　乡村千百味:基层治理的酸甜苦辣咸 …………………………(154)
　第一节　公平:资源配置背后的挑战 ……………………………(154)
　第二节　增收:产业发展须以民为本 ……………………………(157)
　第三节　烦恼:乡村治理人才的困境 ……………………………(159)
　第四节　理性:非遗传承面临的抉择 ……………………………(161)
　第五节　刻苦:与上级部门良性互动 ……………………………(163)
　第六节　结　语 …………………………………………………(166)
第四篇　田野感悟 …………………………………………………………(167)
主要参考文献 …………………………………………………………………(193)

第一篇

乡村社会变迁

第一章 转型中的农村社会

我国目前处于高速发展阶段,农村社会逐渐从传统走向现代化,从熟人社会向陌生人社会转型。在农村社会转型的过程中,基层治理的内容日益复杂,既包括基本的治安维稳,又包括对提升农民生活质量具有重要意义的各方面,如集体经济的发展、公共性私人生活的治理等。农村社会性质及其治理方式都在开始发生变化,对农村社会秩序的维系提出了新挑战。

第一节 村级治理的成就与困境

(一)社会秩序基础的转变

随着社会的发展,承县农村人口流失严重,空心化、过疏化现象突出。调研地承县苗镇的米村于2001年由3个村庄合并而成。米村位于城郊,人口流动性较大,除本村居民外,还有大量外来租户,合村并组与人口流动共同促使米村成为半熟人社会。于米村村民而言,以往靠血缘关系深度维持的浓厚人情被逐渐稀释,邻里间彼此知根知底的信息对称局面被打破。同时由于村内的年轻人都选择外出打工,传统顺应自然的规律性的农村生活随着时代变化而逐渐消解,换工、帮工等互助式行为也逐渐消失,因此宗法礼俗也日渐式微。

半熟人社会是居于传统社会和现代陌生人社会之间的一种中间状态,它立足社会变迁的视角,既有传承又有变化。虽然许多传统习俗有日渐式微的表征,但半熟人社会仍沿袭了"差序格局""礼治秩序"等特点(陈经富,2021)。伴随着文化习俗的变迁,农民的传统观念也逐渐弱化,乡村社会内部的联系、秩序、规则等发生了转变,农村治理也逐渐呈现出新特征。

1.社会变迁促使精英赋权机制转变

传统农村是以血缘关系为纽带的宗族社会,封闭性极强。村集体中的能人、精英具有较大影响力与感召力,拥有较高的威望、更多的话语权,成为村治工作中的核心力量。乡村精英权力主要来自村庄社会内部,主要是一种社会性权力。

中华人民共和国成立后,乡村精英的赋权机制从村庄社会赋权转变为国家赋权。随着改革开放进程的加快,中国特色社会主义市场为乡村社会经济领域的发展创造了巨大空间,推动原有农村个体所具有的资源禀赋优势投放到经济领域中,使得经济精英不断壮大,并在农村社会中占领了舆论高地,成为权威性人物。2012年以后,中国特色社会主义进入新时代,中国乡村发展进入到一个新的历史时期。2015年,"新乡贤"作为政策话语首次出现在中央1号文件中。这些政策话语和战略安排推动着中国乡村建设朝向更高层次发展。在这一过程中,新乡贤成为中国乡村精英群体建构的一条主线(张英魁和徐彩勤,2022)。

在熟人社会中,乡贤、能人容易自发组织,共同发挥治理作用。但在半熟人社会中,需要有村干部牵头激发新乡贤的治理主体角色,实现多元主体共治。米村每年年底都会组织召开乡情恳谈会,村委会会邀请本村的企业家等社会精英共同商讨村庄发展大计。本村一位农业合作社负责人表示:"我们参会的这些人(指本村农场负责人、农业合作社负责人、在外发展较好的各类精英等)彼此之间其实也不算很熟,除了跟经常在村里搞农场、合作社的这些人比较熟以外,跟其他人只是认识而已。召开恳谈会还是很有必要的,那些企业家或者在大城市打拼的人眼界更开阔,对于我们村的发展还是有一定的帮助的。要是没有村委会牵头,我们这些人不会坐在一起,更谈不上恳谈了。"在半熟人社会中,村庄精英的参与积极性弱化。一位当地的饭店老板和我们聊天时说了很多对村级治理的独到见解,但他表示并不愿意参与乡情恳谈会,也不愿意参与到村庄治理中。他表示"很多人提出的想法都不切实际","没想过在村委会工作,毕竟很多工作涉及村民利益,不可能一碗水端平,难免落闲话"。

新乡贤一般居住和生活在村庄之外,其中不乏已长期脱离农村的群体。他们有发展的眼光,却缺乏对本土村庄环境清晰而深刻的认识,因此他们提出的规划、建议往往与客观条件存在偏差,甚至他们提出的建议会被村民诟病。在这种情况下,村民对新乡贤群体的认可度较低。这在一定程度上,也对其他能力突出的村民造成负面示范效应,进而使得其他能力突出的村民难以冲破群体压力参与到村庄治理中。

2. 乡村社会秩序基础发生转变

市场因素和城市文化不可避免地进入村庄内部,使得农民观念发生变化。譬如,曾经对神明的敬畏逐渐因科学的普及而弱化,曾经作为农村社会人际关系基础的人情往来逐渐消解。在熟人社会中,地方规范作为社会秩序基础调节人际关系,这种社会性道德实践允许人与人之间互相干涉、互相批评,农村生活在这种地方权威的约束下有序展开。在现代社会中,熟人社会逐渐向半熟人社会转变,国家权力介入农村生活治理,社会秩序逐渐开始依靠国家力量维系。此外,国家的社会保障和救济代替了曾经的亲友间的互助,人与人的联系减少,直接或间接地导致农村生活中的一些传统礼俗发生了转变。

以出殡为例,随着青壮年劳力的流失,村内多数为中老年人,老人出殡时帮工、换工的传统逐渐走向没落,殡葬"一条龙"等市场化手段介入,逐渐替代了曾经的传统社会交际行为。婚丧嫁娶礼俗是风俗习惯最直接的反映,其变迁亦能反映风俗习惯的变迁。以前米村有老人去世,其子女会在院子中燃放爆竹,邻里听到后会主动上门帮忙。在安葬老人时,其子女会请村民为老人抬棺,同样,当其他村民家中的老人去世后,其子女也会遵循互助习俗,体现乡邻间的人情往来。伴随着青壮年劳动力的外出,年轻人逐渐消失在这类活动中,这种帮工、换工行为也在逐渐消失。现在当地老人去世后,其子女往往会选择雇人抬棺或者将入殓、送葬等工作外包给专业人员完成。

(二)半熟人社会的治理

根据村民居住的集中性,米村分为6个村民小组。各村民小组的地理位置不同,导致不同组的人口流动、外来人口量、人际关系等都呈现不同的特征,因此不同组的半熟人化程度不同;更靠近城区的1、2、3组外来人口更多,其中1、2组的村民们几乎没有土地,主要以打工为生,半熟人化程度更高;更靠近农村的4、5、6组相对闭塞,人口缺乏流动,生产方式、劳作模式更加传统,半熟人化程度更低,传统农村社会的性质保留得更完整。

在村级治理体系中,村委会居于治理结构的核心位置,承担着领导者、组织者、协调者、动员者及维稳者等多种角色。在半熟人社会中,随着人情纽带的消解,乡村秩序基础逐渐开始转变,乡村精英对村集体的控制权开始弱化。村委会直接组织、协调、动员村民有一定难度,很多时候的村治工作难以对接农村治理的直接主体——村民,难以发挥村干部的治理效力,使得村治工作悬浮于农村社会。为解决这一问题,承县探索出社会治理创新模式,并取得良好成效。

1.由村到组的治理结构

承县将全县174个行政村划分为2035个村落"小单元",开展以"党建引领、自治为基、法治为本、德治为先"的村治活动。其中,村庄为行政划分,一个村庄设立一个村委会。村落是地域概念,居民居住点集中的区域被划分为一个村落,村民更习惯称之为村民小组。每个村庄可包含若干村落,并按照"村落党员3人以上的单独组建党小组,党员不足3人的与邻近村落组建联合党小组"的原则设立党小组。每个村民小组设立理事会,并由村民推选理事长负责本小组内日常事务的处理。理事会领导成员包括村落党小组长、理事长,普通成员包括经济员、宣传员、帮扶员、调解员、维权监督员、管护员、环保员、张罗员,负责本村落红白事的管理、村民矛盾纠纷的调解等事宜。村落中充分发挥党员带头作用,积极推动农村公益事业与产业发展。

此外,为维持村庄秩序的和谐与稳定,每个村民小组都有村规民约。村规民约往往由10条以上的纪律约束组成,由本组村民理事会与村民代表共同修订完成。对于用语的规范性并无过多要求,只要内容被村民认可,并能被村民所理解即可。比如,米村5组的村规民约只有10条约定,这10条约定对村民的日常生活进行了规范,如"广场舞不得超过晚间九点","自己整理自己生活环境内的垃圾"……其中有一条内容是"不得在公共场所逗狗"。针对这条特别的规定,我们问了该组组长,他说是因为曾经有人故意激怒别人家的狗被咬伤了,所以在本组的村规民约中增加了这一条,以防类似事件再次发生。

在乡村治理体系中,村委会在政策执行、民意反馈、经济发展、统筹规划、治安维稳等多方面发挥着重要作用。于乡镇政府而言,村委会是政策落实的最终保障;于村民而言,村委会承担着维护村民基本利益、带动集体发展的责任。多重身份的重叠势必增加村干部的工作压力。尤其在村干部行政化的趋势之下,村干部的职责已不限于纯粹的村庄治理,各级部门下达的行政化任务使得村干部在实际工作中分身乏术。米村属于城郊村,居住人口较多,经济建设项目较多,因此该村村干部比偏远点的传统农村的村干部承担更多的治理工作。此外,由于该村居民居住分散,一个村庄的若干村民小组之间的距离通常较远,从一个组驾车到另一个小组耗时半个小时也是常事。村治工作完全依靠村干部容易导致公共服务难到位、政策真空等一系列问题。

通过设立村民理事会,将村民理事会作为连接村民和村委会的中枢结构,发挥政策上传下达、纠纷调解、民意反馈接收等职责,不仅分担了村委会的工作重担,还填补了村民与村委会之间联系的空缺,实现村民理事会与村委会协同治理。通过修订村规民约,提升了村民自治水平。这种"村委会—村民理事会—村民"的治理模式,有效地改善了承县农村村落散落分布、村委会服务难以到位的状况,并成功推动了村民自治体系的良性运转。

2022年承县正式推行殡葬改革,政策要求凡在承县内死亡人员必须实行火葬,许多户籍不在本村但常住承县内的居民也必须遵循相应的政策法规,家中有新亡人员,必须向居委会或村委会上报。对于常住人口远超户籍人口的米村而言,村干部的实际工作量更大。尤其是殡葬改革这类涉及移风易俗的政策的推行必然遭遇较大阻力。其一是村民旧思想观念影响。多数村民认为殡葬改革对自己的思想造成较大冲击,是对祖先留下的习俗的挑战,因此并不愿意接受该政策。甚至有一部分村民因为不了解该政策而产生一系列不实猜想,认为政府推行殡葬改革是出于"牟利"考虑。其二是关于火葬的各类传闻也在坊间流传。"面对民间诸多不利于推行殡葬改革的负面信息,仅依靠村委会给村民做思想工作、搞动员是不够的,必须有人在听到这类消息时及时回应,并更正村民想法,理事长就是最合适的人选。"米村村支书如此答道。每当村内有新亡人员,理事长需要第一时间将相关信息上报村委会,并到达村民家中,协助家属安排丧葬事宜,必要时对家属进行劝导,理事长在政策执行中起到了重要的中介作用。

环境治理是村庄治理的重要内容。米村村委会一直强调要打造良好人居环境,不仅注重公共区域的环境治理,也对村民私人区域的柴火堆放等行为提出较高要求。一般来说,督促村民整理个人生活区域的环境卫生的任务都会分派给理事长,每位理事长对本组的村民进行监督,督促村民按要求整改。在问及开展这类问题时的困难和应对措施时,该村六组理事长说道:"有的村民会抗拒这类问题,认为我们管得太宽,越界了。遇到这种问题,我们先跟当事村民附近的村民沟通好,让他去做当事村民的思想工作。大家都是一个村的,不会说像领导批评下属一样,有时候边开玩笑就边把问题解决了。也有个别村民,跟他说多少遍他都不会动,我干脆去给他做卫生。我每次到他家了解情况的时候,家里都很乱,督促过他很多次,他不听,我就帮他打扫卫生,慢慢地他都不好意思了,每次我说去他家检查卫生,他都会提前把卫生搞好。"

2. 党员的"嵌入式"治理

村民自治确立的意义在于它划分了国家和社会组织的边界。土地等生产资料的集体所有制打破了昔日由少数村民依靠经济优势垄断乡村治权的局面,使得多数村民能够参与到村民自治中(金太军和王运生,2002)。在新时代的农村发展与自治中,村民自治的主体仍以村委会为主,而在民主的要求之下,具有村民代表、党员等身份的村民成为民主化村民自治主体的补充。党员作为新时代乡村治理的重要主体,发挥着重要的作用。以殡葬改革为例,党员的带头作用消解了村民的部分抵触情绪,为顺利推动殡葬改革创造了良好先决条件。在这一过程中,政策制度为基层治理提供方向,基层治理为政策落实提供保障。通过党员的示范效应,达到说服群众服从社会规则秩序的效果。

党员是村委会和居民之间天然的联络人,既可以收集并反映村庄治理问题,形成"村委会—党员—村民"的信息传递网络,也可以发挥自身优势,通过正式与非正式结合的宣传方式,实现政策宣传与群众动员。因此在乡村治理体系中,可以依靠党员嵌入群众的优势,充分发挥党员在政策宣传和动员方面的潜能,助推村民自治的实现。

3."网格化"实现村庄治理精细化

由于米村1、2组更靠近城区,米村的2000多非户籍人口几乎都居住在这两个组内,这两个组的半熟人化程度较深,乡村精英等榜样性人物只能发挥有限的动员作用,难以单纯依靠村民理事会实现村庄的精细化管理;因此1、2组推行幸福小区建设,实行网格化管理。米村的幸福小区建设中,组成"村委会—村民理事会—网格员—村民"4级架构,实现管理、服务、自治功能,细化治理网络,搭建治理平台。村委会聘请网格员负责该组的人口信息管理,网格员与理事长共同负责政策的宣传动员工作,辅助村委会的村治工作。

米村1、2组各由一名网格员负责,主要职责为录入居民信息,并按时更新。例如殡葬改革期间,某家老人去世,要及时联系理事长和网格员,由网格员更新信息,并上报至有关部门进行后续管理。殡葬改革工作的宣传动员由网格员与理事长共同负责,网格员主要在线上微信群告知村民需要的相关手续,理事长负责动员工作。通过网格员与理事长协同合作,共同解决由于人口数量多、流动性大带来的一系列难题。此外,网格管理的准确性与及时性使村委会能及时发现潜在的社会治理危机,并将其控制在一定范围内,维护村庄社会的和谐与稳定。

(三)乡村治理特点

1.行政化的村治工作

第一,村干部行政化。米村村委会有明确的管理制度,对村干部实行坐班制和考核制,因此凡在米村村委会任职的村干部都是脱产状态,即放弃本人外出务工及务农的机会,将自己完全投身于村庄治理工作中。实际上,村干部也很少缺勤,对待村治工作都很积极主动。此外,行政化还体现在村干部的薪资待遇上,村干部的工资由各级政府和村集体共同承担,除基本月薪外,村干部也享受出行、通话等方面的补贴,以及年终绩效工资,只是数额相对于公务员来说要少。

第二,村治工作文牍化。需要留痕的工作记录几乎占村干部所有工作的

80%。同时在电子化办公的趋势下,村干部除基本的村治工作外还需要上传各种信息报表,对各类图片、文字资料进行留底保存。例如,如果该村村委会需聘请5名工人维修村委会的房屋,需要使用专用申请表请所有村干部签字后,才可使用资金,这类申请表也必须留存档案。目前村干部们反映村委会的所有档案中,有60%左右是不必存档却不得不存档的文件。

米村村干部一般不会无故迟到、旷工,多数村干部每天早上还会早到村委会办公楼。早到的村干部简单地打扫集体卫生,然后准备自己的工作。提前到村委会的原因多是"工作太多了,提前到了能提前安排好,工作的时候比较有逻辑"。工作内容太多时,村干部们中午就在村委会办公楼短暂休息,然后继续完成工作。对于这类问题,该村妇女主任表示:"现在很多都是要求电子化办公了,比如有一些事务要在特定的系统里完成,还有很多数据录入工作,对我们的要求比较高,像我们这些年纪比较大的,学得比较慢,所以花费的时间更多。"

第三,村治工作碎片化。农村作为一个小型社会,其治理工作必然包含经济、政治、文化等多方面内容,而村干部人数的限制使得部分工作难以完全明确分工,故而使得村干部的日常工作呈现"碎片化"的特点。此外,由于村治工作的行政化趋势,村干部的日常工作除了村庄治理内容,还要应对乡镇政府各部门要求的各种行政化工作(如工作留痕),因此碎片化与行政化的村治工作使得村干部处于"要求多""工作急"的运行困境中。

2."千头万绪"的村治工作

米村人口数量多、流动性大、经济发展项目多。村干部数量少,5名村干部分别为村民委员会主任、治调主任、妇女主任、财经委员、纪检委员,职位根据村干部们的主要工作内容划分。有些工作内容有所重叠,如脱贫攻坚、矛盾纠纷调解、应急救灾等工作,由几个村干部共同负责。

2022年是脱贫攻坚与乡村振兴衔接时期,各级政府都比较重视脱贫攻坚成果,因此村干部在此方面的工作负担较重。开展工作时,村干部必须以走访、定期考察等方式及时监测贫困户的动态,防止其返贫。而面对矛盾纠纷调解、应急救灾等工作时,村干部谁有时间谁来做。"村民有矛盾来找你,你只能先把当前的工作放下,不然一会儿他们打起来怎么办?"米村的村民委员会主任说道:"无论是家庭矛盾还是邻里纠纷,只要是到村委会要求村干部一起解决的矛盾,都是大事,都是要紧事。"

(四)村干部激励机制分析

行政化的工作方式、文牍化的工作内容使得村干部的工作繁忙且复杂。在高负担、低薪酬的矛盾下,是什么激励着村干部的工作动力呢?访谈发现,村干部的工作动力主要来源于以下 3 个方面。

1. 自我价值的实现

村干部在村庄中属于一种稀缺的权威资源,他们的社会声望高于普通村民,村民委员会主任的社会声望高于普通村干部(徐一平,2021)。村干部和理事长都是由村民选举产生,能够担任村干部或理事长意味着获得了大部分村民的信任,也显示出他们在村里的社会地位。担任村干部或理事长获得村民的认可,可以使他们获得满足感,进而激发工作动力。米村共 5 名村干部,其中 2 名村干部年龄在 50 岁以上,另外 3 名村干部年龄均在 35 岁左右,6 位理事长均有自己的事业,年龄不等。对米村的村干部、理事长的访谈发现,大部分的村干部都认为在村治工作中能够实现自我价值,并表示被村民需要就是自我价值的体现,村民对他们的信赖就是自己工作的动力。

在被问及治村的工作动力时,该村治调主任说道:"虽然工资不多,但是既然在村委会工作,那就意味着为人民服务是我们的责任,也意味着村民对我们的信任。所以我们不能让村民失望,也不能对不起自己肩上这份责任。"

该村财经委员现在 37 岁,曾是一名船员,月薪约 15000 元。在谈到职业选择时,他讲道:"做船员时必须每天在海上,生活很枯燥,每天面对的就是一望无际的海,经常一年半载见不到家人。我觉得如果是为了挣钱,可以选择船员,毕竟月薪非常可观,但如果把它当作一个职业来做,我觉得不好。因为我觉得职业不只包含酬劳,还要实现自我价值。村委会的工作虽然薪酬低,但是当村民需要你的时候,当看着我们的村子越来越好的时候,会感到欣慰。"

除村民委员会主任外,其余村干部的年工资为 3 万~4 万元,而理事长每年只有 3000 元左右的补贴。不管是村干部还是理事长,其工作负担与薪资之间的失衡都比较严重。因此对于村干部来说,基本工作与绩效奖励并不是主要的动力来源。相比之下,村民的依赖与信任因能使村干部们感受到自我价值的实现而成为其工作动力的重要来源。

2. 荣誉感与自我责任感的鞭策

米村大部分的村干部都是农民出身,在任职之前都以务农或打工为主要收入来源。"成为村干部"这件事赋予了他们领导、组织、动员的权力,也赋予了他们在农村社会中的威望、地位与责任,这激发出村干部村治工作中的荣誉感和自我责任感。在访谈中,多数村干部表示自己不能辜负群众的期望,将村庄治理好是自己的使命。其中,自我责任感的鞭策作用在理事长身上体现得更为突出。

在访谈米村的各位理事长时,听到最多的回答就是"村民选了我,那就是相信我,我必须尽全力做好"。该村 6 组理事长告诉我们,理事长的工作每年只有 3000 元左右的补贴,平均每月 250 元左右,而且理事长的工作没有休息日,没有假期,基本上只要村民需要就必须到位。一位理事长在谈到薪酬待遇时这样说道:"其实我们也不缺这一个月 200 多元,但是做这个工作就不是为了钱,不然面对村里那么多事早就不干了。"虽然对理事长有考核制度,并根据成绩进行不同程度的奖励,但大多数理事长都表示不是为了奖金,只是觉得分数太低了"面子上挂不住"。6 组理事长自豪地说道:"我几乎每年都在 100 分以上,几乎每次都是第一。超过 100 分会有奖励,但一分就几块钱,我就是觉得分数不能太低,最差也得是 100 分吧,不然不增反扣多丢人。"

3. 制度激励与经济激励

发挥制度建设对村干部队伍的激励与约束作用,是建设高素质专业化干部队伍的一项重大举措,对充分调动和激发干部队伍的积极性、主动性、创造性,增强广大干部的政治担当、历史担当、责任担当等都具有十分重要的意义。苗镇将村干部工作年度考核分为"工作实绩""政令通畅""工作评价"3 部分。考核为百分制,其中"工作实绩"占 85 分,"政令通畅"占 10 分,"工作评价"占 5 分。为落实村干部的工作实绩考核,苗镇将重要工作职责划分为"一票否决"工作。此外,还有严格的奖惩制度,对于不履行职责、无故脱岗等违纪行为以及完成任务质量低的干部进行扣分,对于表现优异的干部进行加分,并将最终考核结果与个人待遇挂钩。"基本报酬＋绩效报酬＋发展绩效奖励"的待遇发放模式,激发了村干部的工作动力。除奖励政策外,苗镇也规定了惩罚措施,当村干部考核结果评为合格时,村干部会被要求在党员、村民代表大会上作书面检讨,并被分管领导约谈。制度约束与自我荣誉感的双重作用使得村干部们自觉规范自我行为,主动承担村治工作。

制度激励通过奖金等物质激励提升村干部工作主动性。在制度激励的基础上,通过村民的认可、自我价值的实现、荣誉感、责任感等成就型激励激发村干部工作的积极性。需要指出的是,只有在制度激励不冲击村干部对非制度激励的考量时,才能充分发挥非制度激励的作用,进而使得村干部将奉献、实现自我价值等精神视为工作出发点。而当制度激励对非制度激励造成冲击时,将会打击村干部的工作信仰。如若对村干部采用过度的制度性约束(奖与惩)、制度过于严苛,会使他们抛弃"实现自我价值""责任感"等工作信念,转而从村治工作中谋取私利。

第二节 村庄经济发展

(一)结构单一的集体经济

米村提出"依托不依靠、居城不离乡、失地不失业"的发展规划,指出村庄经济发展不能完全依靠"政府给",要利用好城郊区位优势,主动引进企业,寻求发展机会,力求达到村民"失地不失业"的理想状态。以发展规划为主线,米村还提出"村企合谋共建互推发展模式",整合村合作社、市场投资主体、村民等力量,合作打造现代农业示范项目,实现该村产业、生态、文化、经济振兴。

目前米村的集体经济收入来源有土地出让金、房屋租金的管理费用、征地拆迁补偿款、项目补助等。其中土地出让金、房屋租金的管理费用与征地拆迁补偿款为主要集体经济收入来源。2021年米村集体经济收入为60万元左右,在苗镇属于较高水平。总体来看,米村凭借其城郊的区位优势,在统筹城乡区域发展规划下,获得了村集体经济发展的新机遇。

该村曾经有一个"公私合营"的砖厂,当时该砖厂的经济效益很好,能够向苗镇外销,但是村集体并未从砖厂获利。原因在于砖厂是由私人经营,村委会入股。由于缺乏监管,经营失败,而亏损却需要村委会共同承担,因此该砖厂并未发挥让米村增收的作用。

米村辖区内服务于县域经济的项目较多,能够带动村民就业,同时也能带动集体经济发展。在米村二组的范围内,商铺、居民区的房屋修建得十分美观,村民委员会主任告诉我们,这些都受益于当地的建设项目。据村民反映,村民在工厂或企业中工作的月工资虽然不高,但与务农收入相比仍有较大提升。

以土地出让金、房屋租金的管理费用作为集体经济的支撑,收入结构较单一,与当前农村发展的现代化需要相比,村级集体经济发展还比较薄弱。

(二)小农为主的农业发展

1. 小农经济的现状

农业是米村主要产业之一,其中茶产业是村内的第一大农业支柱产业。米村共有1280亩(1亩≈666.7平方米)茶园,4个专业合作社,4个茶厂。作为村内第一大农业支柱产业,米村茶叶产业有以下几点优势:第一,具有茶叶生产——

销售链,村民种植的茶叶销路有保证;第二,茶叶产量大,村民们可以通过茶叶合作社集体出售茶叶,提高价格,进而实现增收。

同时,米村的茶产业也面临着发展困境:第一,受茶叶品种限制,茶叶售价较低,即使能通过茶叶合作社提高售价,价格也不是很理想;第二,村民销售的都是粗茶,因为缺乏精加工,产品的附加价值未激发,茶叶价格很难提高;第三,由于茶叶种植的特殊性,重新种植茶树需要3年左右的时间,因此品种改良很难推进。为了提升村民收入,米村尝试进行茶叶品种改良,但多数村民表示难以承受品种改良的"阵痛",因此对待茶叶品种改良持观望态度。在此情况下,品种改良只能以试点的方式保守推行。

为了提升茶农收入,米村成立了茶叶合作社。现有的合作社在化肥等生产资料的购买、茶叶销售、加工方面发挥主要作用。茶农们将自己的茶叶集中在一起销售,由于茶农众多,茶叶总量大,可以保证足够的供给,能与买方长期合作,从而保证茶叶的销路。但茶农和村干部对茶叶合作社呈截然相反的态度:茶农认为自己在茶叶合作社中没有话语权,且茶叶合作社带来的增收也微乎其微;村干部认为茶叶合作社将茶农组织了起来,使茶农有了谈判价钱的资本,发挥了应有的价值。总体来看,茶农处于产品供应链上游,由于极度分散,只能通过经销商来出售茶叶,难以形成合力直接对接批发市场。同时,由于受制于终端产品的市场价格,中间层级的经销商层层压价,最终导致茶农们的茶叶单价不可能大幅上涨。因此要真正提升茶农收入水平,不仅要拓宽销路,还必须通过茶农合作形成合力,延伸茶农在产业链中的位置,使茶农从产业链中的"生产者"变成"生产者+经销商"的复合角色,掌握营销中的主动权,将更多的利润握在茶农自己手中。

2. 小农经济的维系与发展

小农经济因其"稳定器"和"蓄水池"的功能而维持着顽强的生命力。温铁军(2021)指出小农经济的重要性:中国遭遇多次危机却能够成功实现软着陆的原因就在于城乡二元结构和小农经济的存在。在城镇化的背景下,农村大量年轻人走向城市,农村耕地由老年人耕种。政府和村委会的帮扶是小农经济得以维系的重要原因。

政府方面,由于改良品种存在不确定性,很多村民仍在犹豫是否进行品种改良,使得品种改良难以推进。为帮助村民跨越思想上的障碍,苗镇政府加大宣传力度,并提出"渐进式"的品种改良方式,尽量将风险均摊到每一户,不使某一个体单独承担。即每家每户拿出一部分耕地种植新品种茶叶,并划定一部分耕地作为试验田,试验土质是否适合种植新品种茶树,并尽量找到最适合新品种茶树的培育方法。此外,为拓宽销路,保障茶叶的销售,苗镇政府为村民们提供电商培训基地及专业技术人才,培训基地开设视频剪辑、直播销售等电商相关课程,为村民们提供专业服务。这一举措取得了较好的反响,极大增强了村民对茶叶发展前景的信心。

村委会方面,通过对当地村民的耕地资源进行统筹规划,以组织化的方式打破小农经济因孤立性、分散性导致的脆弱性。在米村的茶叶品种改良过程中,因为难以保证本地土壤是否完全适合新品种,也难以保证新品种的产量,因此村集体将小农户分散的土地、资金、劳动力等资源进行统筹规划,突破个体农户在接纳和使用现代农业生产要素方面的局限性。同时通过整合资源扩大农产品规模,提升农户在市场中的谈判力。总之,村委会的统筹规划,使小农成为真正的"共同体",共同向茶叶增产、粮食增收的目标前进,有效化解了个体农户小生产和大市场之间的矛盾。

第三节 村庄社会的人情与礼俗

(一)渐行渐远的人情关系

在城市化进程加快、打工经济不断壮大、市场化程度不高的20世纪八九十年代,相当一部分地区农村居民已经产生了"村庄社会内部人情越来越淡薄、社会关系越来越理性化"的强烈感受。

村庄社会内部人情往来存续的条件是人情往来的低成本。在过去,农村居民收入微薄,通过人情往来可以极大限度地减少农民家庭资金投入,降低办事成本,这一点在红白喜事的举办中表现最突出。过去的米村,某个家庭有喜事要操办,主人家会主动邀请有威望的人或与之交好的人帮助自己操办喜事,采购、收礼、秩序维持等典礼上一切事项的主持权都交由此人负责;如果某个家庭有老人离世,家属会在自己院子里燃放爆竹,在这里燃放爆竹的意思相当于告知邻里左右家中老人已离世,当邻里听到声响后会主动上门帮助主人家安排老人身后事,此后,知客(现在的理事长的前身)会主动上门接管主人家白事上的所有事务,帮助主人家招待亲人、举办追悼仪式等。

但随着劳动力市场化,越来越多的人走出农村到城市谋生,劳动力有了市场价格,因此具有社会互助性质的人情往来行动逻辑逐渐瓦解。

米村一位72岁的村民在聊到传统习俗时表示:"现在的人情感觉越来越寡淡了。""早些年村里有红白事都是互相帮忙,你来我家帮忙,我今后去你家帮忙。可现在不一样了,人们有钱了,尤其现在年轻人,不喜欢欠人情。"

另一位老年人也对现在的农村社会表示不理解:"年轻人都不愿意欠人情,大家都不愿意欠人情,现在村民间的感情没有以前淳朴了。我们年轻的时候家里盖房子找邻里朋友帮忙,忙完了就是一顿饭,等他家盖房子我们也去帮忙,就是换工。现在不一样了,年轻人花钱请人办事,管饭不管饭都行,反正你给我办事,我给你工资,谁也不欠谁的。总的来说现在村民间的互动越来越少了。"

在很多老年人眼中,现在的社会"人情变淡了",主要原因在于老年人的思想观念不同。在传统农村社会中,人情亏欠构成了村民的行动逻辑,没有人情亏欠也意味着没有互动往来,如果谁说"不想欠你人情""两清",那基本就是"断绝关系"的意思,因此老年人普遍不能理解年轻人不愿欠人情的现象。

从根本上来讲,人情式微的农村社会变迁机制的基础性原因在于社会形态的变化。随着人口流动性增强,村庄社会走向半熟人化,社会交往密度下降,使得村民感情淡化。同时劳动力市场化促使人情亏欠转向货币支付。一方面,由于劳动力市场化,请别人帮工或换工可能会因为对方有工作而被拒绝,即使对方接受也可能耽误对方工作,如此便使得实际的亏欠成为"人情"和误工费的总和;另一方面,劳动力市场的精细化分工,便于人们寻找专门的从业人员,极大地提高了办事效率。

(二)代际影响

代际影响是指家庭中一代人向另一代人传递的信息、信念和资源对其造成的影响,可以分为两种类型,即上一代对下一代的影响(正向影响)和下一代对上一代的影响(逆向影响)。同一家庭中的成员通过有意识地传递价值观念、效仿等行为实现代际间的相互影响。米村的家庭一般都是三口之家,只有家中老人年纪非常大或行动不便才会和子女同住。即使在近几年生育政策放开后,该村的独生子女家庭仍占大多数。对于独生子女家庭,父母是家庭中对子女产生影响的主要角色,其行为、价值观的塑造很大程度上取决于父母的行为和价值观。在调研中发现,行事作风好的父母,其子女一般也受邻居的赞扬。

用自己的私家车接送生病的村民,将到访大学生送到别的组开展访谈,为村里能修通公路挨家挨户地做工作,帮助住在半山坡上的村民搬到坡下,为五保户家庭打扫卫生……这些都是米村的一位理事长所做的工作。在微薄薪水的对照下,这些工作显得更加无私。但这位理事长却认为这是她应该做的。问她是什么推动她如此付出,她答道:"我的爸爸是军人,从小他就告诉我要回报社会。受家庭的影响吧,觉得'为人民服务'就是自己的使命。"父母在社会交往中得到的荣誉感、价值感等一系列主观感受对父代的行为形成正强化,并对其子女产生示范效应。

逆向影响主要表现为子女的思想观念对父母的影响。老年人上年纪后会产生与社会脱节的感受,因而对子女的依赖增强,无论是在日常生活中的消费购物,还是面对政策改革,老年人的选择都受到子女的影响。当子女在生活中更尊重家中老人的想法时,会通过说服劝导的方式循序渐进地对其思想施加影响。通过这种途径,实现子女对父母的逆向影响。

面对承县的殡葬改革,许多老年人都非常不理解。在访谈期间,当我们提及群众对殡葬改革的看法时,有的老年人会拒绝交流,因为他们觉得这是令人心痛的决定。但访谈中一位老年人的思想显得比较开放,她是米村妇女主任的母亲。她说:"殡葬改革对大家都好,我们这里土地紧缺,人们安葬老人会把位置选在耕地里,还喜欢修很大的墓,特别浪费土地。而且土葬还很耗费人力,要埋一个老人需要十几个年轻人抬棺上山,遇到不通的路还得在山坡上用绳子拉,很费劲,也很危险。还有人因为做这个出事的。""我的两个儿子都在深圳,只有过年才会回来,将来我过世了还得孩子们花钱雇人抬棺,火葬就不存在这些问题了。"她还表示:"土葬、火葬都只是一个仪式而已,多么隆重的仪式都不如趁老人在世的时候孝顺。"当我们问她为什么思想这么开放,和村中大多数老年人都不同时,她告诉我们说她是米村妇女主任的母亲,因为女儿平时回家也会讲这些事,也会告诉她推行殡葬改革的初衷,加之她自己对当地的殡葬习俗也不看好,因此会非常支持殡葬改革。

(三)婚丧嫁娶礼俗

1. 质朴的婚俗

访谈过程中发现,当地并没有高额彩礼之说。当地村民认为女方向男方索要高额彩礼的行为,会被认为是"卖女儿",会被村民瞧不起,因此当地村民嫁女儿不会向男方索要高额彩礼。此外,结婚时对于房、车的要求也不是很高。由于近年来当地时兴自建楼房,几乎每家每户都会建一栋3~4层的楼房,户型也和城里的房子相同。因此即使男方结婚没有房子,其父母家也有足够的空间供孩子们居住。虽然没有高额彩礼,但女儿出嫁必须有陪嫁,在当地"嫁妆"是父母爱女儿的体现。

米村4组的邓理事长今年60岁左右,前不久刚为女儿办了婚礼。路边访谈时,其他村民告诉我们:"邓组长①给女儿陪嫁陪了4万元呢!"邓理事长是务农的,会在闲暇时到县城开"摩的"(即摩托出租车),可想而知4万元对于他来说也是不小的数目了。在村民聊天过程中,"邓组长这几年没少存钱啊""邓组长很爱他女儿"是话题的中心,其他村民在谈到邓理事长给女儿的陪嫁时纷纷表示羡慕。当我们询问邓理事长是否将自己的积蓄掏空时,邓理事长笑道:"掏空再赚嘛,不能让孩子受委屈。"

当一个家庭给女儿的陪嫁很高时,作为父亲更受村民的赞扬。在"有陪嫁,无(低)彩礼"的礼俗中并未衍生出攀比现象,多数村民给女儿嫁妆都是出于父母的爱,并不会因"面子"而互相攀比。"富裕就多给点,不富裕就少一点"是当地村民公认的"陪嫁原则"。在多数村民心中,尽力给女儿高陪嫁不是为自己的面子,而是为了不让孩子受委屈。

2. 虚浮的葬俗

中国的殡葬文化已有上千年的历史,这对人们的思想观念形成了深远的影响,具体体现为人们对"入土为安""死者入土"的看重。在这种思想下,墓地被赋予了更重要的意义,被视为人生最后的归宿。在调研地,老年人会提前安排自己的安葬地点并修建墓穴(被称为活人墓),子女则将在墓地建设上的花销视为孝心的表现。但随着时间的推移,墓穴修建的意义逐渐由"孝"演变为攀比。墓穴的规模越大、外观越高档,表示子女对老人越孝顺,因此葬礼的规模、墓地的规模都成为村民之间相互攀比的内容。在当地,经济富裕的村民们修建的墓穴更"阔气"些,经济不富裕的也会极力节省出钱来修建相对简易的墓穴。当地流传着一句俗语:"三岁孩子打棺材",意思是人们从孩童时代就开始准备棺材、墓穴。这句俗语生动地展现出当地人对葬礼的重视。适合做墓穴的土地资源紧缺导致人们提前寻找"风水宝地"。这种行为不仅激发了"墓地占用耕地"的矛盾,还导致了私人买卖国有土地的市场乱象。落后的殡葬文化既引起了村民间的攀比风气,又助长了封建迷信,不利于乡风文明建设。当地正在推动的殡葬改革有望扭转这些陋习。

---

① 理事长是社会治理创新采用的说法,村民们一般喜欢用组长这种说法。

第四节　结　语

在中国的城镇化进程中,农村似乎处于"失语"状态。随着乡村振兴战略的提出,乡村社会发展这一重要议题重新进入大众视野。随着中国现代化进程的加快,农村人口严重流失,大量青壮年劳力选择扎根城市,这进一步加剧了农村的空心化,传统的农村社会也承受着不同程度的震荡。在村治工作行政化的背景下,琐碎的行政事务和村治工作给管理者带来了新的治理困境,因此,乡村治理亟须寻找新的出路。苗镇米村的社会治理创新模式提交了一份漂亮的答卷,既解决了信息下达难以到位的难题,又巩固了村民自治成果。

同时,随着社会的发展,农村社会也在发展,农村社会的变迁呈现出渗透式的改变,传统文化与新文化潮流碰撞,农村社会的秩序基础、文化习俗也呈现出新的态势。在生产社会化的背景下,小农经济面临新的挑战,尽管村集体在积极尝试着新的发展道路,但不可否认的是这样的探索之路仍比较长远,还需要付出大量的努力。此外,村庄社会的人情礼俗也逐渐偏离最初的模样。农村社会的方方面面都在发生变化,这反过来又给村庄治理带来了新的挑战。总之,乡村发展对于我国的现代化具有重要意义,乡村治理困境带来的挑战需要社会广泛关注。

(中国地质大学(武汉)公共管理学院

韩蕙敏)

第二章 社会转型下的城郊村图景

改革开放以来,中国乡村社会发生了剧烈变迁,传统的"乡土中国"不断解体,"城乡中国"成为转型期中国社会结构的新形态,长期以来围绕乡土性而形成的社会结构、文化观念与治理体系均发生了新的变化。而柳村作为城郊村,邻近城区,是推进城镇化进程的领头者,它在村庄治理、农民生活、城市化等方面均呈现出很多独特的特点。因此,本书从村庄概况、村庄社会、农民家庭与城市化、农业产业、村庄治理5个方面,来描绘处于社会转型的时代背景之下,乡村社会发展的整体形态。

第一节 村庄概况

柳村是苗镇下辖的城郊村,下设6个村民小组,其中有的小组经济发展状况较好,实行社区网格化管理,有的小组经济发展较落后,实行传统的村民自治。有村两委干部6人,还有驻村工作队3人、网格员2人、后备干部1人。

在人口情况方面,柳村留守儿童较少,不到10人,儿童上学有基础保障,全村没有义务教育阶段辍学的现象。虽然柳村的留守妇女、儿童较少,但村内的空巢老人占比很大。目前柳村种植的主力是60岁左右的老年人。此外,柳村还有16个特困人员,其中有6人在县公办的柳村范围内的福利院进行集中照料,另外10人在家中由看护人照料。

在经济方面,柳村全村以茶产业、生猪养殖业、商业服务业为主导产业,各类市场主体达230家。村民经济收入主要来源于茶产业与打零工,现有茶叶种植面积1480亩,4个茶叶合作社,4个茶叶加工厂,茶叶加工产值突破1800万元,茶叶每亩平均收入超过5000元。2021年全年村集体收入突破60万元,人均收入达到万元以上,是一个名副其实的富裕村。柳村位于两山之间,2000年左右由原柳村、Q村以及X村合并而成,以经济发展较好的柳村与Q村带动X村,三村互补发展。村域内河流流域面积占比大,人多地少,居住较为集中。村里全面通水通电,网络及有线电视全覆盖。村级公路修建达到70km,各村民小组95%以上通公路,楼层修建率也达到95%。

在公共设施方面,柳村6个小组都修有广场,并配有健身器材,方便村民进行休闲娱乐活动,锻炼身体。全村有一个中心卫生室,面积150m^2。卫生室有一名医生和一名护士,医疗器械比较简易,无法进行大病检查,只能对常见病进行治疗。村里设有图书室,书籍种类较多,但是图书室使用率不高,平时几乎没有村民到图书室看书。

第二节 村庄社会

柳村是一个城郊村,村内有社区与农村两种治理模式,其总体归属于农村范畴,村民们生活在一个乡村社会中。在社会转型的大背景之下,柳村内部保持着一些传统的村庄特色,同时各个方面又在逐渐发生着一些变化。

(一)半熟人社会的形成

随着城镇化的发展,柳村大量的青壮年劳动力选择向城市流动,在外务工生活,留下老年人居家耕作,这导致了柳村原来基于共同地域和血缘关系的熟人社会发生了变化。随着流动性增加,乡村的社会关系维系机制发生了变化,乡村社会逐渐呈现出半熟人社会的特征。同时,由于柳村的1、2、3组更靠近县级市城区范围,需要实行"网格化"区域式管理,这使得柳村的熟人社会特征进一步减少。调研发现,柳村的半熟人社会状态主要表现在两个方面。①信息层面上的转变,柳村个体之间的信息逐渐呈现不对称的状态。村民彼此之间的熟悉程度逐渐降低,很多村民都只对自己附近的或者年龄相近的人较为了解,对于离自己居住地距离稍远一些的人则不大了解。其至村里的理事长也不完全了解自己所管理村落里村民的基本情况。②柳村个体之间的交往规则发生了变化。尽管柳村很多村民彼此还是比较熟络,但他们大都在交往过程中不再遵照熟人社会的行为逻辑,较少讲究人情面子和亲缘关系,更多通过现实的利益来维系彼此之间的联系。除此之外,通过对柳村的治调主任访谈发现,柳村呈现的这种半熟人社会的状态使得村民对于当地的地方性共识逐步丧失,传统规范越来越难以约束村民行为,新的治理体制和规范的建设迫在眉睫。

(二)乡村闲暇趋向个体化

近年来,在社会转型的大背景下,柳村村民的生产、生活日益私人化,乡村的公共生活萎缩,乡村公共闲暇交往逐渐走向利益化、私人化,闲暇时间也向货币化、个体化发展。大多数村民开始抱着"我的时间可能比你的时间更加值钱"的思想意识,很少有村民愿意去议论或者干涉别人的私人生活,也不愿其他人来干扰自己的生活,这使得柳村社会性闲暇时间被大大缩减。在这种货币化的时间观念下,即便村内有大型活动举办,大多数村民也更愿意待在自己家里而不愿外出,村集体共同参与活动的时间大大减少,公共性活动渐趋衰落,乡村集体空间原有的承载意义不断流失。

公共闲暇生活的萎缩也在逐步造成社会关系的消解、重构以及人们公共责任伦理的缺失。调研发现,伴随着私人化闲暇的兴起,柳村村民不再频繁外出串门的同时,对于村内的公共事务也不再关注和参与,对于其他个体的评判也不再有公共色彩,不再多管闲事,更加害怕惹祸上身,逐步形成"自己管好自己就行"的行为标准,这反映了公共性在逐步随着村庄的发展而瓦解。

(三)人情关系"异化"发展

从村庄类型来看,柳村是一个比较典型的分散型村庄。受柳村村域面积分布的限制,柳村村民往往分散而居,以户为单位行动;村庄内部高度原子化,缺少建立在血缘基础上强有力的行动结构,村庄通常缺乏应对外部现代性的结构性力量。随着社会的转型变迁,柳村的人情关系也更加容易异化发展。调研发现,柳村当地的人情费用较多,面子竞争也较为激烈。在柳村,普通人家的红白喜事酒席一般在40~50桌,每桌酒席的花费在700~800元,整场酒席办下来得花3万~4万元。而酒席成本一高,酒席上所收的礼金也比之前更高。在当地,普通的邻里送的礼金最少300元,更为亲近的朋友亲戚所送的礼金也更高,酒席随礼"异化"。在问及当地酒席中有关赠送礼金的情况时,柳村5组理事长表示:"礼金的赠送讲究的就是礼尚往来四个字,我办酒时人家给我这么多,那等他办酒的时候,我一定得回给他相同数量甚至给他更多。"同时他还表示,吃酒席送礼金这件事情一般看别人送多少,然后估摸着随礼。有些关系一般但随礼却很多的,大多是因为"攀比"心理,觉得随得多就有面子。

由此可以看出当地在酒席随礼方面已经形成了一种无形的"好面子"和攀比的心理,这大大增加了当地村民经济上的负担,也使得传统的人情礼仪不再纯粹。当珍贵的人情被榨取利用完之后,留下的就是名实分离的空壳,人情便会变得"沙漠化"。人情因其特殊的功能,在社会的再生产中具有极其重要的作用,因此,应该倡导正常的、低成本的、有效率的人情实践机制。

(四)独特的婚嫁机制

柳村的婚嫁机制与目前各省份涌现的"高彩礼"现象不同,当地结婚并不讲究彩礼,即便男方家庭给女方的"礼金"也大多是双方见父母时给的"见面礼"或者"改口费"而已。而且在当地,车、房等也并不是婚姻的刚需品。在访谈中很多村民指出,本地的女方对于男方的家庭背景、钱财情况并不关注,她们往往更加看重男方个人良好的品质和能力。尽管不讲究彩礼,但是当地却十分在意嫁妆问题,甚至还出现了一种"高嫁妆"之风。在柳村,女方出嫁往往需要准备嫁妆,且嫁妆最终归夫妻两人共有,一般家庭的嫁妆在3万~4万元不等,比较富有家庭的嫁妆更高一些。

对于婚嫁习俗这个问题,柳村4组理事长表示,"当年女儿结婚时,就单单嫁妆便给了大概4万元,嫁一次女儿就花了大半的积蓄,万一再有一个女儿,真的'嫁不起'。"他还表示,当地女方父母给女儿这么多嫁妆主要是出于疼爱女儿,想为女儿实实在在做点事,让女儿过得更好一点的心理。

这种不讲究彩礼却讲究嫁妆的特殊婚嫁机制,给当地女方家庭造成了一定的经济负担,甚至让当地村民滋生出了"女儿多嫁不起"的心理压力。除此之外,这种婚嫁机制也易造成村里的攀比心理。由于当地结婚已经对女方的嫁妆形成了一种既定的预判,一旦女方的嫁妆不符合男方家庭的预期,便可能会影响夫妻关系、婆媳关系乃至整个家庭关系,且也容易出现婆家以"嫁妆"看人的现象。"嫁妆多,婆家会高看;没嫁妆,婆家会看不起。"这在一定程度上影响了家庭和谐关系的构建。

(五)关注留守儿童

城市化进程的推进促使农村剩余劳动力向城市转移,受现实条件限制,大量儿童不得不留在农村,成为留守儿童。由于父母长期外出,在家的时间较少,留守儿童缺失了正常的家庭教育,在学习、心理、思想道德等方面存在的问题日益凸显,这种情况柳村也存在。在社会、政府、村集体、家庭的齐心协力下,这个问题在柳州得到了较为妥善的处理。

首先,柳村建立了留守儿童的个人专项档案,详细记录了留守儿童的基本情况,用于了解和适时帮助留守儿童的稳步成长。其次,柳村在2021年7月正式开展了"童伴妈妈"项目,尽力解决留守儿童问题,关注儿童的成长与发展。"童伴妈妈"项目针对全村儿童,为儿童提供玩耍的地方,一周开展3个半天。该项目除了提供场地,还十分关注儿童的身心健康问题。"童伴妈妈"需要1个月走访20个儿童(留守儿童1周1次,困难/单亲儿童3周1次),做到实时观察儿童的成长情况,及时给予帮助以保障村内儿童的健康成长;每月开展一次主题活动,以活动的方式为孩子普及各方面的知识,加强对孩子的教育。这项活动的开展有效地缓解了留守儿童的发展困境,推进了儿童的健康成长。

第三节 农民家庭与城市化

家庭是社会的基本组成单位,是社会的基础。随着社会的不断发展,现代性的力量逐渐渗透到村庄内部,原有的家庭形态逐渐被卷入现代化的进程中。受城镇化的影响,柳村农民家庭呈现出一些新的特点与变化。

(一)"半工半耕"家庭再生产模式下的小家庭结构

柳村是一个城乡融合的村落,呈现着一种以代际分工为基础的"半工半耕"家庭结构形式。在柳村的"半工半耕"家庭中,大多数年轻劳动力选择在附近城镇的工厂工作,年老的家属留在农村务农耕作。这种"半工半耕"的家庭经济形式对柳村的家庭结构、家庭观念文化等各方面产生了一定的影响。

从好的方面来看,"半工半耕"的家庭经济形式,不仅大大增加了家庭与家庭之间、家庭与社会组织之间的联系(即家庭的社会性得到增强),还使得家里的老一代和年轻一代产生了适度的家庭空间距离感。他们保持着合适的社会距离和心理距离,但是又有着情感交流和互动,使得两代人的家庭之间"亲密又疏远""独立又融合",这在一定程度上有利于推进代际关系的和谐发展。一位村民在访谈中表示:"儿女都在附近的城里工作,周末的时候儿女们便会回来看望我,在家里吃顿饭,帮我干干农活。这种生活方式就挺好的,省得我和他们住在一起还给他们添麻烦,而且年轻人的生活习惯与我们老年人有很大的不同,我也不喜欢和他们住在一块。"

此外,"半工半耕"的家庭再生产模式也在进一步改善柳村村民家庭生活状况,为农户在城乡之间进退有据的自由流动提供了稳定而有效的保障。

但是,"半工半耕"的家庭再生产模式也产生了不完整家庭,即出现了留守儿童、留守妇女、留守老人等。

(二)城镇化进程下的代际关系和伦理责任

目前,柳村的主要年轻劳动力逐步向大城市流动,以城市为主要生活居住地,这使得柳村进一步向城镇化发展。在城镇化过程中,柳村的父代给予了子代重要支撑,父代会尽可能将自己的资源输送给子代,帮助子代减少城镇化过程中的压力。主要体现在以下几方面。

第一,父代会尽可能为子女买房、买车等,帮助子女在城市里扎根。父代具有"沉重的责任"。柳村的一个主任在访谈中说:"现在身上压力越来越大了,儿子长大了要娶媳妇时,得先在城里给儿子准备好新房,年轻人都不愿意在村子里待了,想要在城里待,那还不是我们做父母的得先给他们在城里买好房,要不然不知道他们什么时候能在城里扎根。"

第二,父代会尽可能地帮助子代照顾抚育他们的孩子。在柳村"半工半耕"的家庭中主要存在两种情况:一种是父母携带子女一起外出务工;另一种是父母外出务工,将子女留给家中的老人照顾。无论是哪种情况,父代都会尽可能地照顾孙辈,以减轻子代的压力。

父代对子代的支持直到帮助子代"买好房子,娶好媳妇"和"养大孙子孙女"才算结束,这通常被父代视为他们一生的"任务"。当完成了这些任务,父代通常会回到村内继续务农养老,而对于子代的未来发展情况,父代通常很少插手干预。由此,柳村形成了一种"有责任、无压力"的伦理责任和具有"独立性、理性、情感性"的代际关系,这进一步推动着柳村的城镇化进程。

(三)农村家庭养老模式受到冲击

在城镇化大背景下,农民家庭形态处于持续的变动过程之中。农民家庭养老也随着社会的发展变迁而发生变化,受到了一定的冲击。主要体现在以下几方面。

第一,空巢老人问题。目前,柳村大部分家庭的年轻人都不在家,老年人都是独自居住,从日常的生活自理、家庭牲畜的饲养到农业生产的管理,很多事情都需要老人亲力亲为。此外,一些老人还需要照顾孙辈等,这对老人的身心健康和安全是非常不利的。柳村就发生了很多起老年人受伤的安全事故。6组有一位老年人半夜高烧不退,家中又没有年轻人送他去医院,幸好老伴半夜找到理事长,将老人送进医院才得到了及时治疗。

第二,老年人的生活关照和精神慰藉难以得到满足。由于子女经常出门在外,农村家庭养老的模式主要以"经济供养"为主,难以满足老年人特别是孤寡体弱老年人在生活照料和精神慰藉方面的需求(龙玉其和和润铃,2022)。那些体弱多病或丧偶的老年人不喜欢出去聊天,他们往往习惯于待在家里,时不时需要有人陪伴。这类老年人更需要精神上的慰藉,但是很难得到满足。柳村一位老太太说:"我现在年纪大了,不能再像以前那样常出门了,总盼着有个人能陪在我的身边唠唠家常,但儿女们都在外地,有自己的工作要忙,不能一直陪在我身边,只能偶尔有时间过来陪我一下,日子真是太寂寞了。"

第三,婚恋观念的变化影响家庭养老。随着柳村大量农村劳动力的外出,年轻一代择偶不再局限于知根知底的小范围,而是逐渐开始与不同地域的人通婚。婚姻观念的改变,使得在家庭中承担着重要养老责任的儿媳不再由老一辈挑选,儿媳与老一辈的关系存在着更大的不确定性,给家庭养老带来挑战(钟涨宝和杨柳,2016)。下面这个案例便能反映出这一问题。柳村村民徐某有一个儿子,男孩自身条件比较好,家庭条件也比较富裕,因此,有很多人给男孩介绍对象。徐某夫妇在介绍的对象中看上了村里一位非常优秀的姑娘,但男孩并不满意,也不认同相亲的形式。一番交谈后,徐某夫妇发现,儿子已经有了想要结婚的对象,不过据传,那个女孩并不是很认真。徐某夫妇虽然不赞成儿子跟那个女孩相处,但儿子肯定是想跟那个女孩在一起的。最后,父母只得让步,让儿子娶了那个女孩。听村里人说,在谈婚论嫁的过程中,女方明确表示绝对不承担任何供养婆婆、公公的义务。令人不解的是,男方竟然同意了。婚后,儿媳妇不仅在生活上不给婆婆、公公帮忙,还经常向婆婆、公公要钱,并让两位老人来照顾孩子。每当提起儿媳妇,徐某夫妇总是表现得很无奈。

现代化是农村社会发展的必然趋势。针对当前柳村家庭养老的现状,积极推动构建家庭养老政策的支持体系,促进家庭养老文化传统传承与社会化养老协调发展,助力家庭养老的可持续化发展,是让老年人安享晚年的努力方向。

第四节 农业产业

我国是一个农业大国,农业在国民经济发展中占有重要的地位,随着时代的发展和乡村振兴战略的全面推进,建立现代农业、重铸乡村产业也成为当前乡村发展中不可忽视的问题。

(一)产业发展现状

柳村以农户自主经营的茶叶种植为主产业,辅以柑橘产业。作为本地的支柱型产业,当地大部分的土地主要用于种植茶叶,农民的经济收入一半靠种植、采摘、销售茶叶,一半靠在茶厂打工制茶或等春茶结束后外出务工。在苗镇,柳村的茶叶种植有其独特的优势。其一,特殊的生态优势。柳村以碱性土地为主,且地势陡峭,海拔比其他村高,具备天然的茶叶种植和生长条件。纵观苗镇,柳村的茶产业在众多村中脱颖而出,独具一格。其二,优越的市场地理位置。柳村毗邻城区,具有良好的市场资源,利于茶产品销售。早前,当地以茶叶合作社为作坊式农户销售渠道的补充,茶叶的价格没有明显优势,与其他市场销售渠道差异较小。后随着互联网的发展,村民进入市场的自由度大大提高。在政策的支持下,政府对当地的村民进行了相应的培训,"网上电商、直播带货"这种直接快捷的途径成为当地茶叶产业的主流销售模式。

(二)产业发展困境

随着社会的变迁,柳村的茶产业发展不断面临着新的挑战,具体表现为以下几个方面。

第一,结构单一,无品种优势。柳村种植的茶叶品种主要以绿茶为主,红茶和其他茶类品种较少,茶叶品种结构与其他茶叶生产地相比较为单一,难以面对同行的挑战,无产业优势。且茶叶品种改良花费的时间较长,大概需要3年甚至更久,这可能导致以种植茶叶为主的村民3年或更久失去主要收入来源,农民缺乏改良品种的积极性。

第二,生产规模小,缺乏品牌效益。当地茶叶的生产主要是小作坊式生产,生产的规模较小、效率低,基本上只能生产和销售本村的茶叶和邻村的部分茶叶。

第三,劳动力资源趋于耗尽。一位受访者表示:"这几年,村里一直流行着一句话:三八六零。大意是,现在的茶农大部分都是女性和60岁以上的老人。"他还说道:"种一块茶园,家里就断不了人,照顾茶树一天要花上好几个小时,这样的辛苦不划算,年轻人不如出去打工,赚的钱更多也更轻松一点。"从中可以看出,当地从事茶叶生产的主要是老年人,随着年岁的增长,老一辈无法再胜任小农种植高强度的劳动,但是现今,新一代的人更趋向于向外谋求发展,这可能使得后续村庄茶园陷入"无人种植"的境地。此外,当地种茶村民固守传统、拒绝革新、害怕冒险的心理无法令当地的茶叶产业尽快实现转型升级,这也更难推进村庄留下高新人才发展当地产业。

第四,土地资源大大减少。目前,当地征地拆迁、征地修路愈加频繁,村庄的土地资源逐步减少,甚至趋向碎片化发展,这让原本生产规模小的茶叶产业更加难以发展起来,更谈不上集中生产扩大规模。曾经因茶叶而受益的柳村,如今也同样被茶叶所困。为破解当前的发展困境,柳村需要尽快实施推动产业升级和转型的举措,如推广"高密种植技术",发展自己的品牌,提升附加值,实施"生态园"项目或者建立"示范园"基地,以进一步助推当地茶叶产业的发展。

(三)小农经济的发展

小农经济是指建立在为数众多的小规模农民家庭基础之上的经济模式,在中国具有较为悠远的发展历史,对中国农村产生了重要的影响。随着现代社会的不断发展,市场经济对于村庄的经济生活产生了一定的影响,小农经济的维持与发展受到了现代化因素的冲击。在柳村,当地的茶产业和柑橘产业本质上便是一种小农经济,具有小农经济的局限性。由于城镇化的发展,柳村的大部分青壮年不愿在村庄里从事农业生产,而是选择在城市里生活和工作,这使得当前村庄从事农业生产的主要是一些老年人。而当这一批村民失去有效劳动价值时,可能村庄很难有人再继续进行农业生产,村庄的农业发展变得岌岌可危。

而要想实现当地小农经济的维系与发展,需要一定的内部条件和外部条件,减少小农经济分散性所带来的劣势。从内部条件来看,就是推动当地的农业生产以实现良性的循环。对于当地的茶叶生产,村民可根据自身的家庭结构选择合适的生产方式以及进行劳动力的优化调配,减少土地撂荒现象的出现,从而推动农业生产的发展。从外部条件来看,即加强社会化服务体系,实现资源的有效配置。这主要包括:第一,夯实茶叶生产基础,提升生产技术水平。苗镇政府可以根据发展实际,推进柳村茶叶标准化生产,加强基础设施和配套设备支持,兼顾茶叶产品的创新、生产效率的提高、机械化智能化发展,开展品种改良和茶叶生产种植管理。另外,加大茶叶生产的技术创新投入,积极应用新技术、新工艺的同时加强茶叶种植、采摘、销售全过程、全方位的质量管理和创新,改善茶产品质量,提升产品品质,坚持高标准、高质量茶叶供给。第二,打造品牌效应,增加茶产品的附加值。通过媒体、网络宣传等手段打响茶叶品牌,抓住市场契机,以宣传的形式提高柳村茶叶在外的口碑,增加茶产品的附加值,有效地将村民收获的茶叶进行加工对接市场,转变当下柳村局限于内销的境况。

第五节 村庄治理

当前中国社会还处于转型之中,随着现代化建设进程的全面推进,工业化、市场化、城镇化等现代化力量不断嵌入村庄内部,乡村社会和治理形势发生复杂而深刻的变化,这些都给村级治理带来了不少挑战。在这种大时代背景下,柳村村庄治理不断摸索、试验,与时俱进,不断适应新情况、解决新问题,呈现着另一番新景象。笔者将柳村的村庄治理分为治理模式、村干部治理、治理任务、基层党建治理4个部分,描绘处于社会变迁背景下的村庄治理图景。

(一)治理模式:划片治理

由于柳村是一个城郊村,1、2、3组更靠近城区,4、5、6组更靠近农村,因此柳村因地制宜划分区域实行不同的治理模式。农村的信息资源获取相对闭塞,因此4、5、6组主要实行能人治理模式,发挥组内权威、声望较高的能人或党员的榜样作用带动治理村落,处理村级事务。而在1、2、3组采取"网格化"区域管理,推动机关干部下沉,构建"小区党支部—楼栋党小组—党员中心户"三级党组织体系,使得"党员、社区民警、网格员、楼栋长"一同在楼栋里,引导发挥各方力量协同参与治理,实行社区精细化管理。

(二)村干部治理

柳村目前有6名村干部,还有2名上级政府派来的驻村干部。根据调研,柳村的村干部治理有以下特点。

1."乡村精英"治村

"乡村精英"是指那些有政治头脑、家庭经济条件好、社交圈广、热心村内公共事务、在村庄乃至乡域内有一定威信的人(李万忠,2010)。柳村的村干部主要是本村的"乡村精英",在村庄生产生活时间长,熟悉村情,有较大的村庄社会网络和深厚的群众基础。村干部充分发挥自身优势,治理效果较好。

2.趋向"职业化"发展

随着农村的迅速发展,乡村建设的逐步加快,村干部的工作量直线上升。从2022年开始,当地的村干部实行正规的8小时坐班制,并且实行严格的绩效考核制度——百分制考核,这使得柳村的村干部逐步由不脱产向着脱产转变,村干部趋向"全职化"发展。在访谈中我们了解到,柳村的村党支部书记的年工资收入为5万~6万元,其余村干部3万~4万元,无五险一金。这种工资水平与当下村干部所承担的工作量大不相符。虽然村干部的待遇并不高,但柳村的村干部说,不能辜负"老百姓的信任和期待",愿意"为老百姓干实事",这反映了他们担任村干部不仅仅是出于对经济利益的考量,还重视个人的社会价值的实现和精神满足感的获得。

3.村干部的"治理悬浮"现象突出

当前柳村正处于乡村振兴、建设美丽村落的阶段,有许多的建设项目,这导致村干部的工作重心是发展集体经济项目,不可避免地忽视了百姓细致的、个体的生活需求。而且,柳村还存在着干部稀缺的问题,这也使得柳村村干部处理村级事务的行动变得更慢,进一步导致村民对村委会的工作在认知上产生了偏差,出现了村民获得感不强的现象。这实际上反映了当前柳村存在着村干部的"治理悬浮"问题,村干部与村民的发展诉求、发展重心不一致,双方思想观念的差别导致了乡村治理与乡村社会脱节、村干部与村民之间供需联系上的脱节。目前,在柳村的村庄治理中村干部需要缩小村干部能提供的与农民想要的之间较大的差距,破解村庄治理的"悬浮"问题。

(三)治理任务

党的十九大以来,提出了"全面实施乡村振兴战略,打好脱贫攻坚战"等政策并积极推动相关部门贯彻落实,这使得当今乡村面貌发生了历史性变化,乡村基层治理取得了突破性的进展。在这种乡村振兴的大背景之下,柳村的村庄治理适时调整,主要的治理事务包括村庄文化治理、村庄人居环境治理、矛盾纠纷调解等。

1. 村庄文化治理

村庄文化治理是指立足于广大的农村地区,以村民为主体,对农村文化现存的问题进行全方位的文化形态治理,实现农村物质文化繁荣、精神文化积极向上、行为文化健康文明。在现代化的进程中,由于农村地区长期处于薄弱环节,村庄文化逐渐衰落,严重制约了农村社会的发展,与现阶段要求的文明程度不相匹配。在响应乡村振兴的时代背景下,如何推进村庄文化治理,提升乡村的文明程度日益成为各地村庄治理的重要任务。柳村位于传统文化所在地,当地更是尤为注重村庄的文化治理。

村庄文化活动丰富多彩。村干部善于利用村落文化的内在感召力来调节村民关系,引导村级治理的整体氛围向积极的方向发展。据柳村村干部介绍,"现在村民之间基本没有什么大问题,即使有矛盾,双方私下里也能和平、融洽地解决,个人心态更豁达,不再固执和讨价还价。"同时,柳村经常开展优秀传统村落文化活动。文化活动作为一种强有力的文化传播形式,具有完善的价值观引导作用和思想精神洗涤功能。例如,村里每年都会举办一次评选"乡村文明之家"的活动,由村民根据孝顺老人、友善邻里、团结家庭等突出的文化特质投票选出。通过对评选出的家庭颁发"文明之家"的标牌来带动村庄的整体风气。入户调查中发现,基本上每个小组都有一定数量的文明家庭。这一方面,增强了村里选拔人员的集体荣誉感;另一方面,充分发挥模范家庭的表率作用,鼓舞和带动全村积极作为,为文明乡风添砖加瓦的同时极大密切了村民间联系,有利于聚合现阶段村民分散的力量。此外,每年柳村都会充分发挥民间文艺组织的作用,举办以传承屈原文化为导向的文艺表演,通过文艺活动节目的创作和表演,展现村民乐观向上的精神面貌,丰富村庄村民的精神文化生活。

村庄公共文化基础设施日益完善。现今,柳村的村民文化活动中心、老年人休闲中心、图书馆、体育场馆等基础配套设施一应俱全。为了充分发挥这些公共文化基础设施的功能作用,免费开放这些场所,为村民创造了各种便利条件。这些举措吸引村民走近文化阵地,在提高当地文化基础设施的利用率的同时提升当地村民的文明水平。除了一些基础设施之外,柳村还筹集了大量资金,在村中心打造了一个农村文化活动阵地,该地现已成为大量村民们休闲娱乐的场所,由村民们自主成立的腰鼓队等娱乐组织也经常在该地表演,成为柳村的招牌文化。另外,由于柳村的村落相距较远,柳村在每个小组的居民集中点建了一个村民休闲广场,配备了一些基础的锻炼设施,这成为当地村民茶余饭后的好去处和健身锻炼的好场地,在极大丰富当地村民娱乐生活和改变精神风貌的同时,也进一步拉近了村民之间的关系。

村庄特色的村规民约。制度具有相应的制度文化,无论是政治制度、经济制度这一类的规范还是伦理制度、礼仪制度等规范皆是村庄遵循,并成为村民可以选择的行为准则(加芬芬,2019)。在村庄的文化治理中,在广泛寻求村民意见、召开村民代表大会的基础上,柳村通过村干部的充分讨论制定了村庄治理的村规民约。村规主要展现了硬性的制度规范,民约则体现了村庄内部文化趋向制度化。柳村的文化治理以村规民约为主要方式,不仅为村庄治理提供有效、被普遍信任的监督和保障机制,而且间接地传播了村庄内的特色文化。在入户访谈中发现,柳村的各个小组都有着针对自己组内实际情况的村规民约,极具当地特色且具有一定的治理效果。

2.村庄人居环境整治

近年来,柳村着力打造村容整洁、环境优美、管理有序的美丽宜居乡村,以进一步发展休闲旅游业,从而带动乡村经济。具体的相关内容主要有生活垃圾的处理、农村的"厕所革命"、污水整治、畜禽养殖污染治理等方面。从调研和访谈情况来看,柳村的村内垃圾基本能够实现集中清运处理,"厕所革命"仍在深入推进,水污染处理得到重视,河湖治理也取得了积极进展。

在生活垃圾处理方面,柳村基本做到了户户桶装化、袋装化,多数实行运输集中处理。据受访村民委员会主任介绍,村民家里都有统一的小垃圾桶,当垃圾堆满,用袋子装好,放在指定地点的大垃圾桶里,由环保公司直接运走。这样的环卫垃圾桶基本上每个组都有几个,环卫垃圾车会定期在村里巡游,收集垃圾。在污水整治方面,柳村积极动员沿河村民改善生活环境,加大"厕所革命"的改革力度,坚决取缔路边旱厕,督促村民养成文明健康的生活习惯。此外,柳村全面落实河湖长制,深入开展以清乱占、乱采、乱堆、乱建为主要内容的"清理四乱"专项整治行动。对纳入河湖长制管理的所有湖区统一建立相关问题清单,组织开展集中攻关,解决突出问题。经过这些整治举措,柳村的河流流域状况得到了明显的改善。

针对生猪养殖场的问题,柳村坚持从源头上进行生猪圈养的总量控制与强化科学管理。在面上,进一步优化生猪养殖的布局,合理确定生猪养殖规模,关闭规模化养猪场,逐步引导散养小户退出散养、退出院落、退出村庄,进入规模、进入市场、进入流通;在点上,进一步加强牲畜粪污处理设施建设,推进新建牲畜规模养殖场同步建设牲畜粪污储存、处理与利用设施。一直以来,柳村的畜禽规模养殖污染的问题较为严重,这些举措使得柳村的人居环境得到了进一步的改善。在入户调研中,3组理事长表示:"前些年,我们组到处都是生猪养殖场,我家后面就有养猪的,整天我家都是臭气冲天的,实在是受不了,走哪都是一股猪味,多亏近几年我们村搞了这个环境治理,现在,我们组环境好多了。"

柳村的环境治理并非随大流的非必要式整治。所谓非必要式整治,即为了图"新面貌、高大上"进行没有必要的整治。反而,柳村的环境治理结合当地实际,因地制宜,科学地进行利用性整治。对于需要整治的尽量做"小手术",保留村民记忆中的村庄原貌,让农村环境整治成果看得见、摸得着、特色鲜明。在环境治理的过程中,柳村坚持以人为本,做到尽力而为,从群众反映最强烈、需求最迫切的突出问题着手;发挥村民的主体作用,尽可能地调动村民力量,依靠村民,增强村民参与环境整治的自觉性和主动性,不搞"一刀切",尊重村民意愿。

3. 矛盾纠纷调解

调节村内的矛盾纠纷是柳村村庄治理的重要任务之一。所谓农村社会矛盾纠纷是指发生在农村不同群体、不同领域、不同层面的影响村民团结、农村稳定,导致暴力冲突和群体上访的事件和矛盾。相比之前的村内矛盾纠纷,柳村现在的矛盾纠纷呈现出新的特点。

第一,矛盾纠纷的多样化。柳村之前的矛盾纠纷比较简单,主要体现为村民之间的因婚姻、赡养、邻里关系等引发的矛盾纠纷。而现在的矛盾纠纷很大一部分体现为村民与企业，村民与村委会之间的矛盾纠纷，以及因征地拆迁、历史遗留问题引发的矛盾纠纷。

第二，矛盾纠纷的群体性。由于目前柳村的矛盾纠纷当中，主要是土地征用补偿、承包经营和殡葬改革的墓穴拆迁问题等引发的纠纷，这类纠纷中的群众利益一致，诉求相近，十分容易形成群体性纠纷事件，调解难度较大，易影响柳村的秩序稳定和经济发展。

第三，矛盾纠纷的复杂性。随着社会进步、经济发展，柳村从原来封闭的村庄逐渐走向开放多元化，这使得柳村的矛盾主体变得复杂化，不仅仅只局限于村内的村民，同时伴随着主体的日益复杂化，各主体之间产生的利益纠纷也逐渐多元化。由此，柳村当前产生的矛盾纠纷成因增多，形成因素与调解过程也变得复杂化。

对于村内的矛盾纠纷，柳村主要有私下解决、调解、诉讼三种途径。

个体与个体之间的小矛盾，村内一般通过自决、回避、和解等方式私下解决。第一种是自决，本质上是一方当事人利用自己的权力来寻求自己的利益。这种解决机制往往出现在实力不对等的双方之间。第二种是回避，是一方当事人主动示弱、求和以避免冲突的行为，比如基于亲情、血缘、人际关系等，主动回避。第三种是和解，即双方可以协商、相互理解，自愿共同解决纠纷，使双方利益得到合理调整（张汉元和孙卫华，2021）。

村内个体之间无法自行处理的纠纷，当事人往往会寻求组内的理事长或是到村委会找村干部进行调解来解决，这也是柳村纠纷解决的主要方式。村干部或理事长会通过说服、疏导等方法，促使当事人在平等协商基础上自愿达成调解协议，解决双方之间存在的纠纷。调解组内的小矛盾纠纷已经被纳入理事长的年终考核当中，村内一直以"小事不出村，大事不出镇，矛盾不上交"为工作目标，持续加大对辖区矛盾纠纷的排查化解力度。

只有当村民无法通过私下解决、调解方式解决争议或未能取得满意的结果时，他们才会选择诉讼这种纠纷处理渠道。柳村采取诉讼化解纠纷的很少，一般都是征地拆迁那种没有得到实质性解决的较大的矛盾。

在农村地区，矛盾纠纷问题的本质便是秩序的冲突，其产生的原因也更多是情理与法理二者之间的博弈。在农村这样熟人社会特征凸显的地方，其自身有一套规范的逻辑和情感体系，很多的问题和矛盾因为牵扯到"情"而变得模糊不清，难以处理。而随着时代的发展，社会更加强调"法"和"契约"，法治的思想理念在人们心中也愈加深刻,且社会没有法理的介入,很多问题便难以确立边界,不能得到较好的处理。因此,如何平衡好法理与情理,在法理与情理之间寻找结合点,营造农村好的法治环境,妥善化解农村矛盾纠纷,是现在农村治理尤其需要关注的事情。

(四)基层党建治理

柳村党组织设有1个党总支,3个党支部,8个党小组,现有党员103名。柳村的村庄党建因较高的规范化建设程度和有效嵌入村庄治理路径而对该村村庄有效治理发挥了积极有效的作用。

1.党组下沉,深入基层建设

柳村因特殊的地理位置,现有农村社区建设模式和城市社区建设模式,两片区域都在党的领导下实现了进一步发展。村庄实施"村党组织—村落党小组—党员"党建路线,细化了党员的职责。在村落中设有党支部工作联系点,且每个村落党支部都设有一名支部工作指导员、一名支部活动联络员,指导着村落党支部活动开展,确保支部工作有人干、干得了、能干好。除此之外,柳村设立了由村落党小组长和村落理事会成员组成的"两长八员","两长八员"为村落骨干队伍,协助村内的党小组长处理村务,替其排忧解难。在城市社会建设模式中,柳村实施着以"社区党委—小组党支部—网格党小组—居民党员"为主线的社区党建工作体系,推进党建责任落实至每个区域内。同时,在归属柳村的社区内,柳村实施"十员进小区"的制度,即选派警察、医生、消防员、电管员、管水员、环卫员、园林员、城管员、法律顾问、市场监管员下沉到小区,让专业人士替党员分担专业任务,更好地协助社区党员履职尽责。为了更好地推进党建嵌入村庄的治理当中,柳村还会在田间地头召开支部会议,通过借助"村落夜话""小区夜话"等新平台,动员群众共同参与党员活动,让党员从"单向式问询"转变为党群"双向式互动",使得党员在与群众闲话家常的愉悦氛围中探讨基层的治理难题,落实党建工作。

2.激励党员承责,推进村庄治理

首先,柳村以"公约"的形式明确党员的责任,在柳村的各类公约中都蕴含着党的意志、纲领及宗旨。如某小区,居民公约第一条便明确提出要"爱党爱国爱小区,遵纪守法明事理"。这既从细节上保证了党员的权责对等,又从细微处激发群众爱党拥党的热情,提醒着党员遵守公约,履行所应承担的责任。其次,柳村执行着县域统一的"口袋书"填充责任的制度,村党支书根据自身工作安排理清思路和责任范围,针对性、建设性地担责,讲求实际而非只会喊口号。除此之外,柳村积极落实"党员积分制",用分数来量化对党员的评价,用积分记录党员的变化、衡量党员的作用、评定党员的优劣,促使党员肩上有责、争先有标、行为有尺、考核有据,这有效地调动了广大党员的履职热情,解决了党员权责不对等的问题。

3. 规范化治理

在柳村,村庄公共事务决策,党的政策宣传、贯彻落实等问题均由党组织和村组织开会、研究讨论。同时,柳村党组织大力推行党务公开制度,按照中央和上级组织的指示对本村的各项决议、规定以及党组织自身的建设情况定期或不定期地进行公开,采取公开专栏、会议、文件等形式,切实尊重和保障村民的知情权和监督权。另外,柳村积极深刻、频繁学习党组织政策和思想。柳村的村党组织负责人表示:"我们经常在村内召开党员大会探讨基层治理问题和学习一些文件、精神,身为一个党员,自身的党性是最根本的东西。"

"村看村、户看户,农民看党员、党员看支部"。农村基层党组织是党在农村开展工作的根基,是党联系广大农民群众的桥梁和纽带,其基础性地位决定了优化乡村治理必须加强党的建设。因此,要实现当前有效的农村治理,必须根据新时代农村的新变化、新形势、新要求,加强党对农村治理的集中统一领导,尊重人民群众的主体地位,坚持以党的建设为指导,以人民为中心,以问题为导向,以创新为重点,以制度为保障,将党的群众路线贯穿到农村治理全领域。

第六节 结 语

改革开放以来,市场经济发展、城乡人口流动等因素冲击着农村社会的方方面面,农村逐渐开启了系统性、整体性的社会转型进程。但在实现快速发展的同时也出现了半熟人社会、规则秩序失衡、人情关系异化等问题,在乡村的转型过程中截然不同的景象并存。面对不同形态的乡村社会发展,如何正确认识、理解乡村至关重要。对于如何理解乡村现状,有的学者过于关注社会转型过程中农村社会出现的诸多问题,认为目前的改革进程违背了乡村的传统社会文化和农村地区的现实基础,易导致乡村社会陷入困境,主张恢复乡村社会原有的组织模式、生活方式,重塑传统的价值观念。也有的学者聚焦于农村地区社会转型的结果,强调从动态发展的角度看待农村社会,认为改革开放以来乡村所取得的成果具有关键性,尽管农村地区存在许多问题,但这是转型过程中不可避免的现象,也将随着重组转型的进展而逐步消失。这两种视角都既有合理性也有不合理之处,前者固守传统、拒绝革新,本质上是对农村社会转型的否定,而后者虽存在一定的合理性,但将发展作为突破困境的依托,容易忽视社会的发展阶段、环境的变化,陷入发展的困境(黄政,2022)。因此,对乡村的认识需要坚持以下几点。

第一,要客观、辩证地看待新旧事物的更替。在社会转型的过程中,新事物的产生与旧事物的消逝紧密相连,这是社会发展进步的必然历程。虽然在整体转型过程中会有相当大部分的农村文化传统消逝甚至异化,但已然逝去的事物并非全部都是落后的,它们只是无法适应时代的发展变化。如以前农村建房都是用土砖,由此还衍生出一项传统行业——切砖行业,但随着时代的发展,现在没有人再用土砖建房,这个行业也就逐渐消逝了。另外,随着时代的发展,新生的事物要远多于消逝的旧事物并与社会的发展要求更加趋向一致。因此,对于乡村社会转型中新旧事物的更替,要以更加包容、开放的心态去看待,而非在怀旧观的作用下一味质疑、否定新生事物。

第二,要辩证、综合地看待农村社会转型中的艰苦与困难。现代化的结果是美好的,但现代化的过程是艰难的。一个社会的原始特征与其现代化之间的距离越大,其转型阶段就越是漫长和痛苦。对于一些传统的乡村社会来说,这无疑是一种基于"崩塌的传统"的转换。当前,我国乡土社会的治理结构、运行规则和社会秩序正在发生深刻的演变和重塑,乡土社会的方方面面都在逐步改造和提升,且在不断地与现代化因素相结合。这个过程并非一帆风顺,坎坷在所难免。对此,我们要辩证地看待,既不能熟视无睹,任由一些问题恶化;也不要过分夸大、人为渲染,把个体问题上升为全局问题,把正常的情况异化为本质矛盾。此外,我们还需要用综合性和历史性的眼光看待问题,避免因问题的不断放大而影响新事物的发展,应当看到事物发展的普遍性。要将农村的特定现象置于历史的进程中,明确它们在发展历程中的地位。任何事物、问题都不是凭空出现的,历史地看问题才能够把握事物发展的来龙去脉,从而对其有清晰的认识和定位,更能理解转型的社会基础、理解转型的重要性和必要性。

除此之外,笔者也较为认同黄政(2022)所述的从"城乡共融"的视角研究、认识乡村社会的转型进程。首先,在当下城乡人口大流动和户籍制度逐步放开的背景下,传统意义上的地理间隔正在逐步被打破,农村和城市关系重新由割裂走向融合。其次,在现代化浪潮中,传统中国社会在小农经济体系的基础上形成的

"乡土社会""熟人社会"理想类型已经发生了悄然的变化,乡村社会特征逐渐泯灭,趋向于城市化社会特征。这种复杂的变化要求我们不能割裂农村和城市,一味地从乡村这一主体角度出发看待乡村社会的转型变化,而应该从"城乡共融"的角度着手,注重区域间的比较,看到城市的影响和作用。

(中国地质大学(武汉)公共管理学院 张玉瑶)

第二篇

乡村建设

第三章　县域视角下农村多层次养老服务体系建设

位于中西部地区的承县面临的主要问题是人口老龄化问题。随着农村青壮年农民大规模外出务工,农村产生大量空巢老年人,当地老龄化率已经达到27%。老龄化社会不仅仅体现在乡村,还体现在县城。县城工业不发达,近年来逐渐衰败,吸纳的农业人口越来越少。县工业园区规模以上企业30~40家,但是盈利的只有7~8家。园区月平均工资为2000~3000元,都有五险,招收人员年龄为男性50岁以下、女性45岁以下。工业园区吸纳的就业人数不多,大部分县域内农民工主要从事建筑行业,这主要得益于最近几年的县城大开发。即便在县城,人口主体仍然是老年人。城郊村的老龄化率超过了30%。一方面,大量农业人口到县城陪读,居住在县城。另一方面,因为承县是山区,很多老年人居住在山上就医和购买生活用品不方便,有的老年人就居住在子女在城郊村买或者租的房子里。

"十四五"规划指出,推动老龄事业和产业协调发展,构建和完善兜底性、普惠型、多样化的养老服务体系是当前农村养老服务建设的重点方向(刘二鹏等,2022)。推进农村多层次养老服务体系建设,是在我国农村现实条件下适应老龄化趋势做出的养老服务创新发展路径。本书基于承县的实地调研,梳理出承县县域多层次农村养老服务模式:第一层次是由政府主导的特困老人养老服务,包括集中供养的农村福利院和分散供养的"照料人"制度;第二层次是在政府主导下,通过补贴社会力量来提供养老服务的城镇"公建民营"养老院、幸福食堂以及农村老年协会;第三层次是完全放开的市场化养老服务,即社区日间照料中心和家庭经营式养老公寓。笔者认为,当前县域统筹下的多层次养老服务体系建设可从多元主体优势力量的整合与分级嵌入入手,注重对不同养老服务供需的定位与衔接,从而适配多元主体,形成满足老年人多元化需求的多层次养老服务体系。

第一节 政府主导:特困老人养老服务

农村的特困人员供养制度是我国特有的一项生活救济性质的社会制度。作为无法确定抚养义务人、无劳动能力、无生活来源的"三无"社会弱势群体、特困人员,目前主要依靠政府的财政资金供养。特困人员能否颐养天年,一定程度上反映了国家对养老的底线保障。在承县苗镇,对特困人员的供养方式主要有两种:集中供养和分散供养。这两种供养方式都纳入政府供养范围,区别在于集中供养的特困老人集中居住在福利机构,分散供养的特困老人将供养资金发放给个人,老人在家居住或在赡养人家居住。我们走访发现,苗镇的绝大部分特困老人倾向选择分散供养,有较少特困老人选择集中供养。

(一)集中供养:农村福利院

承县苗镇的农村福利院坐落于县城近郊的米村 3 组,距中心城区 2.5km,连续多年成为农村福利院建设示范点,是承县众多农村福利院的"领头羊"。在 2020 年度农村福利院绩效考核综合成绩排名中,位居承县 13 家农村福利院榜首,并因此获得每月 1500 元的奖金。

该院始建于 1983 年,2013 年投资 1200 万元进行了改造扩建,目前占地面积 5669m²,建筑面积 13 981.75m²,固定资产 1640.8 万元,蔬菜种植面积 22 亩。现供养床位 148 张,主要供养城乡特困人员 122 人,其中包括残障人士、生活自理困难者、完全丧失生活能力者、丧失部分生活能力者、需部分照料者,农村特困人员入住率达到 50%。福利院现有职工 18 人,其中院长、会计、医疗室常驻医生各 1 人,餐饮人员 4 人,护理工人 11 人。

苗镇农村福利院运行以来,通过专业的集中照料和护理服务,有效解决了特困人员的家庭养老和监护难题。最重要的是,福利院对一些"三无"老人能够做到辅助体面安葬,让老人不再有后事之忧。同时,福利院始终坚持"运转有效、管理规范、服务创优"的原则,没有发生一例安全生产事故和食物中毒事件,也没有发生一例院民集体上访事件。苗镇农村福利院社会效果好和群众认可度高的兜底服务得到了县委、县政府和上级部门的充分肯定,越来越多的特困老人主动申请加入福利院这个温馨的大家庭,特困老人在这里得到了精心的照顾和全方位的悉心呵护。

1."院办经济":农村福利院中的积极老龄化

在政府财税收入有限的情形下,老人们通常只能得到基本的日常生活照料和身后之事的安置,更丰富和多元化的服务是有限的。市民政局在推进农村福利院建设时,着重引导福利院多元服务供给改革,而苗镇福利院也积极探索大力发展"院办经济"之道。为保障福利院老人住得方便顺心、吃得健康,近年来投资近 70 万元硬化活动广场 1600 余平方米、按标准化养猪的"150 模式"兴建 380m² 养殖房,开发 22 亩蔬菜基地。一年能出栏生猪 55 头,母猪 4 头。通过自力更生发展生产,该福利院每月宰杀净肉 150kg 以上,杜绝了"僵尸肉"上桌。22 亩蔬菜基地精耕细作,瓜果蔬菜自食有余,保证每餐都有时令蔬菜。2021 年,该福利院实现种植养殖纯收入 42.5 万元,70% 用于改善老人们的日常生活。此外,福利院也会购买意外伤害险以保障老人们的安全。

世界卫生组织在定义"积极老龄化"时强调了"参与"的重要性,倡导老年人在力所能及的情况下劳动,为家庭、社区、社会作贡献。积极老龄化让老人们重新认识到自己在社会生活方面的潜能,并按照自己的需求、愿望和能力去参与社会活动。苗镇福利院倡导这种积极老龄化的理念,在养殖和蔬菜种植方面都是优先安排那些具备劳动能力且愿意进行协作劳动的老年人。

苗镇农村福利院的"院办经济"之所以具有发展的可行性,主要归于以下几个因素。首先,"院办经济"在苗镇历史悠久。20 世纪 90 年代,苗镇农村福利院合并重组前的 3 个前身分院(苗镇农村福利院一院、二院、三院)皆因经费不足、运营困难而不得不进行规模较小的蔬菜种植自给自足,之后这种自给自足模式逐渐得到制度上的完善和规模上的扩张,由单一的自给蔬菜种植拓展到茶叶种植、谷物种植、养殖等多方面。苗镇农村福利院的"自给"式种植养殖逐渐得到鼓励和推广,最终形成现今的"院办经济"。其次,老年人参与劳动。福利院的老人们大部分来自农村,长期劳作使他们形成了劳动习惯,从事力所能及的劳动能够带给老人们满足感,让老人们在轻量的劳动下实现晚年的自我价值。最后,奖励与劳动的结合能够带给参与活动的老人们经济收入。苗镇农村福利院采用员工带领老年人劳动的模式协同劳作,在老年人自愿报名参加的前提下,福利院也会综合考虑老年人的身体状况选择最合适的岗位安排老人们劳动。目前福利院有 17 位老年人参与劳动协作,福利院给每人每天发放 20 元的奖金。这些奖金虽然数额不多,但对老人们来说是他们劳动的收获,是劳动价值的变现。

归结起来,苗镇农村福利院"院办经济"取得了几大成效。

(1)弥补财政经费紧张。政府对农村福利院的拨款采用按人计费包干制度,福利院老人们的生活补助分为两大模块:生活费和护理费。生活费为每人每月 980 元。护理费按护理级别计费。其中,自理老人护理费每月 1400 元、半自理老人护理费每月1500元、失能老人护理费每月2397元,其他护理情况的费用由福利院协调。福利院既要保障老人们的基本生活消费、娱乐活动消费以及医疗消费,又要维持福利院的正常运转,仅靠护理费和每人每年1000元的医疗补助只能勉强维持运转,无法改善福利院服务设施和提高老人们养老的标准。而"院办经济"所带来的每年30万~40万元的收入能够补贴福利院内部建设,提高养老服务的软硬件设施。

(2)保证老人们的食品安全,吃上新鲜放心的蔬菜。福利院的蔬菜瓜果基本是自种自食,老人们在种植过程中,既不施化肥,也不打农药,吃起来放心。此外,福利院就近开垦周边荒地种植多品种蔬菜也保证了老人们能吃上多种应季新鲜采摘的蔬菜。

(3)丰富日常活动,在保障安全的同时,满足了身心健康需要。与其他养老形式相比,院舍式集中养老最为突出的特质是封闭性。院舍里的老人们,无论生活是否可自理,需要面对的是有限空间里的、需接受管理的集体式生活。封闭式管理最初是为老人们的人身安全考虑。但来自农村的老年人,一辈子与广阔的土地打交道,对自由最是敏感。封闭环境容易让老人们产生被约束、被管制的感觉,长此以往容易给老人们带来心理上的压力。苗镇农村福利院的老人们表示:"平常在门口种种菜、喂喂鸡,早上从菜园子里掐大把青菜下面条,晚上在园子里翻翻土,饿了顺手从藤上摘个黄瓜吃,过的生活就和在家一模一样。非要说有什么不同的地方,就是这里有这么多同龄人可以说说话。"这样一来,老人们很少因为福利院限制了出入而感到闷闷不乐,相反,他们仍然保持着对生活的热情,对土地的热忱,这是很难在其他福利院或养老院看到的。该院院长告诉我们,"院办经济"让福利院占地面积扩大,应用功能增加,老人们的活动空间相应增大,生活、劳动、锻炼、休闲都可以做到足不出大门。

院长表示,一般的福利院规模小,运动范围非常有限,很多能够自理的老人们想要活动一下,但被局限在了楼道里,最多在举办文艺活动或节日活动时才出来转一转。长此以往,缺乏运动的老人们越发感到没有力气,眼见着精神不济失去往日的活力。而"院办经济"在保障老人们安全的前提下让老人们能够在农业生产中锻炼身体、愉悦身心,经济奖励也让一些不活跃的老人们动了起来。此外,大家在一起参加劳动,一方面增加了老人们的亲密度。院长说,在苗镇农村福利院,因琐事吵架的老年人很少。另一方面,老有所为使得老人们明显精神焕发。从我们的观察来看,苗镇农村福利院能自理的老人们走起路来不弱于年轻人,很少出现老年人因长期缺少运动导致肌肉萎缩的状态。

2. 丰富文娱：托起幸福夕阳红

苗镇农村福利院的娱乐文化不仅仅局限于一般福利院开办的文艺汇演、节日联欢等，它将一种深层次的、自发的、积极的文化传播给每一个老年人。在院长、职工们的鼓励下，大家发挥自己的特长，发展自己的爱好：练书法、剪纸、打羽毛球、打篮球、打乒乓球等。当我们第一次到访福利院时，进门左边的房间有一位爷爷坐在轮椅上绣着一朵大红牡丹，房间里更是摆满了他的刺绣作品，有人物的、风景的、还有卡通的。很难想到这些精美绝伦的刺绣作品出自福利院的一位老爷爷之手。据院长介绍，这位老人的下肢完全瘫痪，需要护工帮忙上下轮椅。刚开始来福利院时很少说话，也很少与人交流。为了鼓励他，护工常常夸赞他眼神不错、手也灵巧，可以学习个手艺活。这位爷爷逐渐被说动，在护工的帮助下就着互联网的便利，在手机上自学了刺绣，没想到一发不可收拾，他的作品越来越多，他常常与其他老人一起分享他的作品，一起寻找素材创作更好的作品，这位爷爷脸上的笑容逐渐多了起来。他的作品被放在院里文艺节展览，得到很多来访者的赞赏。院长说，福利院的文化建设不应该是被动的输入，而应该是由内而外地自发性输出。组织再多的文艺活动，也并不能满足每位老人的文化需求，反而容易让老人产生欢乐结束后的失落感和悲伤感。当积极的兴趣爱好成为内生动力，院里举办的各种活动就会成为添加剂，让老人的精神面貌焕发光彩。

(二) 分散供养："照料人"制度

1. 特困人员分散供养的基本情况

除了集中供养之外，一些城乡特困人员愿意采用分散供养的方式。为有效解决当前全县城乡分散供养特困老人生活质量低、生存环境差等问题，承县采用"照料人"的助老模式，以确保城乡分散供养特困人员基本生活有保障、日常起居有照料、生病住院有护理。通过"物质救助＋服务救助"的方式，提升养老服务质量来帮助特困老人。

实行分散供养的特困人员由乡镇政府或农村集体经济组织、受委托的抚养人和特困人员三方签订五保供养协议，制定相关供养方案。苗镇现有分散供养特困人员147人，包括135名农村分散供养特困人员和12名城市分散供养特困人员。

2. "老有所依"："照料人"助老模式

根据《承县分散供养特困人员照料服务实施方案》要求，村(居)委会负责人为分散供养特困人员的法定监护人,由乡镇人民政府和村(居)委会负责人、分散供养特困人员三方面对面签订分散供养监护协议。同时按照亲属第一、邻居和朋友第二、村落"两长八员"和村(居)委会干部第三的顺序,根据老人的意愿和就近方便的原则,确定照料人,由乡镇人民政府、村(居)委会负责人、照料人、分散供养特困人员四方签订委托照料服务协议。供养金中的生活费每月按时发放到特困人员银行账户,护理费实行按月考评、按季发放到照料人账户。照料人季度内每月考评"合格"的,全额发放护理费;一次考评"不合格"的,扣发一个月的护理费;两次考评"不合格"的,扣发本季度全部护理费并更换照料人。

截至2020年9月底,苗镇147位分散供养特困人员全部签订了照料服务协议,其中农村分散供养特困人员135人中,亲属照料120人、邻居照料4人、村干部或理事长照料11人;城市分散特困人员12人都由亲属照料。为保证分散供养特困人员照料服务落到实处,苗镇的实施方案在制度保障上进行了细化。

(1)照料人落实日常照料制度。照料人按照签订的服务协议,落实照料护理内容,确保分散供养特困人员合法权益得到有效保障,其日常照料包括五大方面。

一是保障基本生活。确保分散供养特困人员的住房符合住建部门对安全住房的要求:保证通水、通电,室内明亮通风,屋内外干净、整洁、卫生,各项生活必需品配备齐全。照料人与特困人员可同吃同住,及时协助特困人员补充生活必需品,对无法保证同吃同住的,须每天送餐上门,查看生活状况。

二是落实医疗照护。分散供养特困人员有就医需求的,照料人及时报告村(居)委会或乡镇民政办并送医治疗;需长期服药的,照料人需关注特困人员用药情况,协助其按时购药;对智力不全的分散供养特困人员,照料人按时查看其服药情况;需要长期住院的,照料人必须进行陪护,无法亲自陪护的,必须安排或雇用他人陪护。

三是保障人身安全。照料人定期对分散供养特困人员生活进行检查,对存在的安全隐患及时进行处理,处理不了的(或特困人员死亡的)及时上报村(居)委会或乡镇民政办。对于出现重大安全事故的,按照相关法律法规追究照料人法律责任。

四是提供丧葬服务。分散供养特困人员死亡后,照料人按照当地习俗节俭办理丧事,丧葬费用由县民政部门按照政策标准予以一次性补助,进公墓安葬的免除基本殡葬服务费用。丧葬费超出一次性补助费用的,超过部分由照料人承担。

五是规范使用资金。分散供养特困人员银行卡原则上由本人保管,本人无完全民事行为能力和无法正常使用资金的,可由照料人代为保管,并做好日常开支记录备查,特困供养资金必须用于特困人员的日常生活和照料护理。

照料人提供生活化的照料服务为特困人员的基本生活需求带来保障,更重要的是照料人和村(居)干部对分散供养特困人员的家庭生活情况做到了"一口清",随时掌握其生活状况,及时解决分散供养特困人员各种困难,真正实现了衣食住行有保障、日常起居有照料、生病就医有护理。

(2)常态化的督办考核。为保障养老服务质量,苗镇对照料人进行多层面考核。

一是定期层层考核。各村(居)委会每月对分散供养特困人员照料人服务情况进行考评,现场开展考评,现场公布,并将考评结果及时报乡镇民政办。乡镇人民政府安排联村干部每季度对照料人服务落实情况进行考评,考评结果由联村干部签字确认,经分管领导审核后报县民政部门审核并发放护理费。

二是强化考评结果运用。县民政部门综合平时抽查和乡镇报送的考评结果,给照料人按季度发放护理费。季度内每月考评为"合格"等次的,全额发放护理费;有一次考评为"不合格"等次的,扣发一个月的护理费;有两次考评为"不合格"等次的,扣发本季度全部护理费,并反馈给乡镇人民政府,及时督促村(居)委会解除委托照料服务协议,更换照料服务人。

三是强化资金使用监管。分散供养特困人员照料护理资金主要用于分散供养特困人员日常照料护理和住院医疗期间照料护理,直接拨付给照料人。既不能将照料护理资金拨付给村(居)委会发放,也不能委托村(居)委会干部个人发放。分散供养特困人员的照料人若是村(居)委会干部或其他公职人员,特困供养金生活费和护理费都通过银行"一卡通"发放到特困人员个人账户,由特困人员自己支配和使用,从而杜绝公职人员克扣生活费与护理费的现象。

常态化的督办考核有效发掘了短期内可能出现的政策漏洞和避免了照料人的违约怠慢行为,增强了照料人助老模式发展的可持续性。

第二节 "公建民营"的机构养老

(一)城镇"公建民营"养老院的基本情况

承县长青养老院始建于2019年10月,由苗镇政府提供租住房,安泰医护养老院有限公司投资300万元用于设施建设,采取"公建民营"模式运营。该养院建筑面积 13 950 m²,设置床位 120 张。现有职工 27 人,包括护理员 17 人。养老院现居住 80 名老人,其中自理老人 8 人,半自理老人 29 人,失能老人 43 人。有退休金的老人占 70%。长青养老院的收入主要来源于入住老人的床位费、护理费以及政府的财政补贴。其中政府一次性发放运营补贴 15 万元,每月根据老人数量发放床位补贴。自理老人护理费收费 2220 元/月,半自理收费 3420 元/月,失能老人收费 3720 元/月。不计算折旧成本,养老院每月收入 18 万~20 万元,支出 16 万~17 万元,有 2 万~3 万元的盈余。

1."老有所安":老年人的"避风港"

长青养老院的规模比较大,各项设施都比较完善,其服务对象广泛,辐射到全县。作为"公建民营"项目,共涉及三方主体:其中承县政府为出资方与监管方、汇晨公司为受委托运营方、入住老人为服务接受方。承县政府与汇晨公司双方是委托代理关系,前者对后者的进出机制和项目日常运营承担监督的职能,以保障和维护入住老人的相关权益;后者为养老院入住的老人提供服务,满足入住老人的需求。由于汇晨公司具有架构灵活、追求效率、注重契约、功能多样等特征,在满足县域老人个性化养老服务需求方面具有显著的优势。

什么样的老人会选择这种养老院养老呢?根据我们的访谈,老年人入住养老院的主要原因如下。首先是与子女的代沟。因为出生年代不同,老年人与其子女的性格、生活习惯和处事风格等都会存在很大不同。子女们的有些做事方法难免会引起老人的不满,导致两者产生矛盾。随着矛盾的增加,老年人觉得住养老院比跟子女住一块儿心情更舒畅。其次,为减轻子女负担。很多老年人觉得自己年龄大了,跟子女一块儿生活影响了子女的工作和生活,给他们带来了很大的不便,因此便决定住养老院,这样可以给子女减轻负担,让他们更安心地工作和生活。再次,渴望交流。由于子女工作繁忙,很少有时间陪老人聊天,这使得老年人感到孤独,而住在养老院可以遇到相同年龄段的人,彼此之间有共同的话题,能进行深入的交流。在养老院的生活也是多姿多彩的,老人们可以相约一起进行户外活动,活动筋骨,还可以一起打打麻将,活动大脑。最后,居家养老难以自理。有些老年人因为各种疾病失去自理能力,子女因为工作难以抽开身去照料老人,请保姆又不放心服务质量,因此,有条件的子女在经过老人的同意后,根据经济条件为老人挑选合适的养老院。

2.正规化机构养老的限度

这种正规化的养老院在养老市场中占比偏小,床位空置率较高。就我们所调研的长青养老院来看,床位空置率高达35%。这与我们在县城开展的养老意愿问卷调查结果不谋而合。问卷调查结果显示:在能自理的条件下,70%的老年人选择居家养老,15%的老年人选择私营养老公寓养老,10%的老年人选择养老院养老,5%的老年人选择社区养老。在失能半失能的条件下,55%的老年人选择居家请保姆养老,30%的老年人选择私营养老公寓养老,15%的老人选择"公建民营"的养老院养老。调查问卷也反映了"公建民营"的养老院市场需求占有率偏低。

究其原因,从供给方来看,养老院市场化并没有形成完整的体系。正规化的养老院在苗镇还属于新起步的状态,市场化运作还不成熟,养老服务供给的专业化程度和服务质量有待提高。从需求方来看,老年人观念上倾向于居家养老,其中缘由如下:一是养老院的收费较高,超出了普通人的承受能力。"公建民营"养老院由于建设规模大,需要吸收大量的私人投资。尽管政府在前期可为养老院的经营场所提供一定的场所或资金支持,但相对于私人前期投入的成本及后期运营的成本而言,政府的支持还是有限。为了提高利润率,运营者只能从源头出发,削减成本,这又使得住养老院老年人的生活质量不能得到保证。二是老年人对养老院持观望态度。养老服务质量在居民心里是未知数,老人们对发展初期的养老院的认可度较低。三是民众对养老院缺乏信任。走访时询问当地居民,大多表示如果要选择居家养老之外的养老方式,首选是离家较近的养老公寓,再是公办养老院,最后才是"公建民营"的养老院。像"公建民营"这种养老院价格比较贵,又因为是近年才开办的,还是私人老板投资的,大家对它的信任度较低。

总体上讲,"公建民营"养老模式能够广泛动员私人部门参与到老龄产业中来。私人部门希望能够进入养老服务领域,主要的困难在于基础设施建设等硬件投入无法保证,而"公建民营"这种类型养老机构的硬件投资由政府承担,合作方只需要在软件和服务方面投入,这就为很多私人部门提供了便利。此外,"公建民营"养老机构是市场化运营、自负盈亏的,因此"公建民营"养老机构同样拥有私营机构的活力与能动性的优势。然而,"公建民营"养老机构也存在一定的劣势。第一,硬件设施并非由合作方投资,所以很容易出现合作方在经营过程中过度使用硬件设施的行为;第二,在市场机制不完善的情况下,出于对日后产权界定困难的忌惮,合作方追加硬件投资的意愿不强,这显然不利于"公建民营"养老机构的可持续发展。"公建民营"养老机构虽然会协助公共部门为低收入老年人提供一定的福利性养老服务,但是这种服务仅限于合同规定的范围,其提供的福利性床位在总床位中所占比重不会太大;同时,"公建民营"养老机构虽然追求营利性,但是不具备民办民营养老机构的资金实力,很难提供能够满足一部分老年人要求的休闲型养老服务。对此,承县"公建民营"养老机构想要平衡公益性与市场化运作,就需要在县域统筹背景下权衡优劣,实现养老服务的最大化。

(二)农村"幸福食堂＋幸福院"的养老实践

苗镇方村距县城1km,属于城郊村,共有2000多人,其中老年人有670人,80多岁的老年人数量较多,老龄化情况较为严重。城郊村内老年人的子女大多外出务工,老年人独居成为该村的普遍现象。在这些老年人中,还包含有失能老人、留守老人、孤寡老人、贫困户老人等。基于这种情况,该村在镇政府的扶助下形成了符合城郊村发展的养老模式。

1."老有所养":"幸福食堂＋N服务"

方村结合本村实际,最初开办"幸福食堂"是为了让村里的独居老人和失能老人可以吃上营养健康、便宜的饭菜,以改善老人们的生活状况,后来拓展出免费为所有60岁以上的老年人洗衣服、洗床单等服务,为当地的老年人解决基本生活问题。再之后,发展成为"幸福食堂＋N服务"的农村养老模式,其中重点是"幸福食堂＋幸福院模式"。2018年,方村筹划开办幸福院,2019年正式运营,在村内通过公开招标选定负责人。在我们调研时,共有14位老年人在幸福院居住,该院居住环境干净整洁,还有电视等文化娱乐设施。月收费标准是全失能老人3000元,半失能和能自理老人2000元,这包括住宿费和每天的伙食费。幸福食堂的护工一共有3人,都是村内闲置劳动力。

2."幸福食堂＋幸福院"模式的缓慢发展

幸福院开办初期,得到了县、镇政府的大力支持。幸福院所在场所由合村并组后的闲置小学改造而成,基础设施也得到政府的资金支持,是县、镇农村养老方向上立项建设推广的重要项目,村委会对其维持运营也高度重视。刚开办时,不愿意在家做饭的村民,都愿意去幸福食堂吃饭。"那时候食堂人很多,去晚了都没有菜或座位了。""幸福食堂主要给村里不方便做饭的老人、幸福院居住的老人、附近的施工队和外来进村调研的人提供饭菜。"幸福院住的老人都是外村的或外地的,本地人不在这里住。

调研发现,"幸福食堂＋幸福院"经营3年后,开始呈现"高开低走"状态。我们在对"幸福食堂＋幸福院"老板的访谈中了解到:"现在营业收入主要来自幸福院老人的护理费和政府补贴的床位费,幸福食堂的收益可以忽略不计。现在的收入扣除水电费和发放工资后所剩无几,还不如回家种植茶叶。以前减免了租金,从今年开始村委会要收租金,这又是一笔开销。这样的话,成本估计都收不回来,明年合同到期后是否续约还得再考虑考虑。"

通过进一步了解我们发现:"幸福食堂+幸福院"模式在方村发展缓慢的主要原因如下。第一,农村老年人经济能力有限。村内大部分老人都是土生土长的农民,没有退休金,并且每个月要在吃药上花去很多钱,没有多余的闲钱用在外出就餐上。由于大部分人家中都有地,他们在购买蔬菜方面开销较少,村内有超市可以购买肉类、大米、油等生活必需品,快捷方便,自己做饭开销要小于在幸福食堂内的消费。第二,本地村民更想在家养老。在幸福院居住的老人大多是外地来的,在村内没有固定的住所,本地村民居住的很少,即便有个别本地村民入住,也只是由于儿女工作忙而短暂托付,不久就会接回家中居住。村内生活可以自理的老人更想在家养老,不考虑在养老院养老;不能自理的老人,也请了村内的人在家照顾。而在幸福食堂吃饭的更多的是居住在幸福院的老人,也有部分临时到村内办公或居住的人员在此就餐。第三,习惯原因。我国农村社会传统观念较为深厚,去养老院养老会让人看不起,觉得是自己的子女不孝。有老人对于儿女的依恋,也有儿女对父母的牵挂。如果老人自己在家,子女跟父母的联系会比较多,但若有了养老院的照顾,子女对父母的关心也会减少。由于对家中几十年的身心投入,老人不愿意丢掉这个"家"的概念,也不愿意子女回家探望时没有一家人团聚的地方。

此外,"造血"功能不足,"输血"渠道断流。"造血"(盈利)功能是"幸福食堂+幸福院"可持续运营的重要前提。该村幸福食堂是营利性质的组织,自负盈亏。为增加盈利收入,相应的饭菜价格较贵,导致在幸福食堂用餐人数少。"造血"功能不足的根本原因是幸福食堂公办私营的性质,市场化运营使得饭菜定价太高。"输血"渠道断流,县、镇将食堂承包给私人运营后不会拨专项资金去保障运营,加之后续也无村集体和爱心企业的援助,相对高的定价使老人们望而却步。因此,如何解决"造血"难题,是"幸福食堂"能否长久运营的关键。

第三节 家庭经营式养老公寓

农村老人养老保障一般面临如下困境。首先,农村老年人因身体状况等原因不宜进行传统农业、手工业的生产,失去了主要收入来源,导致其投入养老的可支配收入可预见地减少。其次,当前我国城乡养老保险体系虽已初步建立并覆盖,但农村养老保险水平并不高。通过走访农户我们得知,他们每月的养老金勉强维持温饱,难以支持更高水平的养老投入。再次,年轻劳动力进入大城市打工,使得基于"反馈模式"的家庭赡养难以实现。最后,社会化农村养老服务行业的缺失使得部分农村独居老人"老无所养"。附近镇上的福利院只收特困人员,国家免费赡养,而县城的民办养老院,人多、床位多、价格高。种种因素使得农村经济条件较差的老年人养老变得困难重重。在这种情况下,一种规模小、价格低、距离近的家庭经营式养老公寓以半正规、半市场化的方式逐渐发展起来,为有养老需要的老年人提供低偿养老服务。

(一)家庭经营式养老公寓基本情况

家庭经营式养老公寓以家庭为单位,由私人运营,规模较小,每家公寓床位数量在3~15个。这些养老公寓有一部分没有民政备案,甚至没有市场监管注册,通常建在社区或者村子里。在全县范围内,有十几家家庭经营式养老公寓,共居住80多位老人。

访谈中,我们从苗镇华村的怡馨老年托管中心与友家老年公寓得知,他们通过盘活自家闲置房屋,进行适老化改造,拓展养老功能空间,完善养老设施配置,为行动不便、家庭条件较差的老人提供便捷舒适的养老服务。

怡馨老年托管中心于2017年8月开办,目前有6个床位,但并非能收满入住老人。每月盈利一般为5000元,床位满时每月盈利10 000多元。据托管中心的女负责人所述,她毕业于一所师范类中专学校,以前做小学生的课后托管培训。她丈夫是退伍军人,当了12年兵。他们的儿子在希望小学读书,需要陪读。考虑到自己是师范学校毕业,作为母亲的她便在儿子就读小学的附近开了一家课后托管班。当时月收入可以过万,学生放假,托管班也放假,每个暑假就带孩子出去旅游。等孩子小学毕业后到承县第二中学住读,家里老人年事已高需要相互关照时,他们又回到了老家,利用老家的房子再创业,开了这家养老托管中心。忙时夫妻双方的父母也会来帮忙。他们的创业想法很简单,就是感觉目前社会上的养老是个问题,社区养老是必然趋势。也曾有人邀请他们去别的养老机构做管理,且开出了一笔不菲的工资,但离家较远,他们还是决定等到孩子上了大学再做打算。他们也曾有过扩大规模的想法,但经过多方咨询,发现需要买地。若买地价格贵是一方面,征地是否能被批准又是个未知数,手续复杂风险大,于是他们就打消了念头。

(二)"老有所护":简便自在的家庭经营式养老公寓

1. 家庭式的经营管理

家庭经营式养老公寓是一种家庭式的经营管理模式。规模较小的养老公寓管理,没有像大型私营养老院那样设有专人专岗,为老人服务的工作人员都是"多肩挑",负责人也是员工。这是多数私营养老公寓成立初期的管理模式。怡馨老年托管中心由夫妻两人经营,日常的采购、老人护理、卫生及其他运营管理事务两人共同完成。收费标准分 3 种,失能老人每月收 3500 元,半失能的老人每月收 3000 元,可以自理的老人每月收 2500 元。该养老托管中心供养着 3 位老人,除去日常开支,仅仅能维持微利运营,难以扩大规模。这种家庭式运营模式容易使这些养老机构陷入长期的"小作坊"发展状态,并不具备扩大规模的内部条件。

2. 融洽的家庭氛围

"温馨、便利是我们这个小托管中心最大的优点。"托管中心的女负责人说。从老年人的心理需求上看,他们最向往的是儿孙满堂,与后辈共享天伦之乐。入住普通养老院,尽管周围多了很多同龄人,但老人们的这种心理需求仍然未能得到满足。家庭经营式养老公寓将机构养老与居家养老相结合,开办养老公寓的家庭成员与老人一起居住一起生活,老人的子女也可以常来探望,没有门槛的"家"的居住方式,让老人有"家"的归属感和安全感,老人向往家庭的心理需求得到满足。托管中心的女负责人说:"老人在老年公寓待着不会感到与在家有大的区别,再加上伙食比较好,有的老人比在家时还胖了许多。"

3. 熟人社会与"半开放"式管理

传统的大型养老院一般是封闭式的,这种"封闭"既体现在地理空间上,又体现在精神心理上。这些大型养老院通常建在远离中心生活区的偏僻地带,这种"陌生人"的空间带给老人心理上的孤寂与不安。而家庭经营式养老公寓通常建立在社区或者村子里,供养的老人是附近的老居民,老人出房门就可以看到自己的家乡,实质上的居住环境并没有发生变化。老人虽然身处养老公寓但也没有脱离社区,没有脱离熟人社会。入住老人因为居住的不远,生活习惯也差异不大,可以很快融入这个大家庭。"半开放"式的管理让老人每天可以在门口一定范围内活动锻炼,没有了大门的紧闭,没有像养老院那样的约束感,老人拥有一定的自由。由于家庭经营式养老公寓里面的老人是附近的村民,方便子女经常来看望老人,老人的孤独感减少了。孩子永远是父母最好的疗伤药,子女经常看望也使得老人少了一些心理疾病。

(三)家庭经营式养老公寓的改进空间

作为提供完全市场化养老服务的家庭经营式养老公寓,仍然不可避免地存在制度规范不明确、硬件设施配备不到位、人力资源配置不足、优质居家养老服务供给匮乏以及整改工作进退两难的困境,家庭经营式养老公寓仍有较大的改进空间。

1.政府需要强化其作为市场监管主体的职能

政府是管理社会的权力机关,可以依照法律法规自上而下地对私营养老机构进行强制性监管,其监督行为具有不可违抗性,监督效果立竿见影。可以说,作为最具权威和信用的机关,政府的监督行为是防止私营养老院违规运作的最根本保障。在由农村集体经济向市场经济转轨的情况下,政府更倾向于将福利事业交由市场来运作和发展,因为市场可以高效地配置资源,最大化地满足社会的多元需求。然而,这种对市场的信任往往会使相关部门放松对市场负面因素的警惕。从怡馨老年托管中心我们得知,政府监督依然存在一定程度的欠缺,可能会由于缺少政府这最后一道防线的有效保护,老年人的权益将受到一定损害。因此,政府应当重视与养老服务市场之间的关系,在支持私营养老机构发展的同时,强化对私营养老机构的监管,从而建立起真正服务于老年人的养老服务环境。

2.老年人家属及家庭要持续关注养老院发展运作机制

家人是能够最经常、最近距离接触到养老院老人的监督主体。与政府监督相比,家人监督更持续、细致、深入,能够及时快速地发现老人在养老院中遇到的问题。调查发现,很多老年人的家属将他们寄养在养老院后就很少回来探访,这种做法可能会使某些养老机构的违规运作变得肆无忌惮。在高速运转的现代社会,人们由于工作忙碌而无暇照顾老年人,这一棘手问题往往导致了现代人对养老机构的盲目信赖,加之亲情关系淡化,老年人被长期搁置在养老院而少有家人关心的情况普遍存在。可以说,在崇尚分工与商业交换的现代社会,子女疏于亲情和对老人的精神慰藉,迷信养老机构的服务。然而事实表明,养老离不开亲情,养老机构无法完全提供老年人所需要的情绪价值。即便养老机构可以承担基本养老职能,家人也要时常关注老年人在养老院中的生活境况,督促养老机构对老年人的服务提质,从而确保养老机构积极功能的正常发挥。

第四节　社区居家养老服务

随着劳动力流动和家庭规模核心化、小型化，传统家庭养老保障功能持续弱化，基于代际和自我支持的传统养老模式偏好随之逐渐减弱，为以社区养老服务为代表的社会养老服务的发展提供契机。社区居家养老是指以家庭为核心，以社区为依托，以老年人日间照料、生活护理、家政服务和精神慰藉为主要内容，以上门服务和社区日托为主要形式，并引入养老机构专业化服务方式的服务模式。社区居家养老服务可以解决老年人就近照料和家庭临时托老的需求，并且满足中国老年人居家养老就近养老的愿望。社区居家养老可以有效整合社区资源，专业化地提供养老服务，是建设"社区依托型"社会养老服务体系不可或缺的重要内容。发展社区居家养老能有效解决老年人群体的养老问题，保障和改善老年人的生活，对于我国养老保障体系建设有重大意义。承县苗镇同兴社区日间照料服务中心就是苗镇一家社区养老服务中心。

（一）同兴社区日间照料服务中心的基本情况

同兴社区日间照料服务中心建在苗镇某商品房小区内，建筑面积 $450m^2$，总投资 80 万元，其中 B 集团有限公司对口支援 65 万元，县民政局项目配套资金 10 万元，同兴社区自筹资金 5 万元，目标是建成一个现代化、规范化的居家养老服务中心。该中心于 2020 年 12 月建成并投入运营，在县民政局、同兴社区居委会、物业公司的信任与支持下，该项目达成了三方合作协议，即社区投资建设、物业提供房屋资源、专业运营公司提供专业管理与服务的合作创新模式。现交由阳光文旅康养运营有限公司运营管理，该公司是一家专注于养老机构、社区居家养老服务中心运营与管理的专业化公司。

（二）"老有所护"：精细化的养老服务

功能设施方面，同兴社区日间照料服务中心设有多功能室、中医理疗室、日间照料室、棋牌室、阅览室、适老化用品区六大功能室，可以开展日间照料、康复理疗、文体娱乐、托养、家政、理发、适老化用品租售等方面的服务，为老年人提供多样化的服务。中心为社区老年人建立健康档案，每日血压测量、定期体重检测、活动开展、康复理疗。人文关怀方面，针对失独、空巢老人，中心免费定期上门服务、定期打电话关怀。在苗镇的支持下，同兴社区日间照料服务中心以养老服务质量为重点，形成 15min 社区居家养老服务圈。为老人提供理发、助浴、送餐、制作老年餐、室内清洁、助行、起居照料、失禁清理、生活自理能力训练等服务项目,让老人在最短距离、最快时间得到最及时的服务,推动了养老上门服务快速提升。此外,中心还深入研究养老品质内涵,将"养老"变为"享老"。依托中心,打造出"敬老文化、养老文化",并搭建了夕阳红助老团、社区康养文化建设等文化服务载体,推出多样化的老年活动。这样,在保障"衣食住行"的同时,实现"老有所乐、老有所为"。

(三)社区居家养老服务的发展限度

1. 养老公共服务的排他性

同兴社区日间照料服务中心大多服务项目需要付费才可享用。中医理疗室:旨在打造社区的健康养生文化,为社区居民提供"艾"系列中医理疗服务,价格为20元/人次。日间照料室:提供长者日间照料服务,让长者老有所依,解放更多的需要帮助的家庭。其中能自理老人45元/天,半自理老人60元/天。棋牌室提供麻将、纸牌等服务,每桌每次收费2元,供老年人休闲娱乐。这些项目确实能为老年人提供多样化的服务,但收费标准让经济条件一般或经济困难的老年人望而却步,实际上使得养老服务产生了排他性。

一般而言,养老服务中心的服务价格一是受以服务成本和机构经营目标为主的内部因素影响,二是受消费者选择、市场竞争、政策环境等外部因素的影响。同兴社区日间照料服务中心由企业提供运营管理和服务,市场化特性决定了其带有逐利性。为保有利润,只能采用基本养老项目少量收费,增值养老项目多收费的方式,员工工资的一部分来源于养老服务售卖提成。这种运营模式将无消费能力或是不愿意消费的老年人排除在外,县域大多数老年人重价格的养老消费观和日益增长的日间养老消费需求产生矛盾。造成的结果是,前往中心享受服务的老年人群体比较少,难以照顾到社区内大部分老年人的需求。

由此看出,社区日间照料养老实践中一个最大的困难是,企业生存与发展的营利性与养老服务提供的公益性、普惠性之间的矛盾。养老服务企业作为市场化的营利性组织,开展任何业务,不能不考虑成本的可回收问题,这就有可能与普惠性养老服务所要求的低廉甚至免费供应存在冲突。企业毕竟需要有盈利才能持续发展,资源和业务能力也是有限的,只能选择对其最有收益的业务去开展。大多数养老服务企业只能驻守一个或少数几个社区,规模性较差,无论是开展居家养老服务还是社区养老服务,业务十分琐碎,业务收入十分微薄,业务成本却可能非常高昂,令大多企业望而却步。此外,中国现阶段的大多数老年人都将养老服务视为社会福利,没有支付意愿。如果没有足够的政府购买服务介入,由私营养老服务企业提供普惠型养老服务必然举步维艰。

2.分散养老服务的整合集中

同兴社区日间照料服务中心管理人员有两名,为退休后的返聘人员。管理人员不直接从事相关养老服务。在为社区居民提供养老服务的内容上,中心扮演"联系人"的角色整合社会养老服务资源。如举办活动需要联系社工协作完成;在医疗服务方面,由于中心没有常驻医师,当有老人有医疗需求时,管理人员直接联系长期与社区合作的医疗机构,医疗机构直接派出专业医生进行医疗诊治。平常的医疗服务仅提供测血压、测体温、测体重、轮椅使用训练等简单医疗护理工作,并且医护人员很难在短时间内走访多家老人,为其提供精细化护理。在日常便捷养老服务上,中心可为老人提供诸如疏通下水道、水电维修、理发、换菜刀等服务,收费由服务对象直接对接修理师傅,中心不介入这个服务流程,这为行动不便的老年人提供便捷通道,以链接资源的方式助力"老有所护"。但是从另一个角度来说,一旦老年人权益受到损害将无法得到快速解决。这些问题也造成养老服务中心的服务质量难以提高,难以打造出知名品牌。

事实上,访谈中社区老人们认为这种间接服务"多此一举",还会增加服务的价格,降低服务效率。老人们表示,像剪头发、换菜刀这种小服务直接去周边不远的小店,像修房顶、疏通下水道这种大服务可直接电话联系服务部门或通知物业上门。

3.服务供给与需求的分离

同兴社区日间照料服务中心为服务老年人投入了一定资源,同时政府的扶持与居委会的支持也为日间照料服务中心的建设发展提供了一定的补贴与优惠,但社区有限的养老服务资源投入却未达到应有效果。

经过入户走访得知,中心的养老服务利用率较低,使用过其养老服务的老年人数量非常少,服务资源闲置和浪费的现象普遍存在。其原因在于养老服务供给与养老习惯偏好需求的分离:一是配套设施数量与老人需求不符,走访发现中心各功能室的配套设施较少,例如棋牌室只有两张棋牌桌,前来打牌娱乐的老人可能因无法找到座位而产生不满,导致冲突。二是配套设施种类与老人需求不符。去过该中心的一位老年人提到:"日间照料服务中心我去过一次,短时间内不会想去第二次。因为我本身有数额较为可观的退休金,所以费用对我来说不是问题。我不想去是因为那里没有什么吸引我的地方。例如棋牌室,自家楼下就有很多,棋友也都聚集在那,大家在一起玩才热闹,服务中心专门设置的封闭式棋牌室让我感觉没有那种其乐融融的氛围。图书室有4张桌子供老年人读书、写作,但说实话,像我们这一辈识字的农村老年人还是比较少的,图书室目前基本只是摆设"。

第五节 互助养老:老年协会

老年协会是一种依托当地组织环境自下而上的村庄自主供给和自上而下的政府制度安排的结合。既是凝聚共同化的合作行动和建构生活化的场景体验,又是多元主体互助共养秩序的实现(纪晓岚和刘晓梅,2023)。老年协会不仅成为老年人福利生产和社区建设的参与者,还是村民自治的重要推动者,能够在乡村社会衍生出公共领域以促进村庄民主治理,是实现积极老龄化的重要手段(王辉,2022)。

(一)方村老年协会的基本情况

方村总共有700多位老年人,老龄化趋势日益严峻。为满足老年人的养老服务需求,2015年7月,方村成立了老年协会,由当时的村党支部书记出任名誉会长。在县民政局老龄办的领导和大学教授及社会工作者的帮助下,协会通过不断学习探索,逐渐成熟,陆续得到投资公司及其他个人、团体的资助,方村老年协会日渐发展成为全村老年人的主心骨。为保证协会的活动场所,村委会经与县镇各级领导沟通,将原村小学一楼教室整修,在县、镇、村三方协作之下建成了4间共204m^{2}的活动室,设置了文化娱乐、棋牌室、图书阅览室、健身房,同时为每间活动室配备电视与空调。2015年8月17日,方村老年互助活动中心挂牌成立。中心自成立之后,一是针对老年互助活动中心开展服务,二是在村专业社工组织下,开展公益创投,组建方村"夕阳红"互助服务社团,引导60岁以上有服务志愿、有服务专长的老人参与志愿者活动,服务全村老人。

老年协会成员由村老人推举,最终由村委会任命产生,并以内部分工形式来完成工作。协会运营两年之后,2017年进行了换届,成员由7人减少至5人,由会长、副会长和3名成员组成。协会会长、副会长一般兼任理事长,比如会长兼任方村1组理事长,副会长兼任方村12组理事长。自2015年协会创建时就采用这种"双重身份"的管理模式,这是基于方村的现实环境因素。其一,老年协会核心成员来自村里老人推举,符合具有管理才能、精力充沛、有热情等条件的老人较少。其二,村民分散居住范围广,平时忙于农业生产或家庭事务,对村务了解较少,只能推举了解村务、具有话语权的理事长。其三,老年协会归属村委会管理,可分担村委会的村务管理,推动各项活动时需要双方密切联系。为提高办事效率,便于村委会活动传达及监督,村委会更倾向任命各村落理事长作为老年协会的管理人员。这种"双重身份"的管理模式的优势在于节约人力资源,也有助于组织动员老年人群体。

出于政治荣誉的驱使,老年协会会长这一职位炙手可热。被访谈对象 X 会员表示,老年协会会长们并非全部由村里德高望重的老人担任,有的会长当选是因为家庭背景深厚,与村委会的干部们走得较近,自身也在村委里有职位,即使他完全没有管理协会的能力和心思,村民们出于人情考虑,也是宁愿违心推举而不愿得罪的。另一位访谈对象 L 会员说,即使老年协会会长是一个比较"轻"的职位,但是会长的竞争每年都很激烈。因为在老人们眼中,"会长"这一头衔无论虚实与否,做的工作是否扎实,都能引起大家的尊敬与崇拜,也是自己的一项政治荣誉。

老年协会的主要功能,一是日间照料中心的管理,每天由协会负责人值班、开门和打扫卫生,每天的补贴是 20~30 元。二是老年协会每个月开一次会议,筹划一次活动,例如清明节组织部分老人到烈士陵园扫墓,协助派出所开展防诈骗宣传工作等。三是巡视工作,老年协会负责人每月巡视一次,看望村里的老年人。最开始老年协会租车巡视,后来由村干部开车巡视。四是建立关爱人制度,为困难老年人找一个关爱人,主要是负责老年人的看管,比如日常起居、购买日常生活用品、联系村委会等,每个关爱人给予每月 5 个积分(相当于 10 元钱),这样的困难老年人全村有十几个。五是特别活动,老年协会安排车,将那些从来都没有到老年活动中心的老年人带到村里来看看。老年协会没有专门的运营经费,每次活动都需要村委会审批。

(二)"老有所助":内生外嵌的组织化运行

1. 政府引导:农村互助养老中的政策支持

政府的政策支持是维系老年协会运转的重要因素。政府在老年协会的建立与发展上扮演着"引路人"和"监督者"的角色。首先是资金支持和奖励。按照承县老年协会政策,政府对新开办的老年协会给予 15 000 元补助,每年对考核达标的老年协会奖励 10 000 元,用于提高老年协会福利生产能力,且对年终考核为优秀的老年社团及其会长予以奖励,以达到示范和激励效应。其次是活动项目支持。2015—2022年,承县民政局组织老年协会共举办唱歌和书画类活动30余次,平均每两个月组织一次活动。同时县、镇领导不时参与老年协会活动,亲切慰问老人们的生活状况,实地监督老年协会的持续化运行。总而言之,农村老年协会存在的现实意义呼唤政府政策赋权支持,而政策支持又促进了老年协会的发展。

2.自主供给:农村互助养老中的服务自治

老年协会互助活动中心建成以后,老年协会在县社区工作服务中心的指导下,带领全村老年人开展大型社团老年活动,并组织老年人成立了串珠、丝花等手工兴趣小组,以丰富老年人的精神娱乐活动。社工撤走后,老年协会制定了互助活动中心的章程、管理方法、建立活动日志及台账,提倡老年人之间互相帮助。此外,还自发组织小型的游戏活动,丰富老年人的精神文化生活,融合了村中老年人间的感情。如果哪天经常一起活动的哪位老人未参与活动,就会有老人关心:"是不是身体不舒服,我们到他家去看看吧。"这种相互之间的关怀和关心,让老人心灵得到了慰藉。

3.社会组织嵌入:打通农村互助养老服务"最后一公里"

在以老年协会会长和"夕阳红"互助服务社团团长及33名老年志愿者的共同努力下,协会和社团的规章不断完善,老年协会的服务范围日益扩大。协会成立及历次换届以来,通过举办"最受尊敬老人"和"孝老爱亲模范"的评选,并在重阳节进行现场表彰的活动,掀起全村孝老敬老的热潮。"夕阳红"互助服务社团通过组建舞蹈队和合唱团,举办老年人运动会,老年人健康知识讲座和爱心理发等活动,为老年人带来精神娱乐和日常生活的便利。

4.公共服务的储蓄交换:积分制

互助养老的实现需要有村庄的信任、认同、预期和价值感、归属感(贺雪峰,2020)。互助积分制能有效弥补政府服务和市场服务的不足,使之成为"公共服务的储蓄和交换"的媒介,激励老年人在服务过程中发挥余热,满足他们平等尊重、自我实现的需要。

老年协会的日常工作主要有调解老年人家庭内部的赡养纠纷,家庭之外的老年人间的日常矛盾,走访老年人家庭,慰问重病老年人送去慰问物资等。这些日常工作没有工资。为激励老年协会成员,村里引进积分制,对日常工作积分,比如每走访一户计20分,一分折合2元人民币,这样,一年累积起来的积分在年底可兑换物品。

此外，老年协会还帮助村内的留守和空巢老人找到离家最近的关爱人，签订关爱协议，给予关爱人每月5个积分激励。关爱人负责协议老人的日常照料，不定时到留守、空巢老人的家中查探老人的身体状况，有事情及时帮忙，等等。若发现老人出现特殊状况，关爱人及时联系老人子女、社团、协会以及村委会负责人等及时处理。通过积分制，吸引和感召了更多的人参与助老服务行列，使助老服务行动可持续化，实现服务的常态化，为县域统筹背景下的多元社会化养老服务体系建设注入新的内容、新的活力。

第六节 结 语

随着农村人口老龄化、高龄化程度的加深，县域养老服务体系建设必将成为急需解决的问题。从调研结果上看，承县在县域社会形成了多层次养老服务体系，有效应对了农村人口老龄化危机。其中，政府起兜底、引导和规范的作用，私营养老服务主体按照市场规则形成了不同的养老服务模式。每种养老服务产生于不同的养老需要，定位于不同的养老需求群体，最终目的都是满足老年人的晚年生活需求。同时，基层组织也深度参与其中，将低龄老年人组织起来，为高龄老年人提供养老服务。县域社会是我国应对农村人口老龄化的主阵地。

对于如何更好地利用县域统筹规划来实现新时代中国城乡养老服务体系的完善，需要从以下3个方面着手。首先，在统筹主体方面，养老服务体系建设是一项系统工程，需要经过全面规划和实践检验去融合地区的养老需求，需要政府、市场、社会组织、志愿者等众多主体的共同参与。其次，在统筹内容方面，需要进一步构建以居家为基础、社区为依托、机构为补充的养老服务体系，从而实现以老年人的实际需要为导向，满足老年人的不同需求，提升养老服务的针对性和实效性的养老格局。最后，在统筹方式方面，既要注重纵向的"分层＋联动"的制度整合，又要加强横向的"分类＋匹配"的社会整合，统筹县域资源，实现基础养老服务的精准投放。

通过对苗镇养老现状的调查研究，我们看到，县域城镇化背景下的乡镇养老服务体系建设存在起步晚、发展慢、基础差的基本缺陷，这种缺陷也是中国特色养老服务体系中的短板、弱项。同时我们也看到政府为应对老龄化社会带来的养老压力所做的多项政策上传下达、项目推广和支持补贴的努力。既目睹了不同的养老服务体系建设的特色与不足，又感受到了不同主体积极参与养老服务的转型与变革。入户调查和面对面访谈让书本上的"养老"二字不再僵硬，不同群体对养老的不同想法令人感触颇多。相信仅报告呈现内容绝对不是团队每个成员全部的收获,调研过程中的经验与教训将会使我们受益终身。苗镇的 14 天田野调研暂时画上句号。但是深入田野、深入群众,去关注社会养老、关注社会痛点的实践精神仍在路上。

(中国地质大学(武汉)公共管理学院　王海娟　拉毛措　袁丹　冯圆圆　奥格丽妮萨军·伊敏　温子怡　苏有福)

第四章 乡村生活治理之殡葬改革

在工业化进程的推进下,人们愈加追求精神层面的满足,美好生活的概念应运而生。乡村振兴战略作为新时代美好生活目标的一部分,其实现既需要国家对宏观经济和社会进行调控,也需要国家在生活治理方面适时参与与引导。在微观上,生活治理是国家治理的生活转向,表现为国家治理目标从发展向生活的价值转向(吕德文,2024)。殡葬改革是生活治理的形态之一。随着社会的发展,乡村社会中的丧葬习俗逐渐发生异化,偏离最初的"孝文化",滋生出重攀比轻孝道的厚葬之风。传统"孝文化"与异化的丧葬习俗相冲突,在一定程度上影响了人们对美好生活的向往,殡葬改革被赋予了更多的责任和现实意义。调研小组从承县苗镇殡葬改革的背景、过程、工作机制及成果切入,通过在王村两周时间的田野实践,并与承县民政局社会事务股、承县殡葬管理所、苗镇公共服务中心、王村村委会、殡葬改革相关部门负责人、村干部和若干村民进行深入访谈,以了解他们对殡葬改革政策的看法;从"观察者"的角度了解政策推行过程中的个人选择对他人的影响及现实困境,并辅以地方志、相关领域学术论著等文献为参考,以探求国家在生活治理过程中政府与居民的互动关系及其实践逻辑。

第一节 殡葬改革的背景、推动及成果

(一)殡葬改革的背景

随着殡葬的外部性增强以及现代国家发展,国家开始将部分私人生活纳入国家治理体系中。由国家系统推行的殡葬改革可追溯至1997年国家颁布的《殡葬管理条例》,该条例提出积极地、有步骤地实行火葬,改革土葬,节约殡葬用地,革除丧葬陋俗,提倡文明节俭办丧事的殡葬管理方针(李燕喜,2012)。殡葬改革的背景体现在两个方面:一方面是为了节约土地资源。我国人口众多,可利用土地资源的人均保有量相对较少。在乡村振兴的背景下,农村经济建设项目逐渐增多,土地资源显得更为紧缺,传统土葬在占用土地等方面的弊端与乡村经济发展之间的矛盾愈加明显。另一个方面是要改变丧葬陋俗。在市场力量的冲击以

及乡村社会变迁过程中,一些传统习俗发生了异化,或者不再适应社会发展需要,与人们追求美好生活的愿望相冲突。

王村是苗镇下辖的一个行政村,是承县殡葬改革试点。该村位于苗镇东南部,距离县城1km,是一个典型的城郊村。王村村域面积达$5.6km^2$,下设6个村民小组,10个村落。现有1000多户,全村户籍人口2800余人,常住人口数量逾5000人。王村所在的苗镇坐落于长江南岸,属于典型的山区镇。该镇面积$193km^2$,户籍人口约9万人,常住人口逾16万人,下辖8个社区18个行政村,110个村民小组。该镇具有浓厚的历史底蕴,旅游业是当地迅速发展的一大产业,对当地的市容市貌、村容村貌有较高要求。然而,当地的传统丧葬历史由来已久,丧葬形式为传统土葬,且当地注重喜丧,人们很注重对死者"身后事"的办理,包括墓地的选址与建设、葬礼操办等方面,乱埋乱葬现象时有发生。不良的丧葬习俗不仅影响村容村貌,也不利于当地经济发展。可以说,承县的殡葬改革与当地的产业结构息息相关。

随着社会经济、政治的发展和文明程度的不断提高,苗镇传统丧葬文化影响下的殡葬习俗和礼仪逐渐与新时代社会主义新农村建设的发展需求相违背,涌现出如下诸多问题。

1. 重攀比的"厚葬之风"

在苗镇,传统土葬习俗根深蒂固,入土为安是大多数村民的丧葬观念,"厚葬文化"对当地村民的影响尤为深远,村民对"死"的重视程度并不亚于"生"。尤其是在人们经济收入日益增加的情况下,当地村民愿意在丧事上有更多的花费,殡葬服务行业价格也日益增长。3组一位村民表示:"死人的钱比活人的钱好赚,这(葬礼)是人这辈子最后一次了,人们都觉得应该让老人风光地离开,所以人家(殡葬服务行业从业者)要多少钱儿女也愿意出。经济条件好的人家,一套寿衣几千元,布料、做工肯定比普通衣物好一点,但绝对不值这么贵。"除此之外,由于好面子心理,当地操办葬礼时也存在大量的铺张浪费现象。大部分村民认为,家中老人去世应该隆重举行葬礼,也就是要将葬礼办得风光、气派。在当地,若丧事办得风风光光,会被认为是愿意给老人花钱,是孝顺的表现,反之则会受到他人议论和指责。1组一位村民在谈到自己对葬礼的看法时表示:"葬礼也是追悼会,一般只邀请邻里和亲戚。参加葬礼就是送老人的最后一程,所以还是想尽量办好一点。"多数村民担心被别人瞧不起,处于一种无意识的"模仿性攀比"状态,即通过"模仿性"的攀比行为获得来自邻居的群体认同,以满足个人归属的心理需要,因而,一般而言,经济条件差不多的家庭在葬礼操办上的花费也不相上下。

2. 陋习盛行

"入土"在传统观念中一直被认为是人的必然归宿,因此墓地被赋予了重大的意义,被视为人生最后的归宿。老年人会提前安排自己的安葬地点,并修建墓穴(被称为活人墓),人们将在墓地建设上的花销视为后辈人孝心大小的表现。然而随着时间的推移,墓穴修建的意义逐渐由"孝"演变为攀比,墓穴的规模、外观都成了村民之间相互攀比的内容,由此衍生出修建豪华墓、活人墓的丧葬乱象。苗镇王村有100余座花费超过10万元的豪华墓地,墓地大小多为25m^2,墓碑一般高度为2.5~3m,一些豪华墓占地达到50多平方米,墓碑高度超过5m。此外,当地流传着的一句俗语"三岁娃子造棺材",也反映出活人墓的丧葬乱象。据承县民政局统计,全县有1/3的老年人为自己修建了活人墓。墓穴修建的花费从几千元到几万元不等,其中花费3万~5万元的占1/5,花费2万元左右的占3/5。村民在墓穴修建方面的消费水平已远高于其收入水平。

墓穴的大肆修建进一步导致村民之间的相互攀比,墓穴修建的规模档次之高愈演愈烈,激发了对殡葬服务行业的过度需求,使得该行业价格膨胀现象严重,形成攀比风气加重与殡葬服务行业价格高涨的恶性循环。殡葬服务行业的价格水平越来越高,不仅增加了农村丧葬的压力,还破坏了勤俭节约的美好品质与淳朴民风,对于塑造优良价值观和增强集体凝聚力产生不良影响。

3. 土地资源浪费,阻碍经济发展

据王村2组一位村民描述,该组一座山头风水很好,在推行火葬之前许多人选择将自己的墓穴修建于此。该山头坟墓超过几十座,其规模可比陵园。这种无规划的安葬现象造成土地资源的严重浪费,对当地旅游业发展、经营环境、法治社会建设等多个方面也造成严重不良影响。首先,承县近年来经济发展迅速,苗镇作为县城所在地,重大项目增多,需要大量建设用地,但是由于坟墓没有集中安置,散落于各处,增加了征地难度,不仅增加了经济支出,还在一定程度上引发了政民矛盾和企民矛盾。其次,承县提出了打造全域旅游地的目标,但一些风水好、风景好的位置同时也是受欢迎的殡葬地点,严重影响游客观感。再次,一些投资商对迁坟等事宜比较忌讳,当地的墓地分散建设也对当地的经济发展造成了严重不良影响。最后,当地人对风水的迷信使得民间产生私售土地作为墓地的违法现象,严重干扰当地的法律秩序。

（二）殡葬改革的推动

为推动殡葬改革，承县建立起"县—乡镇—村"三级协同机制。从县到村，各级领导都高度重视殡葬改革，县级层面出台政策，乡镇政府快速响应，村委会积极落实，推动殡葬改革顺利实施。

1. 战略领导，以政策引领殡葬改革

为推进绿色殡葬，树立文明新风尚，建设美丽乡村，2020年5月，承县开始筹备殡葬改革相关工作。包括建设火葬场；拆撤豪华墓、活人墓、整治墓碑经营市场；为殡葬服务行业从业人员做相关工作（包括红白理事会、炊事班、风水师等）；整合散坟、新坟；降低坟墓高度；修建公益性公墓等工作。此外，根据《殡葬管理条例》等规定，确定实施火葬的试点范围。2022年2月9日，承县人民政府出台《县人民政府关于在苗镇行政区域内实施火葬的通告》，对苗镇殡葬改革做出了详细的规定。

2. 传递信息，以"宣传"重塑殡改氛围

2021年底，苗镇政府开始着手殡葬改革政策的宣传工作，采用"爆炸式宣传"，尽量扩大政策知晓度；并通过社区夜谈会、村落会议、村民微信群等方式逐步渗透到个人，向村民表明党委政府推行殡葬改革的坚定决心。据统计，相关部门张贴通告1200余张，悬挂横幅400余幅，充分利用横幅、电子显示屏、流动宣传车、村广播、"村落夜话"等形式，形成全方位、多层次的宣传态势。在全面推行殡葬改革时，政策知晓度已经达到100%。同时，在政策推行过程中，加大殡葬改革正、反方面典型宣传，对正面典型及时褒扬，对违规事件及时曝光。

3. 硬性政策"柔性化"执行

从政策制定方面来看，王村的殡改政策因地制宜，充分考虑了居民的诉求。村委会既坚决彻底地贯彻落实了政策精神，又坚持以人民为中心。在受教育程度低、思想开放程度有限的部分村民中，移风易俗类政策的推行面临着很大的阻力，主要依靠基层工作人员循序渐进、因地制宜地推进。

政策推行过程中，政府最大限度地尊重当地的传统习俗，如宴请亲友前来吊唁、为逝者举行告别仪式、鼓励村民使用鲜花进行祭奠。此外，当地政府对已制作加工完成的墓碑，不要求全部销毁，而是允许安装主碑面一块。县政府还要求各乡镇扶持至少一家具备标准墓碑生产能力的生产商，既能满足本乡镇新亡人员的殡葬服务需求，又间接鼓励了当地墓碑生产商的转型。

4. 多方位、全覆盖的工作考核

考核可以最大限度调动广大干部的积极性、主动性和创造性,使其在工作岗位上恪尽职守、努力作为。县政府将殡葬改革纳入目标考核,提高殡葬改革分值,进一步加大了对县直部门、乡镇年度综合目标考核力度。苗镇遵照中共中央办公厅印发的《党政领导干部考核工作条例》,对各乡镇、县殡葬综合改革成员单位和县直其他部门相关人员严格制定考核机制,最大限度地发挥考核"区分优劣、奖优罚劣"和"激励担当、促进发展"的作用,进而促进殡葬改革政策的落实。镇内按照全县的文件指令,殡葬综合改革工作目标考核坚持日常考核与年终考核相结合,日常考核加分扣分计入年终考核总分,综合评定最终得分。苗镇殡葬综合改革的考核结果由县考核办纳入全县目标管理综合考评体系,将直观的数字转化为与相关工作人员的日常工作切实相关的个人利益。

(三)殡葬改革的成果

在承县领导的重视、苗镇的大力宣传、村干部的思想动员下,殡葬改革按照计划平稳推行。自2022年3月16日起推行火葬至2022年6月底,全镇已火化遗体388具,无强制火化行为,在工作人员与家属的沟通交流中未出现暴力冲突。此外,苗镇加强对殡葬行业的管理,全面取缔不可降解祭祀用品市场。同时,对于殡葬改革的政策宣传工作也取得了卓有成效的成绩,全镇殡葬改革知晓率已经达到100%。截至2022年6月底,苗镇已拆除活人墓309座,回收棺木两万余副,整改可视范围内的所有豪华墓,并且已有9个村修建了公益性墓地,镇内有7个村先后实行树葬、花葬等生态安葬,生态安葬占比达23%。

第二节 多元共治下的殡葬治理模式

毫无疑问,殡葬改革对当地存续了千百年的丧葬文化造成了一定程度的冲击,撼动了传统观念在村民心中的地位。承县殡葬改革的成功得益于其独特的治理模式,在政策推行过程中,政府、村干部、党员以及村民共同参与了治理过程(图4.1),形成了多元主体共治模式,推动了殡葬改革的深化。

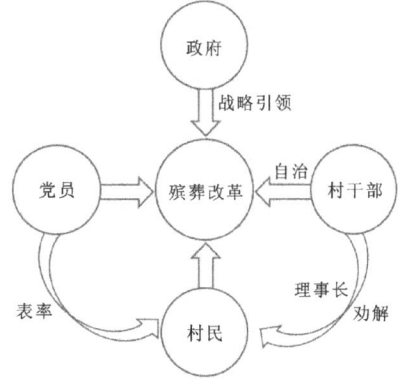

图4.1 多元主体共治模式

（一）党委政府：战略规划

为了更好助推殡葬改革政策的落实，承县出台了一系列相应的配套政策措施为殡葬改革的推进提供切实保障。2020年5月，承县人民政府召开动员大会，对殡葬改革工作进行安排部署。同时，为整治殡葬服务行业乱象，践行勤俭节约的优秀传统，承县于2020年5月到12月开展集中整治祭祀用品市场活动。同年6月，承县政府出台相关文件要求全县每个乡镇每年要建成2个以上村级公益性公墓。建立公益性公墓或指定集中安葬点，严格限制坟墓占地面积的举措能够缓解人与自然环境之间的矛盾，满足群众集中安葬需求，遏制乱埋乱葬的现象，促进经济社会可持续发展。这些政策的出台在一定程度上对村民的传统思想观念造成了影响，为苗镇推行全域火葬奠定了一定的思想基础。

（二）党员干部：表率示范

在苗镇的殡葬改革中，党员、干部发挥了重要作用。自殡葬改革推行以来，县政府要求党员干部和公职人员带头遵守火葬规定、严守殡葬改革纪律。这些党员、干部的模范作用确实对政策的顺利推行起到积极作用。一方面影响和带动了周围的村民，减弱了殡葬改革推行的阻力，有利于维护社会的稳定；另一方面起到了"服众"的效果，同时为开展后续的改革工作创造了条件。

王村4组一位村民向我们介绍，该村村支书的父亲就采用了树葬的生态葬方式。该村民表示："村支书是村集体的带头人，如果他都不遵守，那还指望村民接受吗？"同时，他告诉我们，当地大部分村民的思想较先进，但仍存在少部分村民对该村支书的做法有偏见，认为不遵照老人意愿将其安葬，是不孝顺的体现。但在他本人看来，树葬的方式并没有很难令人接受，反而更具有纪念意义，他说："多年以后，子孙来祭扫时，这棵茶树枝繁叶茂的，我觉得比立碑还好一点。"

（三）政府部门：联动合作

从政策执行方面来看，此次改革采取了多级联动、多部门协同的工作机制和新亡人员安葬事宜"追踪式"管理的执行机制和管理方案。在调研中，我们了解到这样的事件。王村村民郑某某上午8点去世，当日晚上郑某某家中已摆好灵堂，准备回乡套棺安葬。在接到县殡葬改革指挥部消息后，苗镇第一时间安排王村村干部入户宣传火葬政策，此时家属不听劝解，态度十分坚决。后经过县乡村干部连夜劝导，终于获得了亲属的理解，采取生态安葬方式进行安葬。

在该事件的处理中，一是县乡村加强三级联动。新亡人员出现后，县殡葬改革指挥部第一时间通知镇指挥部，镇指挥部第一时间通知村两委干部，村干部第一时间入户宣传火葬政策。三级信息网络的构建,确保了第一时间了解新亡人员信息,第一时间上门宣传处置。二是积极主动上门劝解。在接到县指挥部通知后,苗镇第一时间部署安排村干部入户宣传政策。乡镇主要领导、分管领导、工作人员、联村领导火速到村劝导新亡人员家属,严格落实"新亡人员报备、墓地审批、干部上门指导"二项制度,确保新亡人员按规安葬。三是发挥多部门联动合力。苗镇在处置劝解违规安葬行为时,充分发挥县、镇指挥部,镇纪委、派出所、司法所等部门力量,从不同角度劝解新亡人员家属,让家属了解违规安葬的危害性,动之以情晓之以理,以达到劝解目的。

此外,通过多部门协同,在政策执行过程中,对阻碍因素精准发力,助推政策施行。通过村委会与派出所联动,对殡葬改革工作中扰乱工作秩序、危害社会治安的行为进行惩处;通过村委会与林业站、国土所等相关部门协同,对违规违法占用林地、耕地等公共资源建设坟墓的行为进行查处等。

(四)理事长:村民自治

村民自治是当地具有特色的村庄治理模式,村民小组在殡葬改革工作架构中也发挥着独特的作用。面对殡葬改革,村民始终秉持着"理性接受"的态度,在行动上虽然表现为顺应政策安排,但实际对殡葬改革持抵触心理。

我们调研时,正逢王村某葬礼现场。死者儿子表示服从国家的安排,但同时也提及:"火葬肯定不合老人心意,我们这里的土葬习俗已经有千年历史了,哪个不晓得入土为安?如今把他烧成一把灰,哪个愿意?再说,文化传承是人和动物最根本的区别,丢掉了老祖宗留下来的东西,我们和动物有什么区别?"这种想法较为普遍,面对村民的抵触心理,村干部与理事长对村民进行思想教育,从政策推行的原因,到政策推行对村民的益处等情况,都进行详细的分析,并通过算经济账的方式,逐步消解村民在收费上的困惑。

一般来说,在村—镇—县的信息传达机制中,理事长就是信息员,在其中扮演着重要的信息枢纽角色。苗镇地处山区,村庄分布较分散,同一村庄的不同村落分布也比较分散,村委和村民之间的直接联系具有一定难度,联系纽带也较薄弱。为此,苗镇因地制宜,推出社会治理创新模式,即将分布集中的村落划分为一个小组,在小组内由村民选举产生小组长(即理事长),负责本小组的社会治安综合治理和法治宣传活动、民事调处、户籍和人口的统计、组织所在村民小组红白事等工作。理事长深入群众,了解民情,及时向上级组织反映群众的要求和建议,是村民和村委之间重要的沟通枢纽。在理事长的工作角色及个人魅力的共同作用下,这一群体在自治体系中发挥重要的作用,辅助村委会进行村庄治理,实现"大事不出村,小事不出组"的目标。在殡葬改革中,理事长在化解村民抵触心理方面同样发挥重要作用。

第三节 平稳推动殡葬改革的建议

虽然苗镇的殡葬改革取得了一定的成效,但在调研中我们也发现,在推动过程中仍存在公益性公墓供给不足、宣传力度不足等问题。面对苗镇居民在新形势下所产生的新的殡葬需求与殡葬资源不相匹配的现实问题,面对民众对改革的认知不足,如何避免或防止旧俗反弹,保障殡葬改革的现有成果和平稳进行?我们认为,政府进行殡葬改革的行政行为是一个漫长且复杂的过程,建立长效的殡葬改革工作与监督机制是必要的。

(一)坚决整治陋习,巩固改革成果

整治"活人墓"和豪华墓是殡葬改革的重要一环。为了整治这种现象,一方面需要大力宣传"厚养""薄葬"的理念,将人们的关注点由死人转变为活人,注重对老人的赡养和关怀,重建敬老风尚,营造慎终追远的文化氛围。另一方面,要做好坟头占地普查登记,通过建立利益牵引机制,合理消化耕地坟墓存量。可在试点地区开展农村耕地坟头占地的登记核查工作,根据坟墓的年限确定平坟迁坟的补偿机制。最后,统筹推进"互联网+殡葬服务"网络建设,依托"殡葬管理信息系统服务平台",实行死亡人口信息登记制度,将死亡人口遗体火化和骨灰安葬信息管理纳入信息系统平台,同时将该系统接入公安人口户籍管理系统,堵住骨灰棺葬漏洞,确保耕地坟头不出现增量。

(二)完善用地建设规划,加大公益性公墓供给力度

要将"死有所安"放在首位。以供给侧结构性改革的思路,满足将"死有所安"放在殡葬领域供给侧结构性改革的首位。为此,在继续强化遗体火化的基础上,重视骨灰处理。这就需要本着适度就近安葬的原则,积极落实公益性公墓用地建设规划,加大公益性公墓的供给力度,同时发展和完善诸如树葬、花葬、壁葬等多种节地生态安葬形式。除此之外,还要加强监管和引导。民政部门要与国土资源部门、环保部门、卫生部门、社会保障部门等单位协调关系,明确各自职权,并成立专门监管小组,增加殡葬监管人数,对资金、服务、收费等方面进行全面的监督,充分发挥好在公共资源配置过程中的协调和监管作用。

(三)健全信息传达机制,拓展宣传广度

苗镇地理位置相对闭塞,民众思想较为保守。可拓展宣传力度,充分发挥大众传媒在信息传播中的关键性作用,牢牢抓住"融媒体""互联网+""短视频"等时代机遇拓展宣传广度,让村民更深入地了解殡葬改革。为此,首先,保证信息传达机制的畅通。打通政府与村民之间信息传播的关节,避免"信息悬浮",积极解答群众疑惑、回应群众需求,尽量减少因信息不对称带来的政府公信力的损失。其次,通过不同的宣传渠道强化村民对殡葬改革的认知。比如,对于低年龄人群可运用新媒体技术进行宣传,对于高龄人群可采取上门宣传和子女普及的方式。再次,切实发挥村民自治在移风易俗方面的作用,广泛征求群众对"村规民约""居民公约"修订、红白理事会章程、流程和费用标准的意见建议,使内容、程序、执行都为村民普遍接受,以算经济账的宣传形式在群众中进行宣传,消除经济状况较差家庭在费用方面的顾虑。最后,党政机关、事业单位、相关行业从业人员发挥带头作用投身改革实践,以点带面营造出积极昂扬的改革氛围,引领带动更多地区深化殡葬改革。

(四)严防殡葬服务市场异化,警惕攀比心理

在殡葬改革过程中,可通过经济政策辅之以必要的行政手段推动殡葬改革向积极方向前进,殡葬服务领域在引入市场机制的同时加强价格调控,坚决杜绝攀比成风、铺张浪费等现象。首先,通过市场化机制避免殡葬服务市场的垄断经营。重塑市场准入规则,只要符合登记主体条件以及相应的从业资格标准,主管部门就应该对相关申请予以许可,无须特别的数量控制。殡仪馆之所以能够通过提供选择性服务获得高额利润,一个重要原因是殡仪馆往往处于偏僻之处,逝者亲属往往只能选择在殡仪馆购买花圈等物资并租赁场地举行追悼活动(蒋悟真,2021)。其次,实施严格的价格监管。殡葬服务中的信息不对称问题突出,可通过信息传播使服务对象充分获取殡葬服务消费信息。为此,殡葬主管部门以及市场监管部门可通过价格公开的方式消除信息不对称,严格按照法律规定对侵害消费者利益的行为做出惩罚,并提供相应的维权渠道。

第四节 结 语

苗镇殡葬改革的推行有其现实背景,一方面在于当地殡葬文化的严重异化对群众生活造成了负担,另一方面由于当地经济发展的现实需要。在当地政府

与村委会的共同努力下,当地殡葬改革取得了显著的成效,"多元主体共治"这一特色治理模式在其中发挥了重要作用。首先,承县搭建了"县—镇—村"三级联动机制,县级出台政策,镇级和村委会联合推动;其次,保证三级联动机制的实时监督和跟踪管理,以保障殡葬改革的平稳推行;第三,充分发挥村民自治的能动性,利用党员下沉及村民小组自治的方式,发挥党员干部的表率作用及村民小组"两长八员"的调解作用。当然,在推动过程中仍存在公益性公墓供给不足、宣传力度不足等问题。通过梳理苗镇的殡葬改革不难发现,生活治理实践的成功需要从上至下的共同协作,从政府引领到村民自治的每一个环节都至关重要,且发挥着不同的作用。更重要的是在生活治理的过程中,应该掌握政府干涉的尺度,在不损害村民日常生活的私密性与主体性的情况下进行生活治理,从而引领村民美好生活的实现。

(一)生活治理的机制与路径探索

生活治理是一个国家与农民生活系统有效衔接并调控、引导和重塑农民生活秩序的实践过程。农民日常的生活结构是生活治理的实践基础,它主要包括生活空间、生活观念和生活实践以及三者的互动(刘燕舞,2022)。在快速的城市化和现代化发展的进程当中,现代性力量逐步弱化了农民日常生活结构的凝聚力,农村生活秩序趋于碎片化和扭曲化。要满足农民对于美好生活的需求,生活治理的视野必须超越日常生活的特定领域和具体问题,立足生活秩序的整体结构。但日常生活是农民主体性充分释放和表达的领域,生活治理面对的不是抽象的权利个体,而是浸润于村庄社会中的生活主体。因此,乡村中生活治理的基本思路应是通过引入国家权力协调个体性与社会性、功能性与价值性之间的关系,减轻村民家庭的负担,重建生活秩序的均衡。然而,国家权力如何真正深入村庄日常生活脉络是一个实践问题。对此,学者杜鹏(2021)提出,在国家权力下沉和制度下乡的时代背景下,生活治理的实践机制主要包含"国家制度的嵌入式治理""民间精英的协同式治理"和"农民群众的参与性治理",三者共同构造了国家权力进入乡村社会日常生活的治理路径。

依据以上的逻辑,苗镇的殡葬改革体现出国家权力进入生活治理的路径。在"国家制度的嵌入治理"的机制下,它从政策层面着手,以制度认证定义了丧葬形式和礼仪的程序和标准,为基层组织面向殡葬改革的治理实践提供了制度依据,推动着基层政府的生活治理目标。以此为切点逐步嵌入苗镇,重塑着乡镇中农民生活的规则系统,构成苗镇生活治理的起点。在"民间精英的协同式治理"

的机制下,苗镇的殡葬改革积极立足生活治理结构,实现对乡镇中民间精英的吸纳和整合,并将这些民间精英作为生活治理的重要载体,在推动殡葬改革顺利进行的同时又在一定程度上缓解了国家权力进入农民日常生活可能产生的震荡和不适。在"农民群众的参与性治理"的机制下,苗镇的殡葬改革积极利用了生活治理中的动员机制,通过培养群众的自觉以保证改革的可持续性,进而激活并整合乡镇治理过程中的碎片化规则,重塑殡葬的礼仪秩序。国家权力通过苗镇的殡葬改革这一事件逐步介入苗镇村民的日常生活空间,以此实现改造村民的生活观念的目的。

在上述机制的论述中,国家制度的嵌入、社会精英的协同和普通群众的参与实质是生活治理过程中的完整链条和一个能够使得国家权力自上而下真正触摸到农民日常生活的节奏和规律,从而释放家庭带来的社会压力和伦理负担,扭转生活秩序的异化趋势的有效通道。在这个链条中,不同主体处于不同位置,共同促成了面向农民日常生活秩序的权力实践。因此,生活治理的权力实践虽然深入日常生活之中,但依然需要遵循原有的结构脉络和治理路径。

(二)生活治理的尺度探索

生活治理承认农民日常生活的开放性和主体性这一双重现实。其中,日常生活的开放性意味着国家的制度认证是抑制市场化可能存在对农民生活秩序负面影响的不可或缺的力量;日常生活的主体性则规定了国家权力的实践逻辑,它意味着国家权力不宜直接、过度卷入农民日常生活(熊万胜,2018)。同时实践也证明,国家权力的过度介入并不必然能够通往农民的美好生活,也可能会陷入服务泛化的困境。因此,在乡村振兴的大背景下,生活治理也需要一定的尺度。

第一,在权力介入的同时对民俗文化习惯予以尊重与合理保留。国家在民间推行殡葬改革,是我国社会转型与文化更新的重要组成部分。邱婷(2020)认为,制度政策在农村的实践过程,根本上可以归结为国家治理基层社会的问题,对民俗文化习惯等内容的改造实际上构成了治理的抓手。但是,不应忽视的问题在于,民俗习惯本身是人们长久以来共同生活形成和遵循的行为习惯和规范,具有约束、教化、规约农民行为的功能。显而易见,殡葬改革对民风民俗造成了一定的震荡,政府在私人领域的介入必然产生两种碰撞,既指向农民世俗生活行动,更触及农民的价值观念与精神世界。正因为如此,苗镇在殡葬改革中表现出对某些传统习俗的尊重并对其进行合理保留,一定程度上消解了殡葬改革过程中政府与个人之间的矛盾。因此,在生活治理的过程中,需要尊重并激活农民的生活主体性,在改造农民生活的同时也应积极保留保护那些优秀的传统。

第二,权力的介入不宜过度。如果移风易俗的改革将乡村社会内部具有特定基础的文化事件视为"陋俗"而试图消灭与革除,则必定导致地方性知识与外来启蒙知识之间的碰撞、张力与交割。现代社会的发展,是一种"知识的政治"。合理发展与优良社会治理之间互制互约、互为前提。面向未来,人类的永续、健康发展之思,需要秉持"以治理看待发展"的理念(王向阳,2021)。因此,国家在涉及移风易俗的改革中应当对当地传统习俗进行全面考量,对习俗的优劣乃至其在群众生活中的地位进行科学合理的界定,避免因政府的"想当然"而导致政府治理过程中的"越界"行为,引发群众不满,影响社会稳定。此外,改革应当以"合理发展"与"良性社会治理"为前提,正如苗镇的殡葬改革中,土地资源的浪费、地区战略发展的需要、传统殡葬中的人力供给困境都为人们所共晓,因而能够达到使群众"理性接受"的效果。

第三,不应局限于"事件",而应看到整体。事实上,传统的乡村治理主要面向着具体的"事",在治理实践中或是遵循"就事论事"的逻辑,或者是深入"事"后的社会关系脉络,通过人的动员实现事的治理,"事"因而是传统乡村治理的对象和抓手,苗镇的殡葬改革便是这样一件"事"。尽管,"事"的出现,能够成为国家权力成功介入乡村生活的一个渠道,但是在生活治理的过程中,不能仅仅局限于乡村治理中的偶然性和弥散性"事件",而需要关照农民日常生活的整体性和绵延性,且将其上升为乡村治理实践的自觉。

(中国地质大学(武汉)公共管理学院

韩蕙敏　郑　爽　张玉瑶　施　翩　马丹蕾　郝俱博)

第五章　美丽乡村建设

近年来,美丽乡村建设工程在全国逐步推广。云村位于承县苗镇西南方向,距县中心城区 8km,是美丽乡村建设试点村。全村面积为 $4.9km^2$,共有 1000 余户 2000 多人,家庭收入主要来源为外出务工及茶叶种植。2020 年,全村实现村集体经济收入 60 万元,村民人均可支配收入 14 077 元,高于全县平均水平。设村党总支 1 个、支部 3 个,党员 94 人,村两委干部 5 人。云村分为 12 个村落,每个村落设置一名理事长。

云村是名副其实的"明星村",多次受到省、市、县表彰,获得全省"五好"基层党组织、"新农村建设示范村"、"安全文明村"、"民主法治示范村"、"生育文明示范村"等光荣称号。2019 年,云村被纳为省美丽乡村建设工程试点村,获得试点建设资金 300 万元,统筹整合资金 14 450.27 万元。直至我们调研之时,项目建设内容完成 90%,完成投资计划 70%。该村之所以成为试点村,与村庄自身的特点和独特优势密切相关:第一,人口聚集度较高,村庄边界清晰;第二,云村为城郊村,且与旅游风景区接壤,道路交通相对便利畅通;第三,该村推进和巩固脱贫攻坚成效高,全村已脱贫;第四,云村拥有独特的茶产业,具有一定的产业发展基础。调研小组于 2022 年 6 月 20 日至 7 月 1 日在云村开展了实地调研活动,实地考察及走访村两委干部及村民,了解云村美丽乡村建设情况。

第一节　美丽乡村建设实践

(一)基础设施:美丽乡村建设保障

1. 供给不愁的平安水电

云村内水电接通较早,水电供应稳定。大部分水电设施由村里统一建设,少部分为村民自行修建。在供水方面,全村水厂 1 处,蓄水池 6 口,约 $3000m^3$。全村基本实现了集中供水,分散供水仅 5 户,实行单户建池饮水上缸,安全饮水覆盖率 100%,实现人畜四季饮水有保障。为加强和规范村里供水的运行管理,确保供水安全,村内设有供水管理员,负责管理维护由政府及村委会投资形成的集中供水系统及村域内集中供水设施等资产。村里建立了管理收费机制,水费为五角钱一吨,按上级物价部门规定,供水管理员依法做好税费征收工作,进行计量收费、专户管理。由于供水管道连接的是山泉水,村民反映水质情况一般;此外,由于退耕还林政策,山上的地表水减少,供水时常有不充足的情况。在我们调研之时,该村正在修缮连接到县城的自来水管道,预计今后将极大改善村民生活用水的质量。除了村民生活用水外,山中田间水池的运用也是村民生产灌溉的需要,偶有村民反映,"村子给建了蓄水池,但是并没有蓄水,我们有时都没有办法给茶田进行灌溉,只能自己下山挑水到山上,非常不方便。"供电方面,全村供电保障入户率达100%。通过农网的改造,由过去7个台区增加到12个台区和一个1600kW的加工配电房,总供电率2600kW,供电能力较从前有大幅提升。

2.良好保障的村庄规划

云村的主支干道路有12.17km,其中村主干道5.216km,通组道路近7km,实现了组组通公路,公路入户率99%,道路交通安全设施建设100%,安装太阳能路灯100盏。利用美丽乡村建设的契机,云村对道路进行了黑化,以现有道路为基础铺设改性沥青混凝土,并在公共区域建有标志标识,例如停车场、观景平台、采摘园、茶叶加工厂等,都有明确的方位指示,方便人们寻找。

全村共有预制砖木结构房676栋,土坯房51栋,共计727栋。经过近年改造和第三方安全鉴定,房屋安全保障100%达标;村庄曾大力推进房屋的风貌改善工程,全村共拆改旧危房约200栋。

云村每个村落都有一个及以上的小型超市,食品和生活用品基本齐全,可以满足村民的基本生活需求。村里共建有6个广场,分别建在村委会、三村落、四村落、五村落、六村落、七村落,村民时常在广场内举办活动或跳广场舞。在村委会一侧还建有两个公厕,都有卫生保洁标准、服务管理标准以及设施维护标准。

总体来看,云村村庄规划有序,能够满足村民的生活需求。

3.逐渐现代化的网络通信

全村广播电视覆盖率100%,新建通信网络基站5个,电信、移动、联通、广电通信网络覆盖率100%。村内智能手机使用率较高,相较于年轻人,老年人,尤其是70岁以上的老年人手机使用率偏低一些。村里网络信号良好,村民家里如有需要会自行安装WiFi。如果村内网络出现问题,可以打电话叫专业人士前来维修,效率很高。

"现在有了网络比之前方便多了,村里网络通了之后可以上网、刷视频,还可以在网上买东西邮过来,方便了不少,多了不少乐子。"一位村民说,"之前我们的娱乐活动只是邻里之间聊天、喝茶,但现在可通过手机进行交流。有什么事,不用跑到很远的地方去找人,在群里简单地喊个话,就可以了。"

此外,农村电商在村里也有发展。村中可达的快递共两个——邮政和中通,设有几个快递点,其中一个在村委会,其余分布在村中各个小商店。每一次我们调研小组路过村委会的快递点,都能够看到有不少的快递。村中还有一家电商服务站,村民在网络上订购的蔬菜水果等都会送到服务站,村民可根据短信提示领取。农村电商给村民提供了极大的方便。唯一不足就是网线架构的问题,据村民反映,村中网线的搭建较杂乱,不仅不美观,而且雷雨天还存在安全隐患。

4. 先进智能的数字乡村

"乡村建设,数据是宝"。苗镇云村抢抓首批"数字乡村"建设试点机遇,打造数字乡村示范点,为基层治理、便民服务、产业发展注入了"智慧基因"。在服务管理平台中,依托可视化大屏直观展示乡村人口分布、乡村产业、道路监控等情况,实现一图感知。在微信小程序中可以查看留守老人的情况;应急广播及时传达紧急政策、紧急通知,减少灾害发生后人员物资的损失;智慧党建可以随时看到村内公布的政务信息等;白茶园里,5G 智慧农业的农业自动化生产可视系统可将气候环境、土壤墒情、虫情检测、水肥一体化等信息实时反馈到村委会。

(二)产业发展:美丽乡村民生风景

实施美丽乡村建设计划,重要的一环就是发展本村产业。云村地处长江三峡河谷地带,独特的地理环境和峡江气候适宜茶叶生长,加之该村种茶历史悠久,许多农户世代种茶,积累了较为丰富的生产经验和生产技术。云村具有一定的茶产业发展基础,形成了以茶叶为主的农业支柱产业。云村把培育和壮大农业主体作为引领产业发展的重要抓手,推进新型农业市场主体发展,带动农民增收致富,立足景区拓展、城郊优势和产业特色,形成了茶旅融合发展的新模式。除此之外,受国家政策扶持,云村建成了全县最大的光伏发电站,为村集体带来良好收益。

1. 合作共赢的茶叶生产

云村耕地面积 2418 亩,其中茶叶面积 1500 亩,农业效益增长 30% 以上,是云村的支柱产业。除峡江气候适合茶叶种植外,酸性土壤也是大规模种植茶叶的重要条件。同时,国家为保护生态下发的退耕还林政策导致耕地供需不足,人多地少,地价较高,种植粮食作物如玉米等收益不及茶叶,所以几乎每户都种植茶叶。

由于村内劳动力大量外出务工,村内老龄化严重,种茶主体几乎都是老年人。个体农户在茶叶生产过程中,种植和采摘由村民自主完成,加工销售一般承包给就近的茶叶加工厂。

我们访谈的一位村民表示:"村里几乎每户人家都种茶叶,有多有少,我们家就种了一两亩,不多,每个季节赚的钱是不太一样的,我们的茶主要分为春茶和夏茶。""我们村里的茶叶大多是送到加工厂去加工,春茶夏茶品质差别大,春茶比较贵,大概在一两百元一斤,夏茶比较便宜,价格在六块左右一斤。每年的总收益是差不多的,有五六千元。"

村里有3个茶叶加工厂,分布在村内不同地域。3个加工厂都属于私人企业,全年土地租金加劳务支出约200万元。其中助家茶叶种植厂属于专业合作社。该合作社于2018年办厂时受到当地村委会政策扶持,现有农民成员125户,云村入股成员有40户左右。合作社内有70台茶叶加工设备,设备由合作社自行出资购买。除固定茶叶售卖收益外,合作社另采取返利的奖励制度,按1%的比例返利给成员。根据合作社负责人及合作社成员的反馈,茶叶生产合作社与村民关系良好,属于合作共赢的经营模式,其建立一定程度规范了茶叶生产程序,保障了合作社成员的收益。

2010年,云村立足资源禀赋,引进发达地区省份对点支援企业建厂,设立白茶基地。白茶基地种植面积350亩左右,通过土地流转租赁本村农民的土地,每亩每年1400元租金,并向该村村委会每年缴纳20万元。该基地茶叶主要销往东部沿海发达地区,茶叶品种多样,品质也各不相同,特色茶叶白茶价格高昂,面向中高端市场。采摘期企业会雇村民到基地进行采摘,采摘费用按采摘重量付给。此模式把企业与农户"捆绑"起来,形成企业与农户"风险共担、利益共享"的利益联结机制。公司每年组织2次以上的实用技术培训,组织农户学习茶叶栽培、管理、采摘等方面的经验和技术,切实增强农户脱贫的本领和技能。同时,通过示范园区的打造,传播现代化精品茶园的管理方式与技术,逐步更新群众观念,转变落后的生产、加工模式,极大刺激了本地茶农更换茶叶品种,提高种植、采摘技术水平的积极性,茶产业效益不断提升。

随着美丽乡村建设项目的推进,云村的茶产业得到了深入的发展。依托白茶基地的品牌效应和其他茶厂的协同发展,根据"企业+村集体+基地+农户"的模式,农户种植,茶厂收购,村委协调,企业带动,层层推进云村茶产业的发展。

2.别具一格的茶旅融合

旅游业在云村美丽乡村建设项目的产业发展板块中同样占据重要的位置。

利用云村本身的茶产业特色,村中发展旅游业的独特优势就是茶旅融合发展。云村建成了榨坊沟茶旅融合试验区,初步形成了观茶景、体验采摘、品茶、购物于一体的综合服务中心,通过社交媒体的宣传吸引更多游客到来,推动发展旅游业。一位村干部表示:"在采摘期我们会通过短视频平台的宣传吸引游客到我们村,这是现代科技和网络发展带来的好处。"

采摘园+农家乐也是云村旅游发展推出的特色。村里两家特色小水果采摘观光园,旺季日采摘游玩的最高峰达 3000 人次,全年累计接待游客约 10 万人次。目前村域内有农家乐 8 家,最好的年收入有 8 万多元,实现了家门口的就业致富。

3. 举足轻重的光伏电站

2016 年云村争取到国家专项资金 834 万元,建成了 800kW 集中式光伏发电站,是全县最大的光伏发电站,云村也因此形成了"棚上发电,棚下种养"的"农光互补"立体生产模式。2021 年光伏发电收入大概 75 万元,云村获利 45 万元作为集体经济资金,附近村共同获利约 30 万元。云村光伏发电站收入主要作为贫困帮扶资金,用于村内部分干部如理事长、振兴专干等的工资,村庄活动费,老党员慰问资金等。其中贫困帮扶资金主要用于对监测户突发事件例如突发疾病的资金保障或脱贫家庭子女考取大学的资金奖励,同时,在村内为贫困户专门设立劳动岗位比如定期打扫村内卫生及参与协调村内会议准备等的薪酬。

(三)生态宜居:美丽乡村宜居支援

1. 整洁宜居的自然生态

云村群山连绵,植被茂密。为保持良好的自然生态环境,云村坚持环境整治工作,推动生态宜居建设。村委会利用水环境综合治理工程和污水治理专项项目,对全村范围内的污水排放和畜禽养殖开展综合治理,经常性开展洁河、清洁乡村行动,建立垃圾清运机制,制定乱挖、乱建、乱砍管理办法并纳入村规民约。

污水处理方面,在长江大保护战略实施的背景下,依托三峡集团进行污水系统建设工作,将村内污水先通过管道统一排入污水池,再通过污水池集中至污水处理厂进行处理。截至 2021 年,云村已建成 2 个微动力污水处理站,在建污水处理站 4 个,全村进污水管网 176 户,全村改厕 204 户。通过对农村生活污水收集、处理与资源化设施等建设,确保了农村水源干净和农民的身心健康。

畜禽养殖方面,部分村民曾经养过鸡、鸭、猪等家畜,后来出于卫生考虑,应上级政府要求,村委会制定了圈养家畜、保持清洁卫生方面的规定,目前家畜饲养农户较少,村庄空气基本无异味。

垃圾处理方面,垃圾清运处理实现了常态化。村委会在全村安放了集中的垃圾池,并在沿村路边分区域安放垃圾桶,村民日常将生活垃圾投放垃圾桶或垃圾池中,由县城的垃圾处理公司统一运送处理。调研小组走访了解到,由于垃圾桶在村民房屋附近,平时垃圾的投放比较方便,村内的垃圾桶数量也足够村民们使用。截至2021年,全村共有垃圾池6处,垃圾桶200个。对于垃圾的日常管理,分片分区域划定负责人进行清洁,目前有18个环卫保洁人员。通过建立管理机制、常态化开展卫生评比等方式,培育了村民的健康环保意识,改善了村庄的公共环境卫生,展现了村庄新面貌。

2. 独特美观的人文生态

除了大力改善乡村基础生态环境,云村还坚持文化传承,强调生态和人文价值的统一,注重保护传统乡村文化和民俗。对村委会周边区域的居民房屋进行统一样式装修,将非遗元素融入乡村振兴实践中,融入美丽乡村建设中。通过进行房屋风貌改造,对茶厂及茶园周边民房外墙改造,进行外墙粉刷,积极动员村民参与壁画设计及绘制,村委会旁的房子上有花鼓戏和茶叶种植的壁画,并写有独具当地特色的标语"云村茶飘香,花鼓响四方",积极促进了乡风文明发展。村委会副主任向我们介绍了这句朗朗上口的标语的来历:"刚开始广泛征求了全体村民的意见和想法,再经过我的改编,最终确定了这十字标语。"

健康步道和白茶亭也是云村美丽乡村建设的亮点,榨房沟左侧铺设了1.5m宽的彩色步道546.4m,沿着步道向上可以到达白茶亭。该凉亭承担了多种功能:附近居民可以在白茶亭乘凉休息,观赏乡村风景;云村花鼓戏的彩排有时也会选择在此。村委会依托美丽乡村建设规划工程,在白茶亭周边空闲地中栽植绿化苗木进行点缀,对茶园田边水池进行茶文化装饰,对茶园周边两排庭院进行改造,布置小品座椅等设施,该区域成为文化聚集地和休闲中心。

3. 闻名遐迩的花鼓文化

花鼓戏作为非物质文化遗产,是云村的一大特色文化,至今已有200年历史,云村素有"花鼓之乡"的美誉。村内组建了花鼓戏剧团,积极培育第七代花鼓戏非遗传人,现有花鼓戏演艺队伍30人,创作演出了《扶贫路上》和《晚宴》等节目,多次参加了县镇组织的各项活动演出。每年的3月8日和重阳节,村委会都会牵头进行花鼓戏的表演,花鼓戏成为云村老一辈的珍宝。通过开展花鼓戏表演,带动诸如拔河、跳绳、花鼓舞、健康舞、唱歌等各类型活动和比赛,丰富了人们的精神生活。

(四)村庄治理:美丽乡村共治局面

1.事无巨细的美丽村干部

云村村干部的工作可谓是事无巨细,上到填表申报,下到下河赶猪。正如云村村干部自己所说,他们每个人和乡镇各个部门联系都非常紧密,这就保证了他们在面对村民各种各样的要求时能够快速解决。有些村民来找他们办的事并不属于村委会的工作内容,但因为村民们有求于他们,他们也不会拒绝,而是在工作条件允许的情况下为村民们提供便利。村干部们还有"下三民"的活动,坚持"下基层、察民情、解民忧、暖民心"的服务宗旨。

云村村委会很重视美丽乡村建设的项目,在两届村支部书记的带领下,把美丽乡村建设工作从理论推进到实践中。而作为村委会的延伸的理事长制度,也极大地帮助村委会落实了美丽乡村建设。

2.独树一帜的记功制度

不同于一些村落的积分制,云村设置了记功制度,简言之就是让理事长的辛苦得到一定程度的回报。具体的记功内容可以是村委会方面指派的任务,也可以是个人申报的自己进行调解的重大事项。在村委会记功后,可以得到一定的报酬。

村庄治理作为云村美丽乡村建设的重要一环,在美丽乡村建设中起着主导作用。美丽乡村建设离不开村委会的大方向规划和理事长的上传下达。为激励理事长的工作热情,村委会选择了"显隐结合"的方法,显性上是理事长的补贴和记功制度,隐性上是一些隐性权力。从村委会方面我们了解到,理事长通过记功制度得到的收入并不会很多,并且由于云村的治理比较良好,常年处于重大事故少发的状态,记功制度大多时间处于"雪藏"状态。

3.积极向上的村民参与

在云村,村民能够参与村庄民主决策和各项活动。村委会和理事长的选举以及村庄规划与重大事务决策,都有村民的参与。除此之外,村民也乐于参与各项独特的评选活动,比如由村委会组织小学生进户参观评选出心目中的清洁之家,由村两委和理事长的推荐评选的小康家庭,由家风家训评选出的文明家庭,通过引领带头作用的程度评选出的优秀党员、"乡村好婆婆"、"乡村好儿媳"荣誉等。获奖者虽然不会获得奖金,但会颁发和赠送礼品。村支书说道:"礼品也不是贵重的礼品,但这都会增加村民们的荣誉感和自豪感,是一种很好的激励方式。"此外,村委会发起的大扫除活动每年都会有不下于两次的评选,对村庄的整洁建设有一定的助推。

云村的村两委和理事长在美丽乡村建设的过程中发挥着举足轻重的作用,村两委有计划,理事长上传下达反映民生所需,村务公开、社会治理创新模式的探索,让云村的美丽乡村建设更贴近村民的生活。云村内乡风建设优良,邻里关系和谐,几乎全年无犯罪偷盗案件,各家能够做到"夜不闭户",共同打造"宜居天堂"。

第二节　美丽乡村建设中存在的不足

（一）美丽乡村建设统筹规划不够

建设美丽乡村有长远的统筹规划是重中之重。调查发现,云村在这方面存在不足,主要表现在以下几方面。

首先是缺乏可持续性的长期投入规划。美丽乡村建设是改善农村居民生产生活条件、推进城乡基本公共服务均等化、加强农村生态文明建设的基础性工作,涉及面广,建设任务重,资金需求量大（刘云根和王妍,2019）。农村人居环境整治工作需要购置配备垃圾处理、管道铺设等基础设施,加上配备人员以及后期运行与维护还需要大量的资金,资金数额庞大（黄斌军,2022）。若单纯依靠政府财政补助资金和拨款专项资金的投入,是远远不能满足农村基础设施建设需要的。然而云村的美丽乡村建设往往依托的是项目拨款,一旦财政没有持续拨款,就无法进行后续建设,比如村庄修建广场、舞台和老年人活动中心等一直被搁置。在考虑美丽乡村建设规划时,未考虑到如何保证美丽乡村建设的长期化和可持续化。

其次是在规划时村域之间资源投入不平衡。比如靠村委会一侧的道路修建情况良好,但村委会对面一侧道路修建情况一般。原因有以下几点:一是起点条件不同。云村是在2011年,由以M河为界线的两个村合并为一个村,两村原本发展的情况差距就很大。二是带头人行为偏好的差异。村委会所在的一侧的基础设施比另一侧完善一些,且上一任老书记自身是在村委会一侧生活,无法完全了解或兼顾到另一侧,可能存在一定的主观偏向。三是区域经济的带动作用。村委会所在一侧的道路通往当地著名风景区,为了能够给游客带来更好的体验,会建得好一些。这些不平衡的规划就引起了部分群众的不满,导致他们对村委会颇有微词。

最后是未考虑到基础设施如何保证高利用率。比如村内建设了水池用来给茶田浇水，但没有得到很好的运用。再者是公厕问题，对村民访谈时发现，公厕基本没用，处于关闭状态："我们自己家有厕所，从来不会去公厕，公厕平时大部分时间都是闲置的。"正因为如此，为了节省公厕运营消耗的资源，村里修建的两个公厕暂时被关闭。再有，数字乡村建设表面上看起来做得很完美，但还处于初期阶段，停留在一块"屏幕"上，如何做深做细并没有考虑长远。

（二）产业发展的"造血"能力和带动作用不足

由于紧靠自然风景区，云村目前旅游产业得到了一定发展，云村也对旅游产业的进一步开发有一定的规划和蓝图。但真正落地，比如如何进行招商引资，如何解决基础设施建设、资金来源、专业旅游服务等，需要村两委进行缜密的计划和考量，目前只处于计划萌芽阶段。此外，云村产业发展未将资源进行合理配置。云村有一定的空余土地、空房、乡村文化、习俗等自然和人文资源，这些资源有待更深层次的开发。由于村庄集体经济资金来源单一，仅仅依靠光伏发电、土地租赁及少数酒厂、茶厂缴纳资金，除去每年固定支出，剩余资金难以支持开发其他资源，价值未得到充分利用，产业发展的"造血"能力受到限制。

此外，云村规划的茶旅融合的产业发展模式对村民发展经济的带动作用不够。如前所述，白茶基地作为云村茶产业的特色，建基地时引进了福建工厂，本意期望对云村茶产业的发展起带动作用。但调研发现，白茶基地主要通过租赁云村土地有效解决一部分因村庄老龄化带来的耕地荒废的问题，但在茶产业经营上，白茶基地规模种植和村民自主种植并行，互不相干。比如某村民反映："他们发展他们的，我们种我们的，没什么关系。"另一位村民反映："这个公司进来前答应帮我们卖茶，但没做到，他自己卖自己的，就不管我们了。"这些都在一定程度上反映了扶贫产业的作用未能充分发挥。

为发展茶产业，村委会计划进行品种改良（即品改），计划将全村大部分茶叶都改为种植福鼎大白茶。若品种改良顺利进行，茶叶的品质将得到进一步提高，统一品种后，村庄茶叶的售卖将更加便捷，收益也会提高。但茶叶品改推进遇到问题，品改正式实施前需要对现种植茶叶的土地进行翻土，进行翻土挖掘的土地在3~4年内不能种植茶叶，这意味着这段时间里农民将没有茶叶收益。部分村民反映签完同意品改的合同后没有后续进展，比如村委会承诺有3000元补贴进行周转，但并没有到账。村民缺乏对具体情况的了解，也缺乏对实施状况的了解。受访的老年村民表示新品种茶的培育工作更为烦琐，虽然可能增加收入，但是一方面对于年迈的村民来说三四年无收益的情况有些难以接受,加之年龄增大,对之后的茶叶种植会出现力不从心的状况,另一方面村中多数小农户仅有1~2亩的土地,难以流转。品种改良在大局上对整体经济发展与土地流转有好处,但是没有考虑到村民实际身体状况和土地规模,而是在工作指标的划分上过分强调规模和速度,将一亩山坡茶田这种根本不可能进入未来的茶田流转的土地纳入品种改良工作的范围,很难让村民参与到茶产业的发展过程。

(三)宜居环境建设缺乏持续性

宜居环境的打造,有赖于云村村委会争取各种项目,获得资金的支持,才能加以维持。在"先试点再推广"的项目建设模式之下,在资金、时间、精力等条件有限的情形下,只能有所取舍,目前可观成果只显著体现在村委会附近一带,并不涉及村庄其他区域。在一次建设投入之后,如何在上级政策、资金不一定能持续投入之下,还能维护自然生态和人文生态的持续良好,对于云村而言是需要考虑的。

(四)村庄治理公众参与性仍需激发

村民在美丽乡村建设过程中发挥着关键作用,建设美丽乡村离不开村民的主动参与。但在美丽乡村建设过程中,部分村民参与乡村建设的积极性和主动性不高,进一步导致乡村建设活动无法取得实质性进展(杜志刚,2022)。例如在美丽乡村建设项目过程中,云村持续推进"美丽庭院"建设计划,呼吁村民改造自家居住环境,种植绿植,进行环境美化建设。但在实际调查过程中,村民对于"美丽庭院"建设的参与程度较低,建设意识较弱。对于村内的其他事务,如需要召集村民开会商讨,组织也较为困难。

部分原因是由于供需错位及信息不对称。一方面,供需错位。村民反映:"我们关注的村里的一些问题还没有解决,都不清楚村委会之后会不会处理。"其中提到最多的就是道路修建的问题。村委会对面一侧道路修建情况一般,且近期在铺设自来水管道,道路需要翻修,使得村民行走不太方便。大部分村民家的茶叶种植田在山上,但是通往山上的道路交通并不完善,村民只能靠人力搬运茶叶,比较辛苦。另一方面,信息不对称。村委会提及,由于道路修建问题中间涉及很多部门,不确定因素较多,且由上级部门进行管理,村委会从中调和但短时间内难以解决,并非将这一问题搁置不理。该村内山坡较陡,修建道路的想法实现起来较为困难,且茶叶的搬运并不像其他村子的脐橙那样困难,老年人也能够较好地完成,因此在山地建设道路并没有太大的必要。来自官僚体系内部的行政要求与乡村社会的治理需求存在一定的偏差,公众掌握的信息资源较少,缺乏辨别能力,继而产生信息不对称(杨正等,2021)。而村委会在做出决策时既要考虑村民需求,也要考虑上级行政要求,同时,还要统筹兼顾村务治理的各方面,在综合实际情况后做出决策。因此,在回应村民诉求时会进行策略性的选择。由于村民与村干部之间的信息不对称,而村干部也缺少对相关问题的解释和回应,一定程度上阻碍了村民参与政治生活的热情。

第三节　结　语

毫无疑问,云村和中国的其他村庄一样,面临着快速城市化、经济大发展、城乡差距扩大、劳动力流失、村庄空心化、老龄化逐渐加剧、农业效益低下、集体经济收入不足、建设需求逐渐增加等种种情况与困难(王露璐,2021),和所有村庄一样挣扎着想要抓住发展的机会。同时,它也拥有着自己独特的优势和特点,有着自己独特的传承与故事。分析这样的一个村庄,不仅是在了解中国乡村的一个剪影切片,同时也是在分析它可能的未来。

在老龄化社会的现实情况下,有一些基础设施对于改善村民生活是有意义的。但是在政府自上而下的项目规划模式下,建设上的浪费几乎是不可避免的,这也导致了与农民实际需求的脱节。另外,建设资金的缺乏直接导致了展板式的表面建设,即只建设村委会附近的区域用以应对检查。因为同样的原因,村民甚至村委会在建设中缺乏一定的决定权,导致村民参与意愿不强。村内的整体经济情况差异不大,参与农业生产的年轻人很少。村内60岁以下的人几乎全部作为劳动力外出务工,而留在村内从事农业生产的几乎都是老年人,并且,农业收入远远少于务工收入。不过,务工农民很难通过打工实现阶层跃升,村内少有能在城市购买房屋的人。可以预见,现在离开村庄前往城市的人,最终还是会回到村庄。当然,这些现在还没有发生,因为城市务工的经济收入确实远远超过在家务农。一户人家的经济实力主要由打工收入决定,所以像大病或者其他影响劳动力的意外事件会直接影响村民们的经济状况,经济条件最差的主要就是孤寡老人和大病患者。此外,乡村发展中很明显存在产业发展困难、对口扶贫产业经济效益低下、与村庄缺乏联系而无法融入村庄产业发展、企业收入依赖政府补贴等状况。

基于后扶贫时代的实际,应进一步从完善帮扶机制、提高基础设施建设与公共服务水平、发展特色产业、引进与培养人才以及提升治理水平等方面下功夫,并采取有力的保障措施。不过,像云村这样的村庄,还是有机会在这个过程中利用国家的政策完成转型,从而作为未来的新农村而继续发展。

新时代背景下,随着城镇化进程不断加快,传统乡村已向现代化乡村逐步转变,但在乡村治理方面,还未实现向现代化的转型,面临一系列突出问题。面对困境,新乡贤能够发挥其率先垂范和激励情感的作用,是实现乡村有效治理的关键因素。目前乡村基层的治理坚持村民自治原则(李玉碟,2020),但在实际治理过程中,仍然有两个群体在其中发挥引领作用。其一是党员干部。他们带来国家的政策与资金,并且直接联系上级政府;其二就是新乡贤,他们并不是党员干部,也并不渴望政治性权力,但是他们拥有较高的威望与一定的经济实力,并且希望能够使用这种软性实力。新乡贤作为乡村振兴中的精英群体,是对传统乡绅的继承和发展,传统乡绅从古至今有着不同的历史形态,而新乡贤是拥有全新内涵的重要组成部分。面对乡村发展困境现状,新乡贤能够参与乡村治理并以自身独特方式解决传统机制难以解决的问题,以新乡贤为落脚点从而填补乡村空心化问题,以新乡贤为平衡点进而推进传统与现代模式相融合,以新乡贤为支撑点促进乡村全面发展,以新乡贤为传播点发展乡风文明加强对乡村的建设,进而弥补传统治理机制中的短板。对于云村来说,以理事长制度为代表的新乡贤制度确实能够发挥很大的作用,利用相对较少的国家资源尤其是资金将乡村中文化权力网络中的隐性力量利用起来,建立更有效的乡村治理。当然,乡村治理能力的增强主要体现在组织能力的提升上,目前这些制度的实施还存在些许问题,比如村民向上反映问题沟通不畅、乡村边缘化等问题,仍亟须解决。

对于国家来说,2021 年的中央 1 号文件和政府工作报告中,都把美丽乡村建设作为"十四五"时期全面推进乡村振兴的重点任务,并且摆在了开启建设社会主义现代化国家新征程的重要位置上。建设美丽中国,毫无疑问也要从美丽乡村做起,探索一条可推广可持续的村庄转型发展新途径。

首先,建设美丽乡村本质上离不开农村公共产品的有效供给。目前,美丽乡村建设中公共产品供给的现实困境表现为农村公共产品投入不足、结构失衡以及监督机制不健全等。据此可以提出农村公共产品供给的优化路径:贯彻共享发展理念,健全公共产品供给体系;以农民需求为导向,优化农村公共产品结构;培育现代农业载体,推动农业现代化生产;健全监督体系,提高农村治理现代化水平。

其次,美丽乡村建设目前还存在生态建设、传统文化遗产的合理开发和利用方面的不足,以及在脱贫攻坚向乡村振兴过渡中存在返贫致贫风险较大、乡村振兴基础薄弱、乡村产业发展可持续性低、人才缺乏、治理体系尚有不足等问题。乡村治理是群众性的实践场域,也是考察党的群众路线的重要切口。建党以来,中国共产党始终将群众路线贯彻至引领乡村治理变迁的历史谱系中。一方面,群众路线的乡土实践已日臻成熟,凝结为深厚党群关系的关键政治资源;另一方面,通过保证内在结构的均衡配置、注重基层党组织的建设水平以及切合保存社会记忆的底蕴特征,群众路线的历史演进也积累了宝贵经验,成为党稳固执政根基的重要路径。在全面建成社会主义现代化强国的新征程上,群众路线仍需因循时代任务与治理环境的变动而灵活调整,切实融入推进国家治理现代化的基础工程中。进入新时代,仍须强化党建引领、提高基层干部队伍战斗力、切实发挥基层民主协商,着力提升乡村基层治理能力。

(中国地质大学(武汉)公共管理学院

赵　频　张若莹　黄　蕾　孙一鸣　李瑶柯　翟　琳　卢冠宇)

第三篇

乡村社会治理

第三篇　乡村社会治理

第六章　乡村治理中的村落理事会

乡村社会治理历来是党和国家关注的重点。自从党中央提出开展以村民小组为基本单元的村民自治试点以来，很多地方都在尝试村民自治单元下沉（项继权和王明为，2017）。村落理事会是在村民小组基础上成立的村民自我组织与管理的组织形式。本章以阳村为研究样本，通过对阳村理事会成员和村民的调研，了解理事会的定位、性质及运行状况。

第一节　村庄概况

阳村位于承县苗镇，全村占地 4km²，共有 1000 余户，村民 2000 多人。村委会中有村两委干部 5 人，振兴专干 1 人，驻村工作队 2 人。党组织设有 1 个党总支，2 个党支部，8 个党小组，党员 78 人。曾被市政府评为"示范村""五好基层党组织""安全文明村"等。阳村的经济活动以种植和养殖为主，其中以种植柑橘和茶叶最为集中。截至 2022 年，耕地面积为 2389 亩，以种植柑橘、茶叶、板栗和蔬菜等农作物为主。林地面积为 2228 亩。1998 年，国家大抓生态环境项目建设，阳村结合植树造林、退耕还林、沼气池等项目，发展多种产业，投资建厂，集体经济收入主要来源于水电站、肥料厂、普通茶厂、精制茶厂和集体土地租金等。

阳村民风淳朴，衣食住行、红白喜事保留了许多山区农村的风俗习惯，带有朴实醇厚色彩。一直以来，村民遵循互助合作的传统，特别是农忙时节和红白喜事，邻里之间相互帮忙，人们日常联系紧密。

现代社会的转型、城乡流动速度的加快，使得村庄的原始封闭状态被逐渐打破，村民外出务工成为一种普遍现象，人们的生活习惯和方式向城市靠近，村庄"熟人社会"向"半熟人社会"甚至"陌生人社会"转变，村民对集体的记忆逐渐淡去，对集体事务保持一种漠视的态度。阳村也不例外，在村庄治理中面临着一些现实困境。一方面，阳村占地面积大、人口多、住户分散，多以小聚落或散居形式居住，多半农户集中居住在山下马路沿线，并逐渐向四周扩散，还有零散的村民依田地而居住在山上；另一方面，随着村级事务的下沉，村干部的工作任务逐渐增多,工作强度和难度不断增大。因此,村庄治理不似从前那样,村民很小的需求经常得不到及时解决,村庄治理需要找一个新的出路。

自2012年,阳村所在的承县以社会治理创新模式创建工程为契机,大力实施治理单元下沉,探索出"村党组织—村落党小组—党员"和"村委会—村落理事会—农户"的新型治理模式。这种"双线运行、三级架构"的治理模式,打通了"党建统领、村落协同、社会互动、群众共参"的共建共享基层治理新路径,盘活了乡村治理资源。在社会治理创新模式建设过程中,村落理事会这种新型自治形式在带动村民积极参与村庄治理中发挥着重要作用。

第二节 村落理事会的运行情况

(一)村庄治理沿革

阳村在村民自治方面做得比较早,1990年就作为承县的试点村之一,开始试行村委会换届村民选举。2000—2001年,承县开展了大规模的"合村并组",将先前的432个行政村合并为186个、3234个村民小组合并为1361个。合并后,各行政村的辖区面积大幅度扩大,平均面积达到13km²。行政村辖域人口也成倍增加,平均人口约为1700人,人口最多的行政村甚至达到4280人。而与之对应的是村干部数量的缩减,全县各行政村仅配备3~5名村干部。2000年,苗镇为了响应国家政策,减轻财政运行压力,将原50个行政村合并为25个行政村,行政村规模扩大,3~5人的村两委组织成员要管理约2000人、面积多在7~15km²的行政村,管理难度增大。村级组织的治理半径过大,数量有限的村干部根本无力回应群众高度分散、多样的差异化需求。

为了实现村级工作的有效开展,承县各镇根据山区的地理环境特点和产业类型,进行积极探索。苗镇党委利用当地由农户自发组建起来的"红白理事会",选出有号召力的农民担任理事,组织区域内的农户通过"有钱出钱、无钱出力",协商办理公共事务,探索出将村民小组改建社区的乡村治理模式。2004年4月,承县县委召开农村社区建设现场会,在全县推进农村社区建设工作。2012年底,承县又提出在全乡村推行创新社会治理的想法,按照地域相近、产业趋同、利益共享、规模适度、群众自愿、便于组织的原则,在村民小组的基础上优化自治单元设置,将以行政村为主的自治单元划分为规模适中的若干个小村落(与原先的自然村范围、村民小组范围基本吻合)进行自治管理,尽量将相同地缘文化、农耕文化、习俗文化和亲情文化的村民划分到一个村落。从实际情况来看,全县农村共划分为2055个村落,承县村落的农户规模为50~80户,区域面积为1~2km²,

每个小村落内部由村民自主选举成立村落理事会。最初的创新社会治理建设是在每个村落设立"一长八员",即理事长以及经济员、宣传员、帮扶员、调解员、管护员、环卫员、张罗员、监督员八员。后来为了突出党建引领作用,在"一长八员"的基础上加了一名党小组长形成"两长八员"制度。

阳村的农村社区建设最初依托承县县委、县政府,在2004年和2012年分别将林镇农村社区建设模式和社会治理创新模式在全县全面推行,并取得一定的成果。2012年,恰逢承县政府在全县内推行社会治理创新模式建设,阳村村委为巩固完善农村社区建设成果,拓展社区建设功能,创新管理模式,提高本村广大人民群众的幸福指数,积极向上级政府申请在本村开展社会治理创新模式创建工作,成为第一批推行社会治理创新模式建设的村庄之一。

(二)村落理事会的运行形态

2012年,结合本村特点,阳村按照地域相近、产业趋同、利益共享、规模适度、群众自愿、便于组织的原则将原先5个村民小组合理划分为13个村落。在各村落成立"一长八员",经过几年的社会治理创新模式建设,逐步形成了"双线运行、三级架构"治理架构,即"村党总支—村落党小组—党员"为主线的党建工作体系和"村委会—村落理事会—群众"为轴线的村落群众自治体系(苏运勋,2018)。如图6.1所示。

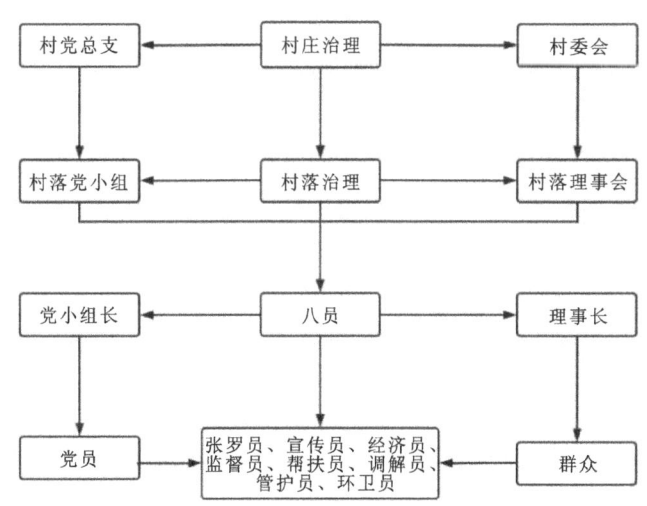

图6.1 阳村社会治理创新模式运行架构

1."两长八员"概况

按照社会治理创新模式建设的设计,村落村民大会是村落最高议事机构,由村落理事会召集并主持。有涉及村落建设发展全局的重大议题必须召开村落村民大会进行多层次协商，达成共识。村落理事会是处理村落日常事务的常规性社会自治组织。村落村民大会与村落理事会所议事项和通过的决议会及时向村党组织、村委会反馈，听取村党组织与村委会的建议并接受其指导。议事恳谈会是村落理事会的基本议事形式与民主协商方式。可以这样理解，社会治理创新模式建设的核心是村落理事会。村落理事会的职责是，在村党组织和村委会的领导下，按照"自我管理、自我服务、自我教育、自我监督"的原则，组织村落党员群众围绕"七项任务、十个得到（即经济得到发展、民生得到改善、环境得到保护、设施得到建设、文化得到传承、乡风得到净化、正义得到伸张、矛盾得到化解、困难得到帮扶、权益得到保障）"的目标任务开展村落自治和协商民主工作。

"两长八员"是村落理事会组织的构成，即一名党小组长、一名理事长和八名村落事务员。有能力的村落理事长兼任村落党小组长，优先推选党员担任"八员"，一人可兼任多"员"。以村落为单位召开党员、群众或户主会议，村落群众一人一票，通过民主"海选"产生"两长八员"。村落八员主要工作职责如下。

（1）经济员：结合村落实际，引进推广新的种植养殖技术和优良品种，协助村落农业产业结构调整，发展多种形式的产业化经营，推动农民产业化合作；牵头联系农牧产品的销售渠道，实现统一销售交易，让农民合法权益得到保障，让村落群众的收入得到提高。

（2）宣传员：向村落群众宣传党和政府在农村的各项方针政策、法律法规，宣传推广农村实用科学技术和致富信息，引导村民树立科学经营、科学种田、科学致富的理念；传承保护村落民风民俗、民间文艺文化。

（3）帮扶员：向村落群众宣传各项救助扶贫政策，了解、掌握并及时向上报告村落内困难家庭情况，动员村落群众力所能及地为困难村民解决一些实际困难和问题，确保村落内每一个困难村民都能得到帮扶。

（4）调解员：密切关注家庭邻里关系，主动化解村落内家庭矛盾，调解邻里纠纷，尽力使矛盾纠纷"大事化小，小事化了"；开展面向家庭的传统美德、家庭道德、责任意识教育，传播和谐理念，促进村落群众和谐相处。向村落群众宣传法律、法规，为村民提供维权咨询与服务，防范欺诈、坑蒙、拐骗，维护村落治安，保障村落内弱势群体的个人合法权益不受侵害；禁止假冒假劣农资产品及生活用品在本村落内销售，出现问题要及时帮助村民维权，为村民挽回经济损失。

（5）管护员：落实村落内山、水、林、田、路、电等公共资源及设施的管护责任，发现基础设施有较大损毁的，及时提请村落理事长组织维修；引导村民提高安全防范意识,做好防火、防盗、防破坏工作,及时消除安全隐患。

(6)环卫员:向村落群众宣传环境保护法规,及时报告村落内发生的重大环境污染情况;带头和引导村民积极搞好家庭环境卫生、村落环境卫生、农村卫生整治,营造健康、卫生、整洁、舒适的村落生产生活环境。

(7)张罗员:主动为村落群众张罗组织红白喜事,引导村落群众传承良好的传统习俗和发展优良的村落文化;组织村落群众开展健康有益、多种多样的文化、体育、娱乐、科普等活动,积极组织群众参加各级文艺调演及相关竞赛活动。

(8)监督员:监督村落理事会是否按照村落群众讨论通过的意见开展工作,村落是否规范使用向村落群众筹集的用于兴建公益事业的钱物,监督村落基础设施建设的质量是否符合要求等,有权责令改正。

理事会的换届与村委会保持同步(5年一届),可以连选连任。理事长的人选由村落群众海选决定,也在一定程度上表示了理事长的立场是代表群众的切身利益的,是联系村落与村委会的桥梁与纽带。在实际的执行中,与村落群众日常关系最密切的是理事长还有群众代表。

2.理事长发挥的作用

理事长是村落理事会的第一负责人,一般兼任村落党小组长,其作用概括起来就是4个字:上传下达。在现实中发挥的作用具体可以分为以下4个方面。

(1)宣讲各类政策,保证政策下达。在村委会行政化越来越严重的今天,村委会有很多文件与表格需要制作,下村民家入户的时间很少,村落理事长就充当起了村委会与村民之间的桥梁与纽带。村委会村务治理的工作,往往借助理事长来落实。每当上面有政策或者惠民措施要宣传的时候,理事长帮忙宣传。宣传的方式主要有两种,一种是日常工作,是通过微信群或入户传达。村委会往往以微信群聊的方式向各个理事长下分宣讲任务,理事长将各类信息转发到村落的群聊里。如果留守老人不会使用智能手机,理事长就会通知其家人转告在家老人,或者入户宣传。比如,有一段时间要求统一下载国家反诈App,理事长会到每一户指导软件安装。再比如,9村落的茶树品种改良,理事长一边向村委会争取机会,一边给村民做思想工作积极支持品改。另一种是重大决策,一般采用村落村民大会的方式,让每户出代表参加,进行政策宣讲,收集民意,进行决策。

当然,宣讲政策工作的落实有难度。一位前任理事长对于殡葬改革的做法就可见一斑。据这位前任理事长所说,目前推行殡葬改革,自己作为村民,不能做到完全配合村委会以及政府的工作,自家的寿棺没有登记在册。因为按照现有殡葬制度即使上报了寿棺,短期内也不会有任何作用,不如不报,省得麻烦。他说:"如果是原来,我站在理事长的角度,肯定希望大家都能配合自己的工作,但是现在我退下来了,站在村民的角度,从自己的个人利益和个人心理出发,有时候确实不能完全配合理事长的工作。"

(2)调解民众纠纷,表达民众诉求。在村落里普遍流传着这样一种说法:小事找理事长,大事找村委会。在调解日常纠纷、维持村落良好秩序方面,理事长发挥了重要作用。拿村民的话说,理事长就像是村落的大家长,他是由村落全体村民海选出来的。理事长往往也骄傲于此,因为这意味着村落群众对他的高度认可。理事长的话一般村民都会听,无论是排解村民纠纷,还是上传下达,理事长是较好的沟通渠道。此外由于理事长住的地方与村民离得近,对村落群众也更为了解,更容易抓住矛盾的焦点,能更好地化解矛盾与纠纷。同时,村民有修路或者引水灌溉方面的需求时,理事长也会积极向村委会反映,尽可能满足村落群众的诉求。为更好地落实村务管理,村委会给每个村落理事长发了"八本账",方便了解村落情况、记录村民日常生活,有留守老人统计台账、留守妇女花名册、重特大疾病家庭统计台账、债务纠纷突出家庭统计台账、机动车辆家庭统计台账、危险路段排查台账、留守儿童统计台账、邻里矛盾纠纷排查台账。

(3)协调配合,协助村委会展开日常工作。村委会的日常工作很多,包含统计信息、安全检查、人居环境整治等。一般来说,理事长会协助村委会开展日常工作统计各类信息。比如殡葬改革时的统计工作,以及人口普查、房屋普查等工作。此外,雨天防汛期,理事长还有排查危险路段,及时上报险情、及时转移危险区域群众、促进安全生产生活等任务。同时,公共区域卫生打扫由各村落理事长安排,为激励村民积极参与卫生打扫,采用积分管理的方式进行激励。村里还会派人验收卫生打扫成果,以达到监督的目的。可以说,村落理事长在维护村落日常运营、保持良好人居环境方面发挥着重要的作用。

(4)发挥智慧,带动村民共同致富。作为村落的带头人,理事长为发展村落经济煞费苦心。例如,为让村民发家致富,阳村计划进行茶叶品种改良,但担心无法落实。9村理事长率先响应,带领部分村民进行了茶叶品种改良。理事长首先进行品改意愿调查和动员工作。由于茶叶品改是选中一整块地集体改种,这意味着要将细碎化的土地加以集约,如果一两户农户不同意,土地难以集中,剩下的工作将很难进行。众口难调,在9村落中,90%的农户同意品种改良,少部分人怕承担风险不同意,品种改良的第一步就是要劝导不愿意的农户。事实上,那些不同意茶叶品种改良的农户担心的是品种改良后3~4年没有收入来源,靠套种的办法虽然能够维持基本生活来源,但对于一些年老的农户而言,先投入再产出,本来风险就不太能接受,再加上产出的时候,自己年老体衰,不知道是否能够有体力采摘茶叶卖钱,如若不能,后代也不愿意继承茶田,这中间4年和品种改良的前期投入相当于白白浪费了。面对这样的情况,理事长的劝导工作难度大。9村落理事长发动群众对部分反对品种改良的农户进行劝解,并为他们找好出路,即将品种改良后无劳动力采摘的地承包出去,保障年老的农户有基本的收入来源。对茶叶品种改良细节工作的会议商讨、对反对农户的劝解等一系列工作完成之后,茶叶品种改良正式开工。后续工作就是联系挖机、寻找人工等,这些工作都是9村落理事长负责,费用也是理事长垫付的。又出钱又出力,最终落实了茶叶品种改良。在这次茶叶品种改良中,该理事长发挥了至关重要的作用。甚至可以这样认为:因为9村落理事长是阳村茶叶品种改良的先锋,对于整个阳村的经济发展而言,他们在茶叶品种改良中发挥的作用都相当重要,在发展本村落经济的同时,也为本村的经济转型和发展起了带头的作用。

第三节 村落理事会的性质

村落理事会是在新时代发展过程中诞生的一个新组织。阳村利用建设社会治理创新模式的契机,通过村落理事会帮助村委推动上级各项政策的顺利实施,在基层治理中走出了一条新路子。作为一种新出现的基层村庄治理组织,村落理事会到底是什么性质,目前还存在争议。有人认为村落理事会是村委会的下设机构,用来协助村委会的各项政策计划得以顺利实施的一个组织;有人认为村落理事会是一种基层群众自治组织,代表村民的意愿,站在村民角度,与村委会具有同等话语权,与村委会协商沟通的群众组织。我们认为,村落理事会是一个在基层党组织领导下,延伸了村委会部分职能的基层群众自治组织,理由如下。

村落理事会成员由村民民主选举产生,对村民负责,为村民工作,受村民监督。理事长由本村村民民主投票选举产生,村民往往会投给村中勤劳踏实、肯干实事等较有公信力的人,在投票结束后,专门召开会议公开票数,在村党委和村委会的见证下,宣布理事长的任职。最后由各村落选出的理事长来组成本村的村落理事会,理事会成员本着自愿的态度为村民进行服务。可见,村落理事会具有村民自治的特点,即由村民民主选举产生,对村民负责,为村民工作,受村民监督。

从村落理事会与村党委、村委会的关系来看,村落理事会是在社会治理创新模式建设过程中,由村委会提议产生的。与逐渐行政化的村委会不同,村落理事会在村民心里的地位更高,更贴近村民意愿,更站在村民的角度。因此,村落理事会的职责是配合村两委的工作:对相关政策上传下达,沟通民意,配合征地拆迁事宜以及调解矛盾。同时在村落理事会开展各项工作和活动的同时,村两委也要进行支持和协助。因此,村落理事会是村委会部分职能的延伸,具有一定的行政属性,即类似村委会的辅助机构。

从工作职责来看,村落理事会具有行政和自治双重属性,承担较多职责。阳村的理事长职能宽泛,例如宣讲村委会政策,收集村情民意,反馈村民意见,调节村民矛盾,提议基础设施建设,征询茶种改革意见,整治村内卫生环境等。

综合上述分析,我们认为,村落理事会是一个在党的领导下,村委会走向行政化的背景下,承担了村委会部分行政职能的村民自治组织。它之所以"自治"是因为它由民主选举产生,为村民服务,对村民负责,受村民监督,并且凡是与村民利益相关的都挨家挨户征求村民意见,实行村民管理的一个组织。它之所以"行政"是因为它并不是由村民自发组建形成的,是为更好实施国家的政策方针而建立的。

村庄不同主体对理事长这一角色及功能实现的认知有不同的面向。

1. 村委会

总体而言,村落理事会是经过村委会带头,村民自主选举所建成的自治组织。村委会十分看好理事长,认为他们对阳村的幸福乡村治理起到了积极作用。村委会认为村落理事会能够有效减轻村委会沉重的工作负担,能够在解决老百姓困难的同时,落实村委会工作。另外,站在村委会的角度,他们认为理事长相较于村委会,能够更好地与村民沟通交流,这样一来,就可以很好地帮助村委会进行政策宣传、信息上报等工作。

2. 村民

村民对于理事长的看法存在差异。就对理事长这一角色的功能发挥而言,有的村民表示,理事长对于他们的生产生活做出了极大的贡献;而有的村民似乎不在乎村落理事会这一组织,也不在乎谁是理事长。在这些村民的认知里,理事长对于他们而言,没有实际作用,与自己没有多大的关系,由于不清楚理事长的具体工作范围,因此在遇见问题时也不找理事长解决。由此判断,村民对理事长的认知还不够全面,不仅是对理事长工作范围的认知不全面,更反映在有相当一部分村民不了解村落理事会,这反映了这一组织并未在全体村民中发挥作用,只服务了部分村民的问题。对与理事长的关系而言,有的村民认为,理事长只是帮助大家解决问题的服务人员,有事找理事长解决是应该的;在有的村民眼中,理事长的角色或是干部或是领导,于是,他们与理事长之间的关系并不像与普通村民之间的关系那么亲切,这使村民心里自然而然会对理事长产生芥蒂。产生看法差异的原因是大家对理事长的了解和定位的不同。

由此,村民对于村落理事会和理事长的态度也有差别。走访时发现,主要表现为以下3种情况。第一种情况,部分村民对于村里的事务不太上心,也不愿意主动了解。他们或长期生活在外地,或忙于自家的事,少与外界接触,一般没有特殊的事情需要找理事长解决,如果实在没办法解决的事情,一般会寻找村委会帮忙。第二种情况,部分村民表示自己如遇到需要理事长的事情,愿意寻求理事长的帮助,但一般情况下,很少遇见此类情况。第三种情况,此类人群多属于残疾、年迈或其他无自主行为能力的人群,他们表示,由于自己的特殊情况,常会有麻烦理事长和村委会的情况,认为理事长对村落建设做出了较大贡献。

3. 理事长

大部分的理事长,包括历任的,都觉得理事长为村里做出了极大的贡献。站在理事长的角度,他们认为理事长事多钱少,很多时候都是在做公益,是近乎"无偿"为村民服务的。

在细节方面,不同理事长对理事长的定位存在差异。有些理事长认为"自己是村里的干部",认为自己肩上挑着乡村和谐治理的大任;有些理事长认为自己是村委会的助手,只是做些辅助工作,起不了大作用;有的理事长认为自己只是普通的村民,只不过是因为村民的选举,而成为了村民的不能计较报酬的有偿服务者。无论什么样的定位,都对这一角色和功能有一个共识,即理事长这一角色是干部,是减轻了村委会的负担、增强村民自治性的服务者。

在理事长的眼里,最骄傲的是自己是经过民主投票选举出来的,受村民爱戴,因而,他们愿意为村民解决问题。可以这样认为,村民投票选举是理事长制度的先进之处,不仅在于它充分发挥了村民自治的民主性,还在于可以通过村民认可的方式激发了理事长的积极性,使理事长发挥更大作用。

阳村4村落理事长是该村唯一的女理事长。她认为,理事长目前的主要工作是矛盾纠纷调解、防洪防灾防疫、信息登记、村户走访等,理事长最重要的作用就是信息的上传下达。在4村落,面对矛盾纠纷,90%的村民会先找理事长帮忙解决,理事长在处理问题时必须有村委会的人在现场作证明人;如果是小事,理事长可以自己处理;防洪防灾防疫工作中理事长必须及时做好信息的上传下达;而在信息登记、村户走访等工作中理事长应该依规办事,公平公正。对于理事长及其工作的理解,该理事长认为,首先,理事长必须有奉献意识,有责任意识;其次,要有一定的时间和精力从事理事长的工作;最后,要掌握基础的现代通信工具,比如微信。值得注意的是,这位女理事长认为自己在一定程度上担负着干部的职责,为村民排忧解难,起到了十分重要的作用。事实上,这种现象在阳村理事长中比较常见,大部分理事长都认为自己为村落建设做出了极大的贡献,尤其是在所谓的理事长微薄补贴的"衬托"下。

第四节 村落理事会的限度

如前所述,村落理事会的第一负责人是理事长,因而,对村落理事会的限度要从理事会作用发挥、理事长面临的尴尬境地来理解。

(一)村落理事会作用发挥的前提:村委会和村民有需求且自愿

组织设置上,理事长是村委会与村民之间的链接,但实际上,村委会与村民之间又不全靠理事长的链接,也不是必须依靠理事长链接。也就是说,理事会发挥作用的前提是村委会和村民在有需求的情况下,寻求理事长的帮助,在他们认为无需求或者尽管有需求也不愿意寻求理事长帮助的情况下,理事长的作用就难以体现了。因而,理事长的作用是村委会和村民两种角色在有需求且自愿的情况下才能实现的。其中可能带来的结果是,理事长作用的发挥不能完全符合其设立之初衷。究其原因,一是理事长付出与回报不匹配。目前对于理事长的回报主要靠村级补贴,理事长的补贴微薄,不足以支持理事长多付出除应付现有工作之外的其他的精力和时间。二是理事长无权,不能为村民谋求实际利益。与"合村并组"之前的村民小组长相比较,当时的村民小组长拥有以下权力:管理本村民小组集体所有的土地和其他财产权力;赋予支持和组织村民小组村民发展经济的权力;办理涉及村民小组的公共事务和公益事业的权力,等等。正是这些权力使得村民小组长的作用远远大于现在的理事长。他们不仅可以在土地、经济、公共事务等方面具有权力,也可以因为这些权力而使得村民更加配合组长的工作。而现在的理事长只有分配积分的权力,但积分的价值过低不足以成为理事长激励或约束村民的有效手段。村民未受到激励或约束,自然就可以选择不配合理事长的工作,此时,理事长便难以调动村民进行自治工作。也正是因为这个原因,村委会才更倾向于采用由村民投票选举的方式选举理事长,由村民选择可资信任的理事长能在一定程度上弥补理事长权力有限的问题。

(二)尴尬境地:理事长的遭遇

1.理事长责任大于权力,难以保证村落理事会长效良性运行

理事长目前拥有的权力是分配积分,1积分可以到指定的供应商铺兑换2元钱的商品。理事长可支配的积分主要是通过人居环境整治的方式获得,也就是说,理事长只在人居环境整治的范围内存在有限权力。两相比较,责任大于权力,而理事长基于"在其位谋其事"的心理,只能凭借自己的资金能力或动员能力,硬着头皮肩负起责任。可以想见,长此以往,难以保证村落理事会制度的长效运行。例如,10村落理事长的主业是中药材种植。相较于其他村落的理事长,10村落理事长是将理事长的工作视为兼职,并不十分重视理事长的工作补贴。对于平时不重要的工作以及会议,10村落理事长一般是雇人代办,例如,房屋产权登记、人居环境整治工作等,该理事长一般是雇人完成。相应地,村委会也不严格要求理事长的工作完成方式,只是给理事长下派任务,最后验收。

作为理事长的责任担当,10村落理事长曾对村落经济建设做过以下尝试。由于他的主业是中药材种植,对于种植行业的市场价、品种等都比较熟悉,想带领村民从事作物种植。据他所言,当时,他已经联系好了作物种植对口企业,该企业负责作物派发和回收,以一株作物2元钱的价格派发给种植户,4年后,对口公司将以一株作物60元的价格回收,前提是种植户要将现有农田里的作物铲除,种植该公司提供的作物。在作物长成4年期间,种植户可以在农田里套种其他作物以维持生活。此外,他还建议,每个种植户在获利后可按比例存款在自己这里,方便下次进货或谋取商机,但这些想法并没有实现。究其原因,相比于承担4年间收入不稳定的风险以换取较高的利益,村民们更愿意以稳定的状态换取基本的生活保障。由于10村落理事长的这次尝试遭遇失败,他认为同样运作模式的茶叶品种改良难以实现,因此在10村落并没有进行茶叶品种改良。当然,如前所述,茶叶品种改良在9村落获得成功实践。

根据10村落理事长的工作内容和工作方式,我们认为,理事长是愿意为村民幸福和村落建设作贡献的,但由于现实困境,他们的某些想法难以得到回应。现实困境具体表现为村民既想追求富裕的物质生活,但又迫于生活而厌恶风险,不得不把眼前可得利益放在首位的现状。另外,理事长在履行的角色和本身利益有冲突时会权衡利弊,最终保证角色功能的实现。例如当自己的本职工作与

理事长的工作有时间上的冲突时,村落理事长可以选择雇人完成理事长的工作内容。

2. 理事长兼业,补贴少,投入村落治理的能动性有限

完成工作从而得到相应的报酬是每个人应具有的基本权利,但理事长的补贴远远低于市场劳动力价格。理事长也要生存,不可能全身心投入村落工作。当村落工作与理事长主业存在冲突时,可能会出现理事长拖延、应付、忽略村落工作的情况。理事长本身的兼业性质,导致其工作质量可能会打折扣。这个问题会衍生出其他矛盾,比如理事长拖延、应付的态度可能会引起村民的误解,甚至有的村民会将理事会当作村委会的下属组织而对整个村民自治组织产生不好的印象。

理事长的回报过低,"八员"甚至没有补贴,如何调动理事会成员的积极性成为一个棘手的问题。为理事长谋求除补贴以外的其他"隐藏福利"看似是一个解决问题的好办法,例如,理事长可以优先通过村里下发的政策解决自家的问题,然后再为村民服务;或者做工程的理事长为自家争取村里的项目,做养殖的理事长通过村里销售自家的产品等。这些制度外激励可以提高理事长的积极性,但是这容易引起村民的不满,存在"以公谋私"的嫌疑。

3. 村落理事会在自治化和行政化之间游离

访谈中发现,居住地离理事长家近的村民及年纪长的村民更愿意请理事长帮忙解决问题。不愿意请理事长帮忙的村民遇见问题时或自己解决,或找村委会解决,或不解决。如此一来,仍然会出现村委会压力不减,村民遇到的问题一直得不到解决的情况。这些情况的发生固然有理事长工作没有做到位的原因,但调研也发现,不愿意找理事长解决问题的村民也是因为不好意思请理事长帮忙。因为他们觉得理事长只是一个兼职,事多钱少,并没有服务他们的义务,就算有这个义务,基于理事长微薄的回报,村民也不好意思寻求理事长的帮助。这个问题的实质是村落理事会没有广为宣传的、成文的规范要求,村民不太了解,从而不知道如何寻求理事长的帮助。但若有了村落理事会的成文规范,又有可能给村民造成理事会行政化的误解,就失去了理事会成立的意义。

第五节 发挥理事会作用的优化路径

(一)为理事会赋权

理事长权责不对等,不能满足老百姓的合理需求,村民对理事长的工作能力产生信任危机,认为理事长不能甚至不愿为自己解决问题,从而不配合其工作,甚至故意捣乱。有鉴于此,可给理事会赋权,比如,配备一定的运行资金,或是通过田地、政策、福利等资源为理事会赋权。这虽然与过去的村民小组长制度相似,但在仅靠村委会的5个人难以为整个村服务的现状之下,适当赋予理事长相应的权力也可为村委会分担工作职责。这样带来的增益效应是,可扩大对村民的服务范围和提升服务层次。比如,理事长可通过调配资金购置奖品吸引村民参加合唱比赛、舞蹈比赛等,丰富村民的精神娱乐生活。

(二)发挥人情社会的作用

传统的乡村社会是人情社会。通过人情社会的往来,建立农村村民之间的互利关系,村民之间由于人情而产生的负债关系的偿还,即投桃报李,报大于施,能有效维持村民之间和谐的关系,从而有效团结这个群体。人情社会中的面子是维持村庄秩序的良方,能有效激励村民通过努力奋斗获得荣誉与自豪,也能约束村民避免不良行为的产生。

尽管调研发现,人情社会目前已成为一个功利性的词语,即倾向于金钱上的互相往来,人情社会中的面子对于村庄秩序的有效激励和道德约束功能也在发生变化,但人情社会的往来,以及面子的功能仍然在阳村发挥作用。比如,理事长的选举就是人情社会的面子激励方式之一,村民选举理事长,被选上的人会觉得大家十分认可自己,这时,他会觉得自己十分有面子,为了面子,他会积极做事,维护自己的面子。所以,理事会也可同样利用人情社会和面子来维系村落团结,对村民进行激励和约束。

(三)构建理事会和村委会的协作关系

基层工作的烦琐决定了村委会和村落理事会之间的关系较为复杂。在面对不同的工作内容时,二者之间的关系发生变化。比如,在信息的上传下达方面,二者之间更趋向于上下对应的关系,但不是严格意义上的上下级关系。而在矛盾纠纷调解、防洪防灾防疫等工作上,二者之间更趋向于互相协助的关系。因而,在处理二者关系时,应该具备权变的视角,即在应对不同场景的工作时,什么样的关系最有用就维持什么样的关系。

第六节 结 语

合村并组后,面临着村委会人数少但管辖区域扩大的困境,村委会与村民间的联系大大减少,加之村庄的行政任务过多,使得村委会成为乡镇下级行政组织,村庄基本公共服务需要新的补充力量。社会治理创新模式的建设是农村社区建设和治理的创新,在一定程度上缓解了村委会目前的困境,促进了村落公共事务的治理。理事会在改善党群与干群关系、推动基层民主政治建设、提升村民自治水平等方面发挥着不容小觑的重要作用(周仁标,2016)。

经历多年的运行,村落理事会尚面临理事会成员老龄化、长期"无私奉献"没有适切的激励机制、缺乏活动资金保障、村民参与不足等问题。结合对阳村的调研,我们提出以下建议:首先,在民主选举的基础上优化理事会的成员,将理事会的成员在年龄、学历、声望、能力、道德等各方面进行优化选拔,形成阶梯状的年龄结构,合理的性别比例,覆盖全面的学历范围;其次,村委会要厘清自身和村落理事会的责任和义务,村委会和村落理事会要进行合理的职能分工,并为村落理事会提供一定的工作条件,提高理事会成员的福利待遇,并在工作上能够给予一定的经费支持;最后,将"党建"理念引入村落理事会日常工作中,在村庄扩大党员范围,利用党建调动理事长的积极性。与此同时,调动新乡贤积极参与到理事会制度的建设中,将自治德治法治相结合,充分发挥熟人社会的优点,推动理事会制度不断发展。

(中国地质大学(武汉)公共管理学院
王海娟　王　霄　黄陈芳　张梦馨　何秀明　何忠义)

第七章 村民"微自治"

近年来,村民"微自治"作为一种新型基层治理方式被广泛运用到农村地区。在乡村治理实践中,村民"微自治"作为一种模式创新,通过赋予村民更多的自主权和决策权,对关乎自身的公共事务进行自我管理和自我服务,从而提升基层治理的效果,增强居民的参与感和归属感。方村村民"微自治"的运行实践历经10年,是在县级政府推动下的乡村治理体制创新,是以下沉自治单元、重塑自治结构、细化自治事务、激发村民参与活力为主要内容的积极探索。

方村位于承县苗镇西南部,距县城4km,四面环山,地形平坦。方村总人口2000多人,其中党员82人,农村劳动力1780人,外出打工人员约650人。60岁以上的老人达649人,占比达到23.87%,超同期全国平均水平5.17%,其中不乏身体很好、能力强的村民,他们的子女已成家,没有依靠从事农业生产获得收入以养家的压力,是负担不重的人,具有参与村庄公共事务治理的时间和动力,方村具有村民"微自治"运行的良好基础。

方村的治理模式经历了"村社合一"模式到"政社合一"模式再到"乡政村治"模式的3个阶段。方村自1950年建制以来便以自然村为划分单位,由乡政府直接治理。"村社合一"模式起始于1952年,方村成立了农民互助组,农民之间基于自愿互惠原则互换人工和畜力,共同劳动;1953年成立初级农业生产合作社,1955年成立高级农业生产合作社发展生产。"政社合一"模式阶段是从1958年至1982年,农民组织化程度在这一时期达到顶峰。"人民公社—生产大队—生产队"组成的人民公社体系构成了当时方村基层治理体系。1983年10月,《关于实行政社分开建立乡政府的通知》的提出,正式取消人民公社体制中"政社合一"格局。1984年2月,承县撤社建乡,方村完成了由"大队"到"村"的组织变革,组织形态转变为村民自治。随着国家权力从农村社会的系统性抽离和市场经济的诱导,方村逐步呈现"去组织化"状态。这一阶段,为激发农村内生动力,将农民真正地组织起来进行农村社会治理,方村自2012年进行了积极的探索。

第一节 村民"微自治"实践过程

以组织架构为阶段划分标志,方村村民"微自治"主要经历了萌芽与生长、规范与转型,以及优化与完善3个阶段。

(一)萌芽与生长阶段:"一长八员"结构

2012—2015年,方村处于将治理单元由社区下沉至村落的过渡时期,村民"微自治"开始萌芽出以"村—农村社区—村落—环境卫生责任区—村民"单线运行的"一长八员"组织架构。这一架构下,村一级设社会治理创新模式创建工作指导委员会,村内的党组织书记兼任主任一职,而村两委其他成员则同时担任副主任一职,社区理事长是该组织的成员之一。社区一级设置社区理事会,社区理事长原则上由村两委成员担任,社区理事原则上由村落理事长担任。在村落一级设村落理事会,由村民推选出村落理事长和村落"八员","八员"指经济员、宣传员、帮扶员、调解员、维权员、管护员、环卫员和张罗员,"八员"只代表一种职责,并不是八人,一人可同时兼任多员。这一阶段,地方政府作为村民"微自治"制度的设计者,为村庄嵌入组织架构和运行规则,村民委员会主动回应地方政府政策,结合实际需求组织划分自治单元、结合村民自治需求开展环境卫生整治,村民在村民委员会的组织动员下参与环境卫生整治等村庄公共事务。

这一时期侧重于自治单元的划分和组织架构的落地,村民委员会起主要推动作用。而作为具有自治性质的农民组织——社区理事会与村落理事会的自治空间并未得到完全释放。一方面,村一级社会治理创新模式创建工作指导委员会与社区一级理事会存在人员交叉,在运行过程中,村两委为社区理事会的实际主导人,社区理事会成员主要执行村两委的工作安排。另一方面,社区理事会与村落理事会之间存在职责交叉、边界模糊等问题,在村民委员会的指导下,村落理事会得以直接开展村民"微自治"活动。然而,一旦其具备的功能足够强大,社区理事会便失去了其实质性的作用,在村民"微自治"的运行实践中,社区理事会的设置也引发了程序的烦琐化和复杂化等问题。

(二)规范与转型阶段:"两长八员"结构

2015—2017年,方村对"一长八员"的组织架构进行了规范,撤销社区理事会,并且纳入党小组力量,实现由"一长八员"到"两长八员"的结构转型。这一阶段,地方政府作为公共服务的提供者,通过项目制为农民组织嵌入资金和资源,

村民在农民组织的动员下有序进行村落自治,村民委员会为村民"微自治"运行提供空间保障。一方面,撤销了社区理事会的层级设置,社会治理创新模式创建工作指导委员会由村两委成员担任,各村落自行推选理事长和理事会成员,对"八员"的设置进行微调;同时将环境卫生整治责任区收归村落,形成以"村民委员会—村落理事会—村民"为轴线的村落自治体系,另一方面,在村落之上增设党小组,规定有3名以上党员的村落必须设立党小组并推选其组长,而在党员人数不足3人的情况下,需要与邻近村落建立联合党小组,最终形成以"村党组织—村落党小组—党员"为主线的党建管理体系。村落自治体系和党建管理体系共同形成了"两长八员"的组织架构。

为进一步激发村落理事会的积极性,村民委员会制定了村落理事会工作责任及奖励办法,赋权村落理事长,进一步提高了村落理事会在村落当中的威望,弥补了方村村庄治理盲区。在村落的熟人社会场域内,村民基于"人情""面子""小圈子"等因素与村落理事会之间达成双向的隐性约束,有效避免了潜在的自治失序风险。一方面,乡贤在村落阶层结构中处于相对较高的位置,具有政策网络优势、人才智力优势、社会资本优势、社会影响力等治理优势(彭宗峰和许江,2023),在村落场域内本身具有社会性权威,其行动具有潜在的号召力和话语权,村落内村民为了在"小圈子"内继续正常地生活,也会对理事长的组织行为表示认可和尊重。另一方面,村民对理事会成员的推选机制和声誉评价机制也会对村落理事会成员形成约束。理事会成员为维护自身在"小圈子"内的乡贤身份,避免丢掉面子的惩罚,也会在村落共同的文化规则框架下动员村民参与村民"微自治"运行过程。

然而这一时期,虽增设了"村党组织—村党小组—党员"一线,但在村民"微自治"的运行过程中,并未充分发挥党员在村民"微自治"过程中的带头作用。有村民反映,"党小组长的工作就是宣传党的政策、文件和发展新的党员";"很多时候理事长代行党员职责,因为村内多是年轻党员,出去打工,只是组织关系留在了本村。党小组长只管党员,不管其他事情"。

(三)优化与完善阶段:"三线运行、三级架构"

2017年以来,方村进一步优化村民"微自治"的组织架构,增设"村民委员会—农民组织—村民"的农民社会组织服务体系,实现了由"两长八员"到"三线运行、三级架构"的完善。这一阶段,地方政府退出村落场域,主要通过开展公益创投系列活动激发城乡社区自治活力;村民委员会响应号召,进一步发挥村级主动性,成立农民社会组织,探索差异化治理模式,弥补村庄公共事务治理短板,回应村民多元化的基层治理、公共服务和公共参与需求;农民组织在村民"微自治"运行实践中发挥出主导作用,村民的参与空间得到拓展。

方村村民"微自治"的优化与完善阶段,实现了"村民委员会—村落理事会—村民"为轴线的村落自治体系、"村党组织—村落党小组—党员"党建服务体系以及"村民委员会—农民组织—村民"农民社会组织服务体系的多线条运行,农村基层治理事务实现了下沉式差异化治理,农民组织在这一时期的作用得到突显。实现了对村民的有效动员和村庄事务的常态化治理,村民参与的空间得到拓展,加快了农民的主体性建设进程。

第二节 村民"微自治"的运行机制

在方村村民"微自治"的运行实践中,地方政府、村民委员会、农民组织、村民分别扮演着不同的角色,发挥的功能也各不相同。

在村民"微自治"的萌芽和生长阶段,地方政府作为制度的设计者,扮演引领者角色,向村民委员会嵌入制度、规则,形塑村民"微自治"组织架构;村民委员会作为实施者,积极回应地方政策与自治需求,落实"一长八员"组织架构;村民基于共同的利益参与村落划分标准制定和意见反馈。

步入规范与转型阶段,地方政府作为村民"微自治"运行的助推者,为农民组织运行嵌入项目、资金,推动农民组织"以事聚人",达成村民集体行动;村民委员会扮演护航者角色,通过优化组织架构、下沉村落事务为农民组织赋权,保障村民"微自治"的发展空间,村落理事会作为组织载体基于村落场域的共同利益动员村民完善村落公共设施,村民基于熟人社会的非制度运行机制参与到村规民约的制定中,与村落理事会实现双向有效的互动。

随着村民"微自治"运行实践的深化,在优化与完善阶段,地方政府退出村落场域,村民委员会主动面向基层治理主体多元化的社会需求和基层多样化的公共服务需求,培育农民组织,进一步探索"三线运行、三级架构"的村民"微自治"组织架构,并通过分类治理实现村干部职能的优化;农民组织扮演村民委员会职能延伸者和村落"大家长"的双重角色,在村落治理中的功能性作用日益明显,为破解"最后一公里"困境,推进乡村"三治融合"进程提供了有效借鉴,村民的公共参与空间在这一时期得到了拓展。

基于"国家—村民委员会—农民组织—村民"框架,对各主体的"角色—功能"分析,进一步建构方村村民"微自治"的运行机制。

（一）行政嵌入的组织机制

"行政嵌入"是"嵌入"概念在社会治理领域中的迁移使用。所谓行政嵌入,是指政府在介入村级治理的过程中,不刻意寻求主导性角色,而是明确村级治理的自治属性,尊重村民和村级组织的主体角色,从事务、规则、资源等多个维度为村民自治营造条件的过程(望超凡,2022)。作为乡村振兴战略的出发点和落脚点,是否能够将农民组织起来是决定乡村振兴能否有效实施的关键因素(徐琴,2021),村民"微自治"的生长和转型时期,农民组织的形塑需要国家和政府的制度规则、项目资金嵌入来实现。

承县县委、县政府自上而下推动村级组织成立社会治理创新模式创建工作指导委员会,压实村级责任,督促其建立村落理事会,并且对理事会架构、"两长八员"职责及要求进行了清晰界定。村落理事会的工作与村庄建设、村民利益高度相关,参与村庄治理的动力较强。同时,村干部、村庄内的老干部也被吸纳到村落理事会,在理事会中担任重要职务。这意味着作为村民自治组织的村落理事会具有了治理性质,其治理合法性来源于基层政府赋予的行政色彩和治理功能,村干部、村落理事长和党员等政治精英在其中发挥重要作用。

行政嵌入激活了方村村庄治理内生力量,有助于建立乡村两级之间的良性互动关系,是村民"微自治"生长阶段的重要依托。一方面,村级组织对接的成本与难度因农民群体的原子化、分散化以及需求的碎片化而增加,同时,村庄的内生规范也难以制约不断外溢的矛盾,这迫使村级自治必须借助自上而下的行政力量来实现制度与规则的供给,以维护基本的乡村社会秩序。然而,乡村社会中大量的利益表达空间和利益诉求渠道因缺乏稳定有序的政治参与环境被不断压缩。乡村治理的不断精细化和常态化,迫使行政机关吸纳自治,而乡村利益的分化和内生规范的瓦解,则需要自治依托行政和自治的嵌套依赖来推动乡村治理实践的转型。另一方面,现行条件下,受年龄结构、受教育水平等因素制约,由村民自发组织起来形成自治主体处理村庄公共事务仍处于理想状态,制度、规则、项目、资源的行政嵌入是将村民组织起来实现村民"微自治"有效运行的最优解。

"乡政村治"模式下,行政嵌入的组织机制也是村民"微自治"规范与转型的必然选择。资源依赖理论认为,组织的外部资源环境是理解组织行为的必要前提。"乡政村治"模式下,以项目制和财政转移支付为代表的财政运作机制,从底层逻辑的层面颠覆了基层组织的运作方式和村庄治理的基本框架。地方政府通过"一事一议"项目和资金的嵌入激活村庄沉睡的自治资源,村民的主体性得到进一步体现,激发了村落的内生动力。而项目、资源下乡亦为村落理事会动员村民进行"微自治"提供了"属事"逻辑,助推村落自治进一步合理化、合规化。

(二)双重回应的保障机制

村级治理是国家治理的基础性环节,随着农村基层治理事务向村民生活空间拓展,村级治理实践越来越直接地融入日常生活过程(李祖佩,2022),对村级治理过程中的组织、协调功能提出了更高要求。作为村级治理主体,村民委员会需要充分发挥基层治理的主动性和积极性,积极响应政策需求,以确保一系列政策的平稳有序实施,同时回应村民利益需求与村级治理事务需求,将外部治理任务内化为村庄内部治理动力。村民"微自治"运行过程中,方村村民委员会始终积极回应政策需求、农民基层治理需求,响应社会号召,为村民"微自治"的生长和可持续发展提供保障。

萌芽与生长阶段,方村村民委员会通过建立"一长八员"组织架构、结合实际设置村落划分原则、调整村落单元实现了对地方政府的政策响应以及对农村基层治理需求和村民利益需求的双重回应,推动了村民"微自治"的落地;在规范与转型阶段,进一步回应村级治理需求,撤销社区理事会、重塑村民"微自治"组织形态,建立"村民委员会—村落理事会—村民"村落自治体系和"村党组织—村落党小组—党员"党建管理体系同步运行的"两长八员"组织架构,同时将自治事务下沉村落,保障村民"微自治"的发展空间;规划与转型阶段,继续扮演"护航者"角色,响应社会号召,培育农民社会组织,优化村民"微自治"运行架构,通过差异化治理协调村级治理事务,拓展村民公共参与空间。

(三)利益关联的动员机制

传统中国农村以家户为本位,村民以户为单位进行相对独立的生产与生活(徐勇,2013)。人民公社体制解体以后,村民自治很快释放了家户的自由。由于村民以户为单位生活的相对分散及生产劳作规模的有限,只有以共有资产为基础,在触手可及的浅近利益驱动下,村民才能结成利益共同体(李宁和龚源远,2013)。行政村的诸多公共事务与村民的个人利益直接关联性较弱,而村落因利益单元与自治单元相对一致,具有较强的内生驱动力。

村落理事会作为农民基层自治组织,与村落村民保持较高的利益联结度,在村落场域扮演"大家长"的角色,基于共同利益实现对村民的有效动员。这不仅有利于激发村民参与积极性,并且能够以较低的成本和较小的障碍将资源整合

起来,从而提高村民"微自治"的治理绩效。在村民"微自治"的规范与转型阶段,这种以利益为导向的动员方式看似平淡无奇,实则将理性计算融入村民的日常生产和生活中,不仅解决了村落资源整合的难题,同时也给传统意义上的村民灌输了现代化发展理念和"利益联结"式的理性利益观,使其拥有长远发展的目光,赋予了村民经济联合的内源性动力,推动其深度融入经济社会体系,以避免其长期处于经济发展的边缘。在村落理事会的引导下,通过利益联结式的动员,不仅有效地推动了村落基础设施建设和产业经济的发展,同时也促进了农民身份向新时代农民的转型,为农民实现经济联合奠定了思想基础。在村民"微自治"的优化与完善阶段,村落理事会作为村民委员会职能的延伸者角色功能逐步体现,通过利益联结式的动员,将村民个体利益与村落集体利益、政策目标相衔接,有效化解了政策执行中的"最后一公里"难题。此外,村落理事会的架构和行动,也在向上激励村两委干部创新工作方法,有效组织动员农民,推进村民"微自治"进程。

(四)文化认同的参与机制

有效动员村民参与农村基层治理既需要援引一般化的国家法律和政策依据,又离不开对村庄社会内部人情机制、面子观念甚至关系网络等深嵌于熟人社会基础上的各种非正式制度的运用。村落场域内,村民在长期的生产和生活历程中,基于共同的血缘和族缘关系逐渐形成了一种共同的文化信仰,在此基础上建立了相互信任的良好关系,从而自然而然地形成了对所属村落的文化认同感和精神归属感。由共同的血脉和族缘关系构成共同的文化,强化着村民对村落共同体的认同和归属,而这正是他们乐意参与公共事务、共建美好家园的重要基础(徐勇和周青年,2011)。

就村民"微自治"运行实践而言,村民始终扮演着"参与者"的角色,在萌芽与生长阶段参与村落划分标准制定,基于村落共同体文化表达利益需求;在规范与转型阶段参与村规民约的制定,基于"人情""面子""小圈子"等非正式制度因素与村落理事会之间达成双向的隐性约束和有效互动,避免潜在的自治失序风险;在优化与完善阶段,进一步参与环境卫生整治、老年人群体关怀等服务型事务,基于亲情或宗族的情感联结、对共享文化的认同及熟人社会交往的非正式规则与村民委员会之间达成协商式民主,巧妙地在村庄公共利益与村民的小私利益之间建构起温情脉脉的柔性地带(刘成良,2016),甚至以一种和风细雨的谈话方式处理公共事务或调解村民纠纷。

第三节 村民"微自治"运行的困境

"微自治"作为实现乡村治理体系和治理能力现代化的创新探索,在健全村民自治机制、实现社会治理精细化、培育基层民主精神、激发村民参与自治热情等方面起着积极的推动作用。但不可否认的是,历经10余年实践,方村村民"微自治"的运行面临一些困境。

(一)"两长八员"推选流程形式化

理事会推选制度运行10多年来,流程逐渐形式化。一方面,部分村落采取由上一任理事长提名推荐的方式产生新任理事长,村落群众只需要投"赞成"或者"反对"票。在熟人社会"面子"机制的影响下,多数村民直接勾选"赞成"票,背离了"两长八员"由民众推举产生的初衷,也动摇了村落理事会在村落范围内的合理性。另一方面,部分村民公共参与意识和农民主体意识仍有待加强,其在参加投票选举时的"有没有人当理事长、谁当理事长都一样"的想法消解了"两长八员"的合理性基础,共同导致了"两长八员"推选流程的形式化。

(二)村落理事长积极性减弱

相较村民"微自治"萌芽与生长时期,村民"微自治"运行中出现了村落理事长积极性减弱的问题。一是随着村落不可避免地由"熟人社会"向"半熟人社会"转型,面子、荣誉等非正式制度对理事长的激励作用不断减弱。二是村落自治事务有限的情况下,村两委将殡葬改革棺木登记、填写八本账等行政性事务不断下沉到村落,兼业化的理事长工作压力不断增大,且行政性事务并未带来处理村落"自治"事务的成就感,进一步削弱了理事长的积极性。三是理事长作为村民代表,缺乏对村落规划的自主权和相应自治资源。现行条件下,理事长向村两委表达村落合理利益诉求,但由于政府政策、资金缺口等问题,利益诉求被闲置,理事长对村民委员会"敢怒不敢言"的现象时有发生。长此以往,村民对理事长的信赖度降低,理事长与村两委的关系疏远,将进一步削弱了理事长的积极性。

(三)社会组织服务功能异化

"三线运行、三级架构"下,社会组织出现服务功能异化问题。一是村庄治理人才资源有限,理事长实际兼任农民组织负责人,导致农民组织失范。在村民"微自治"运行过程中,理事长依靠"面子""荣誉"等柔性的非正式制度与村民互动,忽略了正式制度对农民组织的约束和形塑机制,因而出现公益积分随意化、闲置化问题。二是农民组织与农民基层自治组织的职责范围存在交叉。2017年,省民政厅在全省范围内开展社区公益创投活动,引导社会力量参与城乡社区治理和服务工作。方村逐步在村内培育出"夕阳红"社团和"天蓝地绿"社团,分别回应村民的老年人关怀及环境卫生整治等公共服务活动需求。"夕阳红"社团通过志愿者走访、慰问老人,组织老年人开展文化活动实现对老年人群体的精神陪伴与支持;"天蓝地绿"社团通过志愿者认领环境卫生责任片区、社团团长监督志愿者实现村庄环境卫生的清扫和维护。然而村落自治体系下,理事长具有走访慰问弱势群体、组织社团活动、整治与维持环境卫生的职责,与基层自治活动工作职责交叉导致村民"微自治"权责边界模糊等问题,影响村民"微自治"的治理绩效。三是农民组织架构悬浮于村落之上,导致其功能弱化。以"天蓝地绿"社团为例,依据"三线运行、三级架构"设想,需由社团团长根据村庄环境卫生检查结果对社团志愿者进行积分发放。然而实际运行中,由于志愿者流动性强,服务面积覆盖13个村落等原因,积分发放难度增大、积分制运行困难。在此情况下,社团团长将积分券发放至村落理事长,由村落理事长进一步组织村民开展村落环境卫生整治,环境卫生整治的服务性事务被迫全部转移至村落理事会,加重理事长负担的同时导致了农民组织的悬浮和功能的弱化。四是积分制对村民的实际激励效果有限,一方面,1分2元的积分奖励标准对村民的物质激励效果有限;另一方面,村民需到固定的小卖铺将积分兑换指定生活用品,兑换资源有限、流程烦琐,村民的实际参与意愿不高。

第四节 破解村民"微自治"运行困境的对策建议

如何保障乡村"微自治"模式在促进村民自治制度有效运转的基础上,解决好"微自治"运行困境,创造出有利于多元主体协同合作,共同促进乡村社会公共利益最大化的制度体系和文化环境,应当成为当下方村"微自治"进一步优化的方向和路径,为此,我们提出如下对策建议。

(一)发挥基层党组织的核心作用

党的十九大以来,在"党建引领"的话语下,作为治理结构的党组织被纳入治理研究的分析框架中(欧阳静,2023),作为一个新的治理主体,成为乡村治理现代化的重要领导者和参与者。乡村振兴战略背景下,组织振兴是产业振兴的前提和保障,同时也是人才振兴、文化振兴、生态振兴的先决条件(陆彦等,2022),

而实现组织振兴的关键是要充分发挥农村基层党组织的核心作用。一方面,基层党组织通过日常交流、教育等方式,与村民进行互动,促使村民加强对党组织的信任度,能够认可、服从于党组织的权威;另一方面,村民自治必须是有组织的自治,村民"微自治"运行离不开基层党组织的引领与指导,只有基层党组织坚强有力,农村基层治理才能有主心骨和领导核心。

1. 强化基层党组织在村民"微自治"中的顶层设计功能

中共中央办公厅、国务院办公厅印发的《关于加强和改进乡村治理的指导意见》和中共中央印发的《中国共产党农村工作条例》等文件中,明确规定农村基层党组织通过法定程序成为乡村各类治理组织的一把手,目的便是发挥基层党组织的"掌舵人""领头雁"功能(殷焕举,2021)。方村村民"微自治"运行过程中,虽然回应国家政策需求,形塑了"村党组织—村落党小组—党员"党建管理体系,但是村级党组织在村民"微自治"运行中的领导核心作用发挥不明显,党建管理体系与村民自治体系、农民组织服务体系缺乏协同,出现农民组织功能异化、碎片化等问题。基层党组织对"微自治"进行顶层设计和整体规划,能够有效解决村民"微自治"过程中的"功能异化""碎片化"等问题。首先,乡镇党委政府需对村级党组织进行指导和培训,引导其深入学习村民"微自治"运行的指导思想、基本原则。通过制定《基层党员干部管理考核办法》,组织集体政治理论学习和村民"微自治"运行中的政策落实讨论会等方式,塑造精干有力、组织性和纪律性强的政治立场坚定、富有为民服务情怀的农村基层党员干部队伍,保证基层党组织的组织力。其次,村级党组织要围绕村民"微自治"的自治主体、自治内容、自治形式、自治程序和自治保障进行制度化、规范化和程序化的部署,保证基层党组织对村民"微自治"运行的核心领导力。同时,建立乡村驻村落的联合党小组,村落内涉及村民重大利益的公共事务首先由联合党小组进行决议,再经村落党群理事会民主协商,最后交由村落户主代表大会作出决策(韦少雄,2016),以保证基层党组织对村民自治的核心领导,实现党群共治。

2. 加强党小组在村民"微自治"中的协调作用

深入推进村民"微自治"纵深化发展,要发挥党小组的协调作用,构建党建引领乡村治理新格局,并不断探索党建引领乡村治理创新的路径和方法。党小组的协调作用体现在对村落的内部协调和对村民"微自治"体系的外部协调。就内部协调而言,一方面,党小组长要凭借自身的非正式性制度资源,与理事长协商有关村落发展、共同利益的社会性事务,化解村落内部矛盾纠纷、参与红白喜事办理,有效协调村落内部自治事务;另一方面,针对村落内的理事长推选形式流程化问题,党小组要进一步规范推选程序和推选形式,并且建立党小组的专项监督机制,确保理事会成员的产生程序正当、落实到位。就外部协调而言,一方面,党小组长作为纵向连接基层村党组织和党员的桥梁,要自觉自发贯彻执行基层党组织重点决策部署、加强党员教育管理、深化"两学一做"学习教育,增强党员的学习效果,尤其要注重提高党员对村民"微自治"运行的理解和把握程度;另一方面,党小组要强化党建阵地建设,探索党建服务体系,不断提升党小组的服务能力。"三线运行、三级架构"的村民"微自治"运行机制下,党建管理体系与村民自治体系、农民组织服务体系并非完全互相独立割裂存在,而应互相融合,凝聚起村民"微自治"的治理合力。党小组长要主动加强与村落理事会、农民组织的联系,各主体针对村民"微自治"运行过程中的具体问题共同展开分析,进一步发挥党小组、村落理事会和农民组织在调解民间纠纷、维护社会秩序、办好公共事务和公益事业、做好环境卫生等方面的作用,以适应农村日益复杂的环境变化。

3. 充分激活党员的身份意识和治理功能

近年来,由于年轻党员和老党员比例失衡,流出党员和留守党员比例失衡,农村党组织自身的组织力、凝聚力不强,向心力较弱,党员在村民"微自治"运行过程中的作用还未得到释放,需要进一步激活村庄现有党员的活力。首先,激活有一定行动能力的、年龄较大的党员力量,通过讲党课、讲村史、田间地头召开党员服务经验分享会等多种形式,激活党史学习教育资源,唤醒其他党员的党性觉悟。其次,激活有行为能力、长期在家且能参加公益事业的党员力量,他们是村庄中的"中坚农民"或者"负担不重的人","中坚农民"年富力强,"负担不重的人"身体很好,能力强,有公益心,而且子女早已成家,没有从事生产获得收入以养家的压力,很可能被动员组织起来成为管理村庄琐碎事务的积极分子(贺雪峰,2017)。动员他们通过常态化的党员联户工作,加强党员和村民之间的联系,能够丰富村民利益诉求表达渠道,精准识别和及时回应村民多样化的基层治理和公共服务需求,进一步发挥党员先锋模范作用。最后,激活长期流动在外的流动党员力量,建立除党费收缴外的常态化联系制度,为村级治理输入新理念、新活力。

(二)深化村民"微自治"运行机制建设

运行机制建设是村民"微自治"生成、发展和完善的重要途径,打通了"微自治"的运行"血脉"。现行困境下,仍需要在地方政府赋权增能、村民委员会激励保障、村民有效参与三个方面进一步深化村民"微自治"运行机制建设。

1. 地方政府赋权增能机制

行政助推自治是实现有效自治的一种选择路径。在"三线运行、三级架构"阶段,政府退出村落场域,一定程度上保障了村民"微自治"的自主、自治空间,但是这一时期,农民组织并未得到发展,村落理事会动员村民进行村落自治的过程中也面临行政性事务挤压社会性事务、自治积极性减弱等问题,仍需要地方政府进一步嵌入制度、资金和人才资源,为村落理事会和农民组织赋权增能。

首先,制度赋权。从立法层面界定村落理事会与村民委员会的责任边界,赋予村落理事会自治权限。村落理事会作为村民"微自治"运行的重要平台和载体,是村落实现民主自治的重要组织形式。只有赋予其部分不受外界干预的相对独立的民主自治权,才能保障其功效的正常发挥。应该认识到,在村落设立村民理事会,如果不充分发扬民主,让村民当家作主,同样不能落实村民自治。为此,在村民"微自治"的运行过程中,既要坚持村民委员会对村落理事会等自治组织的思想领导与工作指导,又要规避村两委过度下放行政性事务,造成村落理事会的行政化倾向。要从立法上明确行政村与村落之间的权力边界,界定双方的权利、责任和义务关系,为村落理事会提供村级下放事务的选择权利和选择空间,确保村落的相对独立性,提高理事长的"微自治"积极性,保障村民在"微自治"中的主体地位,使其能够自主支配和处理属于"微自治"范围内的各项事务,而免受外界的行政干预。

其次,从资源层面赋权村落理事会自治空间。村落理事会在实际运行过程中缺乏自主可使用的资金,导致村落的公共基础设施完善难,村民对村落理事会的认可度下降,削弱了非正式制度在村落场域内的组织号召作用。因此,政府应进一步为村落嵌入资金资源。具体而言,可将村民"微自治"运行经费纳入地方政府年度财政收支计划,并且专款专用,资金统一划拨到专门账户,由村民委员会各村落理事会共同研讨商议资金使用规则和方法,及时化解村两委干部与村落理事长之间的矛盾因素,激发村落理事长的主动性。

2. 村民委员会激励保障机制

村民委员会下放过多行政性事务,导致理事长工作压力增大,自治积极性减弱。对此,村两委要厘清和农民基层自治组织、农民组织的权责边界和事务边界,进一步明晰村民委员会在村民"微自治"实践中的"护航者"角色,完善激励和保障机制。首先,村两委要认识到,村民委员会和村落理事会、农村社会组织不

是行政意义的上下级关系,而是合作治理的"伙伴关系",要减少对村落理事会微观事务的直接管理和行政性事务的过量下放,使村落理事长从大量行政性事务中抽身出来,将时间和精力投入与村民的密切互动中,保障村民"微自治"应有的发展空间。其次,重新制定理事长积分奖励规则,增加社会性事务奖励的比重,并探索建立村民共评、村落互评等针对村落理事会的评价机制,进一步强化熟人关系网络、人情对村落理事长的激励机制。再次,在村级层面规范理事长的推选程序,并通过召开村民代表大会、村民大会进行情况说明,重申推选程序正当的重要性,引起村民注意,保障理事会在村落范围的社会合理性权威。最后,进一步优化"三线运行、三级架构"设计,探索构建村落理事会和农民组织的横向合作治理网络,回应农民基层自治组织与农民组织权责交叉的问题,进一步丰富、创新农村基层治理实践。

3. 村民有效参与机制

村民是村落自治和乡村社会治理的主体,村民"微自治"运行机制的成功与否与村民的参与度与热情投入直接相关。而利益最大化逻辑、合法性逻辑和道义性逻辑则共同决定了村民的公共参与意愿与参与行为(刘津,2022)。因此,村民委员会和村落理事会在探索引导村民公共参与的有效机制时,首先要认识到村民是理性的,倾向参与于己有利的事务,并积极地规避于己有害的事务。在动员村民参与村落自治和村庄公共事务时,要寻求村民个人利益、村落集体利益和村庄公共利益之间最大化的动态平衡,创建村民表达利益诉求、全面参与决策和实施过程的新机制。其次,村落场域内,农村社会公共性塑造了村民参与的文化基础,村民多基于社会道德及村落内的"情理"因素共识参与村落公共事务,因此,要进一步探索基于文化认同的村民公共参与机制,使村民"微自治"的理念能够更深刻、更丰富、更准确地表达符合村落文化意蕴和发展要求的村民自治内涵,切实提高村民对"微自治"运行的满意程度。最后,要进一步探索、扩大农民组织对村民的公共参与动员,通过开展公益服务活动满足村民对于社会道义的追求,进一步引导村民参与村庄公共事务治理,同时培育村民自治能力,提高村民参加乡村公益事业和公共服务的水平,支持和鼓励村民参与农村基层治理的创新实践。

第五节　结　语

承县方村结合村庄实际开展村民"微自治"的实践探索,下沉自治单元、重塑自治结构、细化自治事务,是对农村基层治理模式的创新,有效破解了当前农村基层治理困境,推动了乡村治理有效。

村民"微自治"运行过程离不开基层党组织的引领与指导,未来需要充分发挥基层党组织的核心作用,强化基层党组织在村民"微自治"中的顶层设计功能,加强党小组在村民"微自治"中的协调作用,充分激活党员的身份意识和治理功能。并且从地方政府赋权增能、村民委员会激励保障、村民有效参与三方面进一步深化村民"微自治"运行机制建设。

村民"微自治"的运行在一定程度上实现了基层真正的民主治理,重构了村庄的公共性,在方村,村民"微自治"运行机制能够发挥较强的正向作用,推动村民自治的良性发展,并不必然表明此种治理方式在其他同类型乡村能够完全复制,还需要因地制宜加以引导。

(中国地质大学(武汉)公共管理学院

赵　频　宋泽文)

第三篇　乡村社会治理

第八章　城郊村的治理困境

城郊村是传统农村向现代化城镇转型的中间阶段,具有混合性、过渡性等特点,在村庄治理上兼具农村社区与城市社区两种不同治理单位的特点。我们在华村进行了为期两周的实地调研,了解到城郊村特有的过渡特征所带来的不充分、不均衡发展的问题,也了解到村庄的基层治理结构的差异化。村内的工业园区为本村和周边地区村民提供了就业岗位,在村集体经济发展的同时,村级基层治理负荷加重。在华村具有如此多而又独特的区位发展条件下,在脱贫攻坚任务刚刚结束后,如何让乡村发展继续朝着当下乡村振兴的新目标转变,研究目前村级治理现状和问题,探索村级治理发展的新方向,显得尤为重要。

本章基于华村实际村情以及过渡型村庄自身特点,从村庄自治变革历程、治理结构及内在逻辑出发,基于村庄现存的自治体系与资源分配不匹配的现象,针对本村自治主体、整体发展以及集体经济发展等方面存在的问题进行剖析,结合相关治理经验和实际提出相应对策。在调研中,我们深刻体会到城郊村这种过渡型村庄形式是迈向乡村治理现代化的历史过程,需要在乡村社会的区域差异及转型阶段性的基础上,将治理资源要素与具体形态的乡村社会进行科学合理的匹配,即通过改善村庄自治架构来提升基层治理能力,最终向乡村治理体系现代化一步步迈进!

第一节　村情概况

(一)作为城郊村的华村基本概况

华村所在的承县 2019 年刚刚退出贫困县,目前共有 167 个行政村、8 个社区,1111 个村民小组。集坝区、城区、库区为一体的苗镇是承县城关镇,目前设居委会 4 个,村委会 18 个,有华村在内的 5 个城郊村落以及 13 个普通村落。城郊村是城市化发展的必然产物,承县处于快速城市化转变过程中,迫切需要各方面的重塑和再造,从而完成真正意义上的城市化进程。地方政府、市场经济、社区文化和社会团体组织都对推动城郊村的城市化进程起重要作用。

华村全村面积5.37km²,是工业园区——承县经济技术开发区所在地,内有物流园、鞋厂、特种玻璃公司、AB集团等多家工厂企业。华村区位独特,既是园中村,也是城中村、城郊村。华村下又划分有10个村落,包括山上第4、5两个村落与山下8个小区。

华村常住人口有14 000多人,其中户籍人口仅5000多人,外来人口多为工业园区建设时搬入。户籍人口中18~60岁村民3532人、60~65岁村民923人、65岁以上村民670人,全村劳动力2348人,人口结构较为合理。在特殊人群方面,脱贫户共有43户163人,农村低保26户36人,城市低保14户15人,残障人士114人,一级残疾人11人,二级残疾人26人,三级残疾人43人,四级残疾人34人,五保6户6人,特扶7户12人。华村在政策上对这些特殊人群有关照,村两委也会进行定期走访慰问。

华村现有党员158名,建设有1个党总支,3个党支部和9个党小组,党员群体正缓慢发展壮大。村委会由村民委员会主任、副主任、纪检委员、财经委员、妇女计生委员和治调委员6人组成。村民委员会主任负责统一管理协调各方,副主任配合村民委员会主任辅助其工作,其他各委员分管村内各项事务。除村民委员会主任外的5人每人都有分管村落,与组长对接处理各村落内具体事务。除村委会外,上级政府下派的乡村振兴专干和劳动保障专员分管专项事务。由于华村常住流动人口多,兼有城市社区和农村社区,镇政府下派网格员以配合村委会的工作,主要负责录入和更新村内居民信息,以适应信息化时代对村庄、社区网格化管理提出的新要求。村民委员会主任、副主任和纪检委员3人构成了村党总支,负责宣传和教育引导工作,分管下设的党支部和党小组。村两委班子成员团结协作,在各个项目上同心协力,维持着村党总支和村委会的正常运转和经济发展。

在就业和经济发展方面,华村当下的许多业态已经与城市相仿,产业建立和发展已经丝毫不逊色于某些城市,从众多产业落地生根的建设发展就可以看到华村的城镇化程度已相当高。由于这些位于村区域内的产业实际上属承县管辖,华村只能享受县域经济整体发展带来的红利。华村山下村落常年处于被征地的状态,8个村落的田地基本都被征收用作企业或村内基础设施建设,因而,山下村民基本是通过创业或者打工获得收入。近年来周边旅游的游客数量锐减,那些自家开的小店经营状况不佳,同时自建房出租面临租不出去的状况,等等。

在村集体经济方面,目前村委会靠一些多年前签下来的租地合同收取租金,年收入两三万元,其他集体经济项目处于筹划或建设状态。正在建设的是以前的旧商贸市场改造和村委会旁的电商孵化基地建设项目,两个项目完工后的预期分红一定程度上可以改善村庄经济情况。

在医疗教育等公共服务方面,因村委会旁边设立了家庭医生诊所,能满足村民基础医疗需求,较严重的疾病可以去县城医院就医。从访谈中了解到,华村村民的医疗、养老参保率达到了100%(不包括数量不少的外来租户)。在养老方面,华村范围内现有1所属承县县政府主管的医护养老院和2家自主创业的小规模社区养老机构:友家老年公寓和怡馨老年托管中心。尽管坐拥较为丰富的养老资源,但受经济条件限制,大部分老人仍倾向于居家养老。村委会设立老年协会,为村里的老年人打牌等娱乐活动提供场所,使用率很高。华村目前有3所幼儿园和1所小学,适龄儿童入学率和九年义务教育普及率均为100%。因经济发展和外来人口的涌入推动了幼儿园的开办,加之周边多所小学的合并,使得华村的小学教育水平跃居周边几个村庄之首。尽管幼小教育资源较为充实,但初高中教育发展不佳,适龄学生一般会去县城读初高中。

在基础设施建设方面,城镇化发展给村庄向城市过渡带来的是村内公共基础设施的明显改善。华村道路建设情况良好,柏油路、水泥路全面铺设,太阳能路灯、各类交通标识等配套齐全。公路实现了组组通,但基本设施配备不平衡的问题在华村也存在。上山道路仅有一条,公路路面窄,道路两旁无护栏,雨雪天行车容易出事故。据我们了解,村委会目前正在规划修建4组到5组的长渠路和5组的环山路,打算加宽会车道,排除安全隐患。华村路面环境卫生状况良好,垃圾分类设施良好。村里还专门建设和规划建设文化休闲广场,配备简单的健身器材,可满足附近居民日常的锻炼和跳广场舞的需求。从扩大对全村村民服务覆盖面的角度看,新广场的建设是不可忽视的一环。山下村落供水供电情况良好,除平时日常维护或突发问题外,不会出现断水断电的情况;供气状况不佳,不少家庭还在使用液化天然气。山上的两个村落供电情况良好,供水情况不佳,经常出现断水的情况。

(二)城郊村的特点

一般而言,城郊村有两种,一种是分布在发达地区城市经济带的村庄,大部分居民是农业户口,离农村有一定的距离,管理主体多为村委会,经济发展、交通以及信息通达度比农村好;另一种是中西部城镇地区与农村地区结合的独特的经济区域,兼具农村与城市的某些特征,与真正的农村或城市有较大的区别,一般位于欠发达地区,经济发展较为落后,存在负债问题,有效开发建设较少,城镇化速度较为缓慢。

1.欠发达地区城郊村的经济发展

城郊村相较于纯粹的农村而言,地理位置优越、交通相对便利;经济开发时间早、发展较快;教育水平高。我们所关注的城郊村具有如下共性特征。

一是两极分化明显,非均衡发展问题突出。由于城郊村依然还夹杂着农村的部分特征,整个村落内的经济发展方式也较为不同,偏向于城镇发展的一部分村民通过利用自身资源,以及居住地的交通、工业园等优势,就业机会较多,经济收入较好。但是对于缺乏这些优质资源的村民来说,就业机会不多,经济收入较少,整个村落内的经济收入差异较大。

二是一些村庄闲置资源有限且分散,发展产业有限且发展速度也慢。村庄中集中连片的土地已经流转,闲置的集体资产有限,亟待合理化、充分地利用,但无大型产业项目带动,资源盘活能力有限(杨思远,2018)。

三是集体经济收入途径有限,缺乏可持续性。村集体获得收入的途径以土地征用及政府的各类补贴为主,途径有限,可以进行投资产生效益的途径少,且多数村集体缺乏对利用集体经济进行投资获取效益的认识,村集体收入缺乏可持续性。

2.城郊村的社会结构

城郊村的城镇化变迁大致包括"去农化"和"趋城化"两个方面。一方面,表现为村落社会不断脱离农村社会属性的过程;另一方面,表现为村落社会不断获取城镇社会因子的过程。处于农村社会向城镇社会转变过程的城郊村,呈现为"脱离农业的村庄""留存乡村因子的城镇社区"等过渡性社会样态(卢福营,2013),其中一个主要特点体现在熟人社会向陌生人社会的转变。原有村落多为小平房或自建房,邻里之间交流较多,村民之间形成的是熟人社会,而在目前乡城转型进程中,旧有的邻居逐渐搬离,新来的邻里间少有交流,村民的关系已经不如以前那种日出而作、日落而息、三更灯火五更炊的农村生活场景下那样纯粹和紧密了,不可避免地遇到了邻里关系礼貌而疏离、和谐但淡漠的问题。

第二节 城郊村治理现状

城郊村处于城镇和农村的交接地带。对于城郊村治理的村干部而言,工作对象、工作内容和治理模式较为复杂,需要在基层社会新环境和管理需求之下,依据城郊村的特殊情况与基础条件,因地制宜地平衡村民之间不同的利益需求,协调与乡镇、企业等不同主体的关系,提出各种适应性治理新举措,以推动城郊村由农村基层治理转为城镇基层治理。

(一)治理结构演变

中华人民共和国成立后,随着国际国内形势的发展变化,为了便于基层管理,在上级党组织与政府的领导下,华村在1950年5月由保过渡到村,1952年由村变为乡,1956年又变回村,1958年10月改为大队,1984年恢复为村,2000年,合并为现华村。

2000年以前的领导班子成员由村民委员会主任、书记、会计、民兵连长、妇女主任组成,其中书记是由党员推荐、组织任命,工作中实行权力下放,将行政权分散给各个村委干部以及村民。华村正式合并以后,划分成了10个组,每个组都有对应的小组长进行统筹管理。2002年9月,华村村委会及其村民进行第一次村领导班子成员换届选举,实行书记、主任一肩挑,副主任兼民兵连长。为了强化队伍建设,提高人员素质,以适应提高基层治理现代化的需求,从2002年开始,承县人力资源和社会保障局开始在华村下设劳动保障协理员。

自2012年开始,承县设立13个试点村落进行社会治理创新模式建设,推行"一长八员"制度。由于推行效果好,市、县级政府要求加入党建引领,成为"两长八员","两长"包括党小组长以及理事长。到2020年,华村响应县级政府要求,进行"幸福小区"建设,全面推进"两长八员"制度,建立网格化党小组、自管理事会、功能性党小组。华村8个"幸福小区"的相关信息由镇政府社区办下派的3名网格员进行管理。同时为2个村落各分配一个后备干部进行相关的信息统计。2021年,苗镇给华村分派驻村工作队。

2021年,承县民政部门在各村下设"童伴妈妈"。"童伴妈妈"项目是在2015年由原中国扶贫基金会启动,项目模式简单概括起来为"一个人、一个家、一条纽带",其中"一个人"是指每个村都要由村里选出的一位本村妇女担任爱心妈妈;"一个家"是指固定场所的儿童之家;"一条纽带"则意图搭建起贯穿市、县、乡、村4级的服务网,使国家对儿童救助、保护、福利等政策能够打通"最后一公里",解决"留守儿童"因监护缺位而面临的成长问题。华村是承县第一批试点村庄,在本村设有专门的"童伴之家",每个月会定期开展相应的活动。

(二)目前的治理结构

基层组织重构是城郊村发展的必然趋势。伴随着城镇化的进行,正处于转型时期的城郊村经济社会结构发生了根本性变化,形成一种过渡性的基层社会单元,这决定了城郊村基层组织需要适应治理条件的变化而重构(卢福营,2017)。华村目前的治理结构是结合型组织模式,这是城郊村过渡性社会以及行政功能渗透与党组织力量下沉后的理性选择,采取的是"双线运行、五级架构"的基层组织治理模式,如图8.1所示。

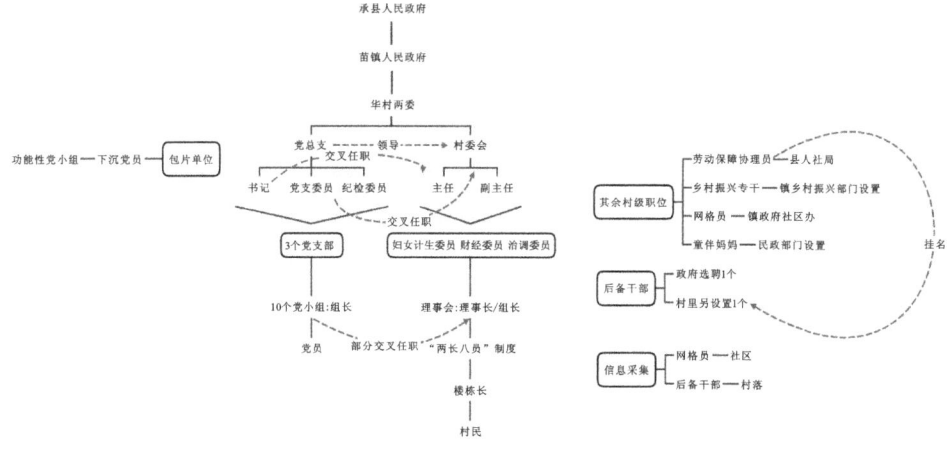

图8.1 华村治理模式

华村两委包含党委和村委,实现双线运行。在党组织建设中,华村党总支设书记、党支委员、纪检委员分别管理3个党支部,再细分为10个党小组,凝聚各个分散的本村党员的力量。为更好地推进乡村建设,县、镇级对华村划分包片单位,通过下沉党员组成功能性党小组,在各企事业单位职能范围内为村庄发展加码加力。党组织对村民自治组织进行意识形态方面的领导,书记与村民委员会主任一肩挑,党支委员与副主任的交叉任职都是党组织在基层社会组织中的功能渗透。

在农村的社会组织建设方面,村民委员会设主任与副主任、妇女计生委员、财经委员、治调委员,以自治的形式对村内大小事务进行管理。近年来,华村根据地理位置等因素划分为10个村落,每个村落设有理事会。理事会的"两长"即村落党小组长和村落理事长,与经济员、宣传员、帮扶员、调解员、监督员、管护员、环卫员、张罗员八员组成理事会,对村落进行管理。

除《村民委员会组织法》规定的村委职位外,由于华村发展的过渡性,政府部门在其中另设其他村级职位,有劳动保障协理员、"童伴妈妈"、网格员。为确保村两委具有足够的人才储备,除政府公开选聘1名后备干部之外,华村自定1名,共有 2 名后备干部。

（三）治理结构的双重属性

由于华村行政村人口数量大，地域范围广，村民结构复杂，价值观和利益诉求有时会和村庄治理目标相冲突，使得村民对村干部工作不理解不认可，两者矛盾加剧；再加上近年来村庄规模扩张，人口规模增长等，村级治理难度大。承县与苗镇意识到行政村未必是最佳的治理单元，故提出缩小基层治理的行政单位，以创新乡村治理体系，从而破解取消农业税后合村并组产生的新困境。

华村的自治条件有限，在村民需求较多且不能统一的情况下，华村如今以村两委干部为核心领导，划分成 10 个村落，并在村落设立"两长八员"制度。村落理事会作为华村最小的治理单元，有责任参与村庄的自治过程。华村以理事会为核心，构建"面子社会"，让理事会成员自觉承担自治责任，在日常生活中，力所能及地为村民提供帮助，搭建起村民与村委沟通的桥梁。除此之外，华村注重党建宣传引领，鼓励党员发挥带头引领作用。在如今基层自治负荷大、资源分配不均的背景下，充分发挥党员与村民的自治作用是具有一定合理性的，可以减小基层治理的压力与难度，从而形成了华村双线运行的治理格局。

第三节 城郊村面临的治理困境

从三村合并到如今的过渡型城郊村形态，华村的治理环境已经发生了很大的变化。合村后华村地理位置的改变、面积的增大、人口的增长推动了县域工业园的建设。华村将自身的资源投入县域经济的发展，同时也得到一定程度的资金支持，如政府的建设补贴。但外来资本的引进冲击了原有的熟人社会，使原有社会解构，向陌生人社会转变，进一步导致村民对村中事务的冷漠，降低其参与积极性，对自治的概念更模糊，也更依赖村委帮助他们解决一切问题。同时政府对城市扩张与乡村城镇化的推进使治理资源与需求出现断裂，城市扩张中占用乡村的自然与社会资源，政府行政事务的下派转移压缩了华村的自治空间，村委工作重心转向行政事务，村民需求无法得到回应或满足，造成村民与村委之间的矛盾。种种细小的问题背后，反映出华村的自治问题体现在资源配置悬浮中，本节将围绕自治与资源配置进行更深层次的探讨。

（一）自治主体缺失

行政村作为基层治理的基本单元，治理能力主要体现在村两委的工作能力和民主发展程度等方面。调研发现,村民对村干部的工作方式和工作能力的满意度不高,这一定程度说明华村村干部的责任和服务意识以及治理能力还未达到村民的要求。此外,"两长八员"以及网格员作为直接面向村民的治理主体,由于激励机制不足,难以在自治过程中持续投入高涨的积极热情,全心全意为村民服务;再有,村民作为乡村治理的直接主体,享有民主选举、民主决策、民主管理和民主监督的权利,应积极参与到村民自治中来,但是事实上在面对村内的各项事务和村中长久的发展时,大多数村民是一种冷漠的态度。综上所述,村庄的自治主体能力偏弱、自治能动性不足反映出乡村治理悬浮问题。

1. 村干部负担重,待遇低

近年来,中央政府为了调整基层治理目标的自主性,逐渐建立细密的指标体系,不断压实基层政府设定(仇叶,2021)。华村地处高速路口附近,同时村内还有很多工业园区,相比其他纯农业型村庄来说,就业机会偏多,因此虽然本村户籍人口只有5000多人,但是常住人口高达14000多人,外来人口与村委人数比例失调,村干部治理任务重。除此之外,还有其他负担。

第一,行政化负担重。负担重是基层治理的通病,党中央明确提出将2019年作为"基层减负年",之后各级政府从大幅精简文件、精简会议改进会风、完善问责制度和激励关怀机制等方面进行了详细部署和落实(林艳艳,2021)。但是基层减负是一个长期缓慢的过程。对于村干部来说,他们不仅需要应对上级任务服务村民,还需要考虑在服务于县域经济的同时,利用项目来改善村庄的基础建设和促进村集体经济的发展。

第二,工作精力难以集中。唐斌(2008)认为村庄会在信息不对称的条件下因为"逆向选择""道德风险"而产生治理困境。调研时我们发现,村干部往往会强调自己为村庄做了很多工作,他们希望可以申报更多的项目,因此集中精力在村集体经济建设上面;由于他们资源、能力有限,对于村民的日常诉求更多希望在组长的带领下开展自治。但村民认为:"村干部相当于村级政府,如果我有需求,村干部就要马上来回应我的诉求,想办法解决。"不仅如此,村民往往会着眼于眼前的利益,村干部以前解决问题的功劳通常会被一件做不到的事情掩盖,村民也很难站在村干部的角度考虑某件事村里有没有能力完成。因此在村庄治理中,村民和村干部信息不对称和视角不同,村干部难以得到村民的认可,就无法集中精力建设村集体经济。

第三,工资待遇水平低。坐班制度使得村干部从以前的兼职转变为现在的全职。尽管村干部的工资补贴被纳入财政拨款,但年薪只有四五万元,相比于在外打工的农民工,工资依旧偏低,而且村干部的补贴中不包含五险一金。除了没有后顾之忧的村干部,对于一般村干部来说,没有足够的生活保障来支撑他们全身心地投入村庄治理中。

2.其他自治主体内生动力不足

除了村干部,华村自治主体还包括"两长八员",以及村庄在向城镇化转变中衍生的网格员。

"两长八员"中的"一长"是理事长,是最了解本村落(组)内村民情况的人,倘若没有经济压力的情况下,会空出来较多的时间处理组内事务。另"一长"是党小组长,只有出现紧急情况,才会承担组长的责任,带领大家渡过难关,平时没有特殊情况的话,党小组长只会参加每月的主题党日活动。该制度中的"八员",不一定是由八个人来担任,可能会有一个人担任了几个"员"的职位。在这个制度中,除"两长"中的理事长有一定微薄补贴,大概是工作一天就有一天的补贴,其他人没有任何补贴。由于近似公益性或完全公益性,在村民寻求帮助时,也会不好意思去麻烦他们,实际上"两长八员"发挥的作用有限。被村民推选出来当"两长八员"的人,本身有自己的工作与生活,有些甚至可能还存在家庭负担。在这样的情况下,如果单纯依靠群众拥护和自身的思想觉悟,没有其他物质或精神上的激励,难以保证长效和实效。

如前所述,华村除了有传统村落外,还有城市小区,镇政府为此下派了网格员。他们大部分是华村村民,但并不直接受村两委直管。因为网格员工作比较轻松,工资待遇并不高,来当网格员的大多是原本在家带孩子的母亲,她们不是家里的经济支柱,工资收入只是为了补贴家用。在她们日常工作内容中,只有信息统计较为麻烦,其他工作内容非常轻松。从调研中了解到,网格员有下队的任务,需要定期去探访一些留守老人、孩子、妇女或者特殊人群等。但是由于网格员直属镇政府管理,政府不可能天天派人监督她们工作,而村干部很难给网格员分派工作任务。即便是年底有下队考核,可能仅仅也是走个过场而已。这样一来,往往网格员能做到的工作内容只有统计信息。在村级自治中,网格员的积极性很难调动,会用形式化的手段来完成"任务",并没有发挥在村庄治理中应有的作用。

3.村民集体意识淡薄——熟人社会向陌生人社会转变

费孝通提出的"熟人社会",是指在传统中国生产方式以农耕为主的社会,人们的活动范围有限,人际交往有很强的地域性,人们交往的人群基本固定不变。随着现代化的推进,社会结构和社会交往方式发生急剧变化,人们不再受地域限制而可以自由流动,"熟人社会"逐渐向"陌生人社会"转变。"陌生人社会"的特征就是绝大部分的社会互动行为都发生在相互不熟悉的人之间,人员流动的广度被无限扩展,人际交往深度有限,传统社会的宗族治理模式难以发挥作用(翟玉晓,2021)。

华村有城郊村的特殊性,村民不仅有本村户籍人口也有周边地区的移民人口,较大的人员流动使村民之间的深入接触并不多,不同的生活经历也使他们难以产生共鸣,再加上村子管辖范围大,山上和山下联系交流不频繁,导致村民集体意识淡薄。在入户访问时,我们也能明显感受到山上传统村落与山下"幸福小区"的差异。当询问山下一家主人为什么有苍蝇还要把门开着,他说:"现在跟以前不一样了,家家户户都把门关着,串门也少了。如果我也把门关上,那邻居更不会来拜访了。"城镇化过程中,村民能直观地感受到熟人社会向陌生人社会的转变。还有供水问题,一位住在山上的老党员提及,因为村里水库修建工程上的问题,他难以获得干净的、足够的生活用水,多次向村委反映无果。那些能用到水库水的村民是不会关注住在高山上的居民是否能成功取用到水的,反而有一户连接多根水管取水,从而加重取不到水的村民家庭的窘境。只有在下了暴雨等突发情况之下,村民才可能聚集在一起,向村委联合反映问题。从这两个例子可以反映出,由于"熟人社会"向"陌生人社会"的转变,村民集体意识逐渐淡薄,参与自治的意识与自主性不够,没有发挥出应有的主人翁意识和能力。

(二)村庄治理的难点

城郊村的过渡型特征,使得其在转型过程中常常会出现简约化和规则化两种治理体制并存的局面,这种特殊的"双轨化"治理体制(李意,2011)给村委会的工作能力带来了较大的考验。无论是征地历史遗留问题的再放大,还是公共服务悬浮,抑或是集体经济发展的艰难,这些事务的管理具有专业性、交叉性和风险性,单凭基层组织的力量是难以实现有效治理的。基于属地管理的原则,村委会需要对在自身范围内的管理事务进行全面管理,包括传统性的村庄治理事务、专业化的城市治理事务及具有模糊性和风险性的灰色治理事务。尽管下划了网格化管理和继续设置"两长八员"职责的适应性举措,但村庄治理的难度不减。

1.村治主体配备不合理

华村较低的房价和房屋租金、较为优质的教育资源及离县城较近的地理位置吸引了不少外来人口,华村的流动人口基数大,常住人口达到14000人以上。人员增多也相应带来了村庄治理事务加重、治理要求提高和风险产生的可能性增大问题。

目前,村两委中负责村中事务的包括书记、各主任等6人,除书记和副书记统筹全村管理并对其他工作岗位进行监督外,其他干部在自己的分工领域内协助整个城郊村的治理和发展。由于华村管辖面积大、综合管理跨度大,在每村落(组)设置的理事长(组长)、网格员、"八员"等,除了理事长(组长)发挥着其应有的职责外,其他的职务很大程度上只是一种摆设,并没有尽到其应尽的责任。与周边相同性质的城郊村横向比较,在发展模式和最终目标一致的前提下,人口更多的华村所配置的村干部资源却不及人数较少的村落,治理上的不及时、沟通上的断裂时有发生,难以避免。

除了数量上的欠缺,还有人员组成问题。年龄较大的村干部具有几十年丰富的基层工作经验,在长期的基层工作中积累了一定的群众基础,同时形成了一套与村民打交道的工作方法。目前村干部的年龄结构趋向年轻化。尽管年轻干部有着更好的精力及积极性参与到治理工作当中,但也存在将村干部的工作当作一块跳板来实现自己进入体制内的打算,势必会导致他们在工作付出中有所保留。在基层工作中,他们从最基层的村级办事人员,比如后备干部开始做起,在工作中发挥着属于年轻人特有的思维和干劲,但也存在处事考虑不周、不够细致等问题,使得部分村民认为他们干事经验不足、能力缺乏。尽管村委会设有相应的、解决对应具体问题的干部,但实际上在遇到矛盾纠纷等情况时,一部分村民直接向村委会反映,一部分村民首先会向生活在同村落(组)内、联系较为紧密且对村民的生活情况更加了解的理事长(组长)寻求帮助,理事长(组长)无法解决的问题再反映到村委那边。这种由于反映渠道交叉造成的信息整合混乱会进一步加重矛盾的发生。值得一提的是,村中的"八员"也配有调解员一职,但如前所述,"八员"内生动力不足,对这项工作并不太上心,甚至不少村民不知道"八员"的存在,这也是人员配备不合理的表现。

2. 公共服务悬浮

对村干部访谈以及入户调查访谈后,我们了解到,在华村的公共服务建设方面,村干部与村民之间存在着较大的分歧和摩擦,主要原因是村委会的供给与村民诉求之间的张力。简单来说,村委会的发展着眼于整个村庄,其工作职责是要将华村建设成为更加现代化的城市形态,全方位拉动经济增长,总体上提高村民的综合素质和生活质量。而站在村民的立场上,他们的生活已经不愁吃穿、无畏冷暖,处于舒适无压力的状态,对于参与集体经济建设乃至于整个村庄的建设配合度没有那么高。在他们看来,村委会所做的项目建设、工业园引入等都是与自己关联度不高的事务,带来的效益落到村民身上的部分极少或者说看不到即时性的好处,这种认知意识和供求差异所带来的张力导致了公共服务的悬浮。

调研期间村干部所进行的清违行动,则是城郊村遭遇的普通村庄不曾遇到的空间权力问题。在农村生活中,村民基于对自身利益的考量,会将房屋周围的一切空间资源加以利用,比如堆放柴垛、搭建铁棚等。然而发展到城郊村阶段,这种现象会与村庄的建设规划相违背。从集体发展上看,这些影响村貌、占用公共资源的空间权力的争夺导致村民、流动人口与村委会、政府、开发商之间展开了广泛的空间博弈(崔盼盼,2019)。从村民的角度看,他们会认为是村委会在建设村庄过程中牺牲了他们本可以享受的空间资源,打乱了那些在城郊村建立以前他们构建起来的一套生活方式。

不仅是观念上的冲突,信息不对称和沟通交流机制不完善也会滋养这类矛盾。村民的某些行为从大局上看,可能是错误的,需要改进,但村干部在执行相应的程序时却疏于沟通,没有将政策的执行流程按要求走完,而是适应自己的工作节奏在开展;加之生活在村里的村民年龄都较大,通过微信群发布的消息获取不及时甚至因不识字而未能了解到实时的资讯,他们对于政策的理解可谓微乎其微,只觉得村干部干的都是侵犯老百姓利益的事,却没了解到村干部的工作也是在按照上面的要求进行着。在入户访谈中,某一村落(组)好几户人家的下水道堵塞,影响着日常生活,向上反映多年未解决,也不允许私下找人进行整修,因为这是村子在建设"雨污分流"项目时遗留的施工问题。而这也是问题所在,村干部本可以向村民解释清楚不能及时修理的原因,却只是随口搪塞过去,引起更大的民愤;村民由于关注自身利益,未意识到其中涉及的利害关系,毕竟"雨污分流"不是小工程,不可能不顾整个村庄的布局来为个人服务。总而言之,村民与村干部双方利益集体在沟通上的鸿沟是问题产生的一大源头。

3.公共设施不足

作为向城镇化发展的居住空间,缺乏必备的文娱活动场所是急需引起关注的。不同于我们认知里的路面硬化、墙面粉刷,停车场、公园广场和公共厕所等一应俱全,公共设施完善、交通系统便利,华村在基建方面确实有较大不足。在人民对美好生活的需要提高的今天,华村的公交车间隔30分钟才能等到一趟,对没车的或只有老人在家的家庭较为不便,从而产生了面包车载客、接送学生这一产业链;老年活动中心也只有小小的两间屋子,在我们不长的调研时间里观察到每天都是熟悉的面孔在活动中心打纸牌,这也说明只有住得离村委会较近的村民方便来享受这里的资源。附近没有专门的大型广场供村民娱乐健身,仅有的一个活动广场还得靠组长向殡葬管理所争取来一台音响满足老年人的广场舞需求。在走访中,我们观察到邻里之间的关系不如想象中那样亲密,很少能看到几家几户聚在一起聊天说笑的场面,可能与流动人口多有关,但更大程度上是由于缺少相聚相约的公共场地。

此外,坐落于山上的4、5两组(村落),家里有车还能方便出行,老人更多是步行上下山(还有70多岁的老党员每月步行至村委会开党员大会);山路蜿蜒崎岖,峭壁绝岩边也没有安全措施,存在较多安全隐患。在遇到暴雨侵袭时,不太好的木屋结构住房会漏水,还有积水、山体滑坡的风险,并且在恶劣的天气情况下上下山也极为不便,特别是山体遮挡前方视线、急转弯会车、轮胎打滑都威胁着村民的生命安全。安全防护措施的缺少也属于公共设施不完善的范畴。就水利设施而言,华村水源多来自承县的统一水源,山上4、5组(村落)水资源较多来自自接水管以及村委会修建的水库。但是据山上村民所讲,部分水库是无法使用的,若打开便会一直漏水,导致部分居住村民无法正常使用水资源。在一定程度上,部分水库荒废,造成了资源与经济的浪费现象。

(三)集体经济发展面临的资源匮乏问题

集体经济作为农村基层组织建设发展的经济基础,由村以集体为单位进行生产要素的有效配置,从而获得经济收入。可持续的集体经济发展通过增加农村基层组织的公共财力,能够维持并发展农村社会的基础秩序,也有利于促进国家与社会之间的良性互动。

在我国从脱贫攻坚到乡村振兴的语境转变背景之下,个体的资源有限性使得农村的集体经济发展成为乡村振兴的现实指向。通过集体整合农村的资金、技术、人才、资源、政策等要素,能够有效统筹调配资源,在短时间内实现地区内经济发展。然而,中西部农村的集体经济发展出现乏力的情况,农村集体经济日益边缘化,人、地、财等要素向外部城市地区流出。

1.人口结构失衡与产业匮乏的发展

华村内大量本地户籍的中青年劳动力外流,在承县或市里务工。常住人口中虽有诸多人员在华村附近工厂务工,但学历水平普遍较低,流动性大。年轻人不愿意"扎根"在村域内从业,"懂农村、爱农村、爱农民"的人才队伍也无从建设。整体而言,华村人口呈老龄化趋势,导致劳动力缺乏可发展的生产力。

从对华村两委班子的调研情况来看,8个职位共6人,其中书记兼村民委员会主任临近退休,纪检委员年龄在45岁左右,其余人员年龄均在20~40岁。访谈得知,纪检委员由于家庭经济压力较大,行政化背景下繁重的村委事务使其无法进行纪检委员的"兼职",个人继续从事村两委的工作意愿低,而副主任、妇女计生委员、财经委员、治调委员等年轻干部都有未来参加公务员考试的意愿。针对村委干部的优惠政策并没有有效激励年轻人从事农村基层治理工作,反而成了这些年轻干部获得体制内"稳定"工作的一道"跳板"。

在村委干部年轻化的背景下,村内的集体经济发展虽然可以在村干部的带领下吸引更年轻、更多元的乡土人才和致富能人,但缺乏足够的长远发展眼光,将制约村级集体经济的稳健发展。且过于年轻化的干部难以服众,村民对村委干部的信任缺失将导致集体经济失去内生动力,进一步导致中青年劳动力的外流。在访谈过程中,村民对村内的集体经济项目的认识普遍只是"了解",只关注涉及自身利益的方面,例如华村为改造商贸市场进行征地,村民对这一项目建设的参与感与积极性并不高。

因此即使华村干部呈现年轻化,对华村的二、三产业发展也并不能起到有效的促进作用。华村目前仍以第一产业发展为主,种植茶叶、柑橘两种经济作物,但未形成系统的产业链,产品附加值低,本地居民只能从中获得初级农产品的收益。华村管辖内的4、5组(村落)有一处柑橘厂,因为2000年签订合同时失误,订立了不合理的长期合约,柑橘厂以2000元/年的价格租赁村集体的土地建厂。华村通过这种土地租赁的方式显然无法获得有效收益。具有生产价值的土地并不能在流转过程中对华村实现价值再生产,对华村而言是一种资源的浪费。

由于人多地少,农业种植无法获得规模化收益,大部分中青年劳动力不满足于自家一亩三分田的收益,纷纷流向周边务工。即使华村内有鞋厂、物流等公司,华村男性劳动力也很少选择这里的工作,多为女性应聘。华村的土地由国家征收后被企业出资购买,所以这些公司只是受到华村范围内的日常管理,并不对华村本地居民提供优惠招工政策。在招聘时面向承县各村,华村居民没有特殊优势。对他们而言,在县城以上的工厂或建筑工地工作能够为他们提供更高的经济收入,相较于产业匮乏的华村,大部分劳动力"用脚投票",流向承县及其他较发达城市。

华村的中青年劳动力流出导致本土企业无法建立生产根基,单一化产业模式加深了劳动力外流程度，人力资源与产业资源的缺失形成劳动力和本土企业双方的发展困境。

2.服务于县域经济的资源转移

华村从普通农村转变为城郊村、工业村，其规模变化的速度同自身产业发展不相匹配。从1992年开始，华村村委就进行了征地工作，当时的国家政策要求征收山下分给农民进行农业生产的土地，但30多年来上级政府对征收土地的赔偿并未落到实处。所谓服务于县域经济发展的华村，事实上依旧是农村向城市提供资源扶持城市发展的模式，并没有形成城市反哺农村的状态。农村的资源单方面向城市转移，压缩农村集体经济的发展空间与可能性，进一步导致了华村经济发展的衰败。

作为征地老村的华村，因为历史遗留下的征地拆迁问题也给新一届村委会管理带来了巨大挑战。从对村委会和对农民的访谈中我们可以感受到，村委会的无力与农民们的不满相结合，也使集体经济的发展受到阻碍。

在访谈过程中，村民委员会主任一直强调华村为县域经济发展做出的贡献。县域经济的发展需要征收周边地区的土地进行建设。而对华村而言，征地使山下村落农业生产发展失去可能，而自己的二、三产业发展并未兴起。以养老产业为例，新冠疫情发生前，华村陆续出现近十家规模不等的私人养老机构，大多因为没有达到经营标准要求只能私下提供养老服务，后经上级检查查封，只留下两家小规模的养老服务机构。但事实上华村老年人口众多，养老服务市场本应具有相当大的需求，然而对于新产业的发展，承县要求的高标准无法与华村现状相适应。华村的经济能力也无法提供相应支持，为产业发展提供良好的营商环境，导致了养老服务存在产业链缺失、资源优化配置水平不高、资金缺乏等问题。

3.形式化的农民专业合作社

从理论来看，农民专业合作社在农村家庭承包经营的基础上，集合同类农产品的生产经营者或者同类农业生产经营服务的提供者、利用者，自愿联合、民主管理，形成互助性经济组织；农民专业合作社以其成员为主要服务对象，提供农业生产资料的购买，农产品的销售、加工、运输、储藏，以及与农业生产经营有关的技术、信息等服务；通过联合个体，使农产品的价值生产效益最大化。但是通过走访村民和一个茶厂，得知农民专业合作社对当地的经济发展并未产生理想的贡献作用。

村民大部分不知道茶厂是他们村里的一个农民专业合作社，只有少数村民了解茶厂的信息。该茶厂是由外地人组织建立，向一些村民租赁土地用于厂房建设。国家对农民专业合作社提供的优惠政策使得茶厂获得了一些好处。依照农民专业合作社的组织形式来说，这些村民相当于土地入股，茶厂每年应给予他们分红，但实际上村民并没有得到任何额外的收益。访谈中村民也并不看好合作社这一经济组织形式。虽然能够以土地资本、技术、资金入股从而获得一些收益，但村民反映茶厂的工作卫生环境不好，工作时间长、强度大，并且如果合作社亏损，他们也要承担。对于个体而言，他们宁愿不要可能的收益也不想承受损失。在华村，合作社发展并未真正形成良好的示范，却增加了当地居民对经济生产中出现的正常损失的畏惧心理。同时村委没有组织合作社的动力，对农民专业合作社的重视不足，农民不愿意提供手中的资源，各种资源的分散导致集体资产无法盘活。农民专业合作社这一形式在华村没有得到有效利用，而无论是农民自身还是村委都没有找到其他可代替的路径进行资源整合，使原本分散且匮乏的资源无法得到有效利用。

华村目前的劳动力、产业、土地、发展方式等资源的缺乏使得集体经济发展动力萎缩。账户上的赤字使得村委在实行自治中缺乏资金支持，只能依靠政府进行基础设施的建设维护。要破解华村目前自治受限、村委作用行政化的问题需要从激活当地集体经济活力入手，恢复华村自治的经济基础。

第四节 优化城郊村治理的对策建议

（一）夯实自治主体的权责，充分发挥群众的主观能动性

在城市向现代化逐步迈进的影响下，城乡发展差距越来越大，而年轻人为了追求日益增长的物质文化需求逐渐从农村涌入城市。这也导致了乡村人口流失严重，人口年龄结构单一，老龄化现象加剧。因此承县在村级组织自治能力弱化及内生性村治主体缺失的情况下，提出权力下放，形成基层"微治理"的自治模式，即将各组划分网格并选出"两长八员"进行管理。但是在实际治理过程中，不是所有的自治主体都能充分发挥出其应有的能动性。

1.建立村委与村民良好的沟通协调机制

华村作为城郊村，相较于其他村落而言，人口密度大，对于村委来说，是基层治理的一大难点。只有建立良好的沟通协调机制，架起村委与村民互相理解的桥梁，村委了解村民的困难，村民意识到村委的工作压力大、村委治理难度大，才能在村级治理中换位思考，从而实现村委治理负担减轻，村民的事村民办，共同迈向乡村治理高效化。

通过定期村落夜话、屋场会等形式,为村委与村民之间的沟通"按响门铃"。由于现在信息技术手段的发展,基本人手一部智能手机。微信群渐渐取代了村落夜话,以手机屏幕取代了面对面交流,在提高信息交流便利化水平与沟通效率的同时无形之中也拉开了村委与村民之间的距离。因此即便是在信息科技飞速发展的今天,仍然需要通过定期开线下沟通交流会,让村委近距离倾听村民的苦恼,也让村民有机会了解到村委工作的困难。只有拉近两者之间的距离,才能架起一座长期高效沟通的桥梁。

2. 加强理事会的自我服务性,让乡村顺"理"成章

村落理事会是由村民直接选举产生的,实现了真正的民主授权,同时建立了"两长八员"与群众的责权连带机制。我们了解到,理事会等人都是靠熟人社会中"面子"或"信任"来维持工作动力,这种动力机制可能短期有效,但是长期很难坚持。因此应该建立村落理事会激励机制,不光是通过赋予"两长八员"合法的身份,将群众的信任转化为责任,让理事会成员因为责任担当起职务,同时还可以对各组(村落)理事长进行年终公开评选,由本组(村落)村民进行投票,选出认为最尽职尽责的组长(理事长)或组员,对其予以物质奖励。

除了激发组长(理事长)的积极性以外,还要充分发挥党小组长的引领作用。早在2015年5月,中共中央、国务院办公厅出台的《关于深入推进农村社区建设试点工作的指导意见》指出,要"完善在村党组织领导下、以村民自治为基础的农村社区治理机制"。因此可以对党员采取积分制的方式,通过党员下基层干实事予以积分,作为年底评选优秀党员的依据之一,可以鼓励党员带头察民情、听民声、集民智、解民忧,从而让党员带动村民提升自治力量与质量,实现村庄和谐有序地发展。

3. 提高群众的主观能动性

村民作为被治理的主体的同时,也是参与治理的一分子。华村作为城郊村,治理的难点在于人口流动性大,人口密度高,治理主体时间、精力有限,难以对村民的诉求一一回应。倘若提高村民的主观能动性,切实做到"自己的事情自己做",可以减轻村委治理的负担,让村委服务于真正有需求的村民,投身于村民无法解决的问题中去。首当其冲的是建立具有现实意义的民主实践制度,完善"四个民主",包括民主选举、民主决策、民主管理、民主监督,实现全过程人民民主治理,充分彰显村民在治理过程中的主体地位,让村民感受到作为主人翁"当家作主"的权利,提高村民参与自治的积极性。

另外可以与华村特殊网格化管理相结合,通过网格降低村民的民主协商成本,使直接民主和群众自治有实现的可能,有利于让村民在治理过程中将村庄的事务与自己的切身利益联系起来。在通过民主协商享受到"过去议不成的事现在议得成了,过去办不成的事现在可以办成了"的实际好处的过程中,村民的自我效能感会不断增强,从而使村民产生"村里的事就是我的事"的想法,并且转化为一种持久的参与动力(杜姣,2017),最终形成良性循环,促进实现乡村社会管理民主化。

(二)党建引领构建治理新格局,简政放权冲破发展桎梏

1. 打造新时代村干部队伍

村干部是乡村治理的"排头兵",是党和政府联系农民群众的桥梁纽带,完善村干部的配置,实现人才资源的有效配置是村委会发展的迫切需求。针对调研中存在的问题,可以通过村干部队伍的组成、管理等方面进行改进。

完善村干部队伍管理科学化的要求。村干部的资源在华村的配置显得不那么合理,广阔的地域、巨大的流动人口数量给治理带来了不少困难,因此可以向上级政府争取更多的必要性人员,并充分利用好、管理好在职干部。村干部在年龄结构上呈现年轻化,年轻群体占有过半的比重。年轻的干部在处事上缺乏实战经验,群众工作能力水平不高。特别是过于年轻的干部对于整个村子的了解不全面,所做的决定过于片面,难以平衡好村集体的发展与服务和村民的初心之间的关系。因而,可采用"老带新"的方式使年轻村干部得到锻炼。

2. 填补服务效能缺失

人民群众是基层治理的主体,是基层治理的主力军,只有依法有序组织群众参与基层治理,才能更好地发挥群众的主体作用,有助于提高决策的科学性和有效性,从而更好解决人民群众的急难愁盼问题。作为一个城郊村,华村的发展模式更倾向于企业引进、项目引领来带动整个村的发展,这对于总体发展观而言是无可厚非的,但群众的诉求也是不可忽视的。要走出华村发展上的停滞困境,就要深入理解村委会职能履行、供给与诉求之间的联系。面对人民群众更加多元的诉求时,村干部要履行应尽的职责,对村民进行引导教育,帮助他们更好地理解政策的执行,将政策落到实处,真正服务于民,服务于村集体的发展。多渠道深度与村民沟通交流,避免因为信息不对称造成的内部矛盾冲突。但仅靠基层组织的力量,很难将问题妥善解决。在这种背景下,我们就必须在着力推动各类资源下沉的同时,有效整合各方力量,形成以党建为引领、各方力量共同参与的

大治理格局,通过集众智、汇众力,有效提升基层治理能力,不断增强人民群众的获得感、幸福感和安全感。

在处理公共服务工作中,村干部要从村民的角度理解政策,并将政策用村民能接受的方式传达出去,以避免因信息不对称造成的矛盾;村民也需要通过长期不断地更新自己的思维模式,将小我的生存发展融入村庄集体的城镇化建设中,切实体会到村庄整体发展起来了才能更好地带动村民致富,而不是拘泥于独门独户的个体发展。村委在开展工作时,特别是涉及利益分配的问题,要秉承正义与道德使命感,帮助真正需要帮助的人,将资源给到真正需要的村民,准确公开政务信息,按要求在全村范围内进行过程和结果的公示,不负村民所托;要科学认识"治理"和"服务"之间的关系,在主动为民服务中展现基层党员干部的责任和担当,在服务好所有辖区内村民中赢得群众支持,吸纳更多的新鲜生命力,从而实现基层善治。村民也应理解村委一切按程序做出的决定,通过透明通畅的信息沟通渠道进行交流,形成良好的村委与村民间的关系,营造和谐友善、充满活力的城郊村氛围。

3. 完善公共设施的修建与管护

公共设施作为由村委或上级政府提供的、为全村村民享用或使用的公共物品,是提高居民生活幸福感和建设参与感的重要组成部分。华村相应设施的不完善反映了村集体在满足村民美好生活需求发展上的缺失,如公交站牌简陋、休息椅数量不够、健身器材伤痕累累、公园和活动中心等娱乐场所资源稀少、指示牌老旧更新不及时等。这些都是公共设施缺乏标准化、系统化设计规划的结果。公共设施建设更多的是出于表面工程的需要,没有真正起到服务于人民的目标。在后期建设中,村委要将公共设施的建设融入村庄规划布局当中,如在拆除违规建筑后的土地上修建休息娱乐区域,只有二者有机的结合才能够保证公共设施建设落到实处。

对于公共设施的维护则需要设立专门的管理和维护队伍,保证设施有人定期检查和维修,出了事情有人负责,公共设施的卫生状况有专门的人打扫,有一个好的队伍、好的管理模式对于城市公共设施的发展是很有帮助的。华村重视环境整治工程,但缺乏公共设施维护经费,在村民看来只守好自己院前屋后的一方土地就好,而将公共设施的维护置身事外。由此,除了成立专门的维护队伍外,还要加大宣传教育和思想引领,转变村民的思想观念,并通过定期举办相关活动、开屋场会或村落夜话来共同为这一事业出谋划策、贡献力量。

(三)以盘活集体经济为方法,助力乡村资源配置优化

1.集体经济发展的可能模式

从华村现有的资源看,集体所有的土地资源大部分因城市发展的规划建设被征用,其余部分由农民自行生产或租赁给企业。作为过渡型村庄,在本村范围内实行自治的前提下,资源的缺乏成为治理改进的棘手问题之一。通过盘活集体经济稳固华村的经济基础有利于其社会基础秩序的维护与发展,自下而上地与国家产生良性互动。

从经济运行的普遍过程来看,基本上存在资源—资产—资本这一模式的发展规律(张永胜,2021)。首先从资源着手,华村在后续的发展中利用集体土地增加收入的可能性较低。华村若想依靠自身资源巩固集体经济基础,可以根据其独有的地理位置,结合山上山下两处不同的条件进行发展。山上的村落(组)以茶叶种植为主,沙质土壤适合茶树生长,而本地居民又有较好的生产经验。目前苗镇推行的茶叶品种改革项目有利于推动华村的茶产业实现规模化。而山下居民户数多,且居住集中,可以利用城郊这一区位优势,发展物流服务、物业服务等行业。本村的物流服务产业可以为山上的农业生产提供产前、产后的社会化服务雏形,为日后延长农业产业链奠定基础。物业服务对象主要面向当地城市中的社区,距离近,需求大,有利于充分利用本村内的剩余劳动力,增加集体经济发展的可能。

资源开发后,要将资源转变为可持续的发展资产。华村临近高速路口,交通条件较其他村庄来说更有利于开发旅游资源,而4、5组(村落)可从承县的"最美公路"进入,结合山上的茶业开发旅游,灵活转变资源用途,提高产值。

当资产得到一定发展后,关键在于资产的进一步增值,需要考虑适应本村发展的具体投资形式。投资的选择要使得本村村民获得可观的收益,且风险要与收益对等。市场经济中的经营风险不可避免,但鉴于目前华村薄弱的经济基础,其发展应稳扎稳打,不能操之过急。

此外,华村可以评估自身与其他邻近村落的优缺点,共享发展。例如华村如果要重点发展物流服务业,可以与邻近且有特色产品资源的村庄合作,充分利用现有资源进行优化配置,发挥集聚效应,避免同区域内集体经济发展的同质化。

2.优秀乡土人才的带动策略

产业兴旺作为乡村振兴的根本(于伟宣和戴云,2021),是扭转农村"老龄化""空心化"趋势的重要方式之一。我们认为,乡村振兴并不急于使乡村实现与城

市一样繁重复杂的现代化发展,制造一块肥沃的土壤留住、吸引各式各样的人才才是乡村的长久发展之计。

强有力的村集体领导班子的建立有利于凝聚全村的力量,提高基层党建发挥党组织的组织协调与攻坚克难作用。华村目前两委成员过于年轻化,被当作"跳板"的村委工作使本村产业发展难以长效,也不足以产生激励。因此,要选优配强村干部,在民主选举的基础上,政府可以提供优惠政策或下派监督人员,既要调动村委对村内产业发展的积极性,也要矫正其不作为的态度,并建立有效的工作考核机制。当然,也要注意方式方法,避免过度行政化使基层人员负担过重。

第五节　结　语

过渡型村庄的建设对村干部的治理能力、村民的配合程度以及村庄整体的发展状况都提出了新的要求和更高的标准。通过调研我们发现,作为城郊村的华村所暴露出来的治理问题在整体发展停滞中占有较大比重,这些问题可能是中部地区城郊村在建设中会遇到的共性难题。唯有以治理创新凝聚多元合力,以需求响应夯实服务根基,以特色路径激发经济活力,方能突破发展桎梏,实现乡村善治与共富共享的有机统一。

(中国地质大学(武汉)公共管理学院

陶　舟　段佳文　杨晓燕　刘孟杰　温家琦　任奕璇)

第九章 城郊村的简约治理

中国被称为农业大国,有着悠久的农耕文明。与发达国家相比,从事农业的人口较多,他们在中国的土地上扎根生存,代表着中国绝大部分的基层人民。只有了解基层社会才能理解中国社会。本次调研对一个城郊型的过渡村华村进行了为期两周的调研,基本对所有的村干部、理事长都进行了访谈,对周边几个组的村民也进行了入户调查,对华村的基本村情、村庄社会及村庄自治情况有了基本了解。

华村作为过渡型村庄,相较于其他村庄,村庄结构及组成显得更为复杂,其过渡的特性可以从村庄的社会关系、治理运行结构体现出来。从产业发展角度看,华村内的工业园区为本村村民提供了较多的工作岗位,整体的经济发展属于上升期,为承县经济发展提供了有力支持。从基层治理的角度看,由于村庄人口与村委比例失衡,通过党建以及"两长八员"模式协同分担治理事务是尤为重要的。而"两长八员"制度作为承县特有的基层治理模式,治理效果也得到了一定的认可。按照承县要求,华村仍需要优化治理结构、培育治理队伍、完善治理机制、共建治理场景、创新治理手段。模式更新不是一劳永逸的,华村现有的干群矛盾仍未解决,村庄发展还在继续,基层治理还需提升。总体来说,对于这类治理情况复杂的村庄,其治理之道是实现简约治理。简约,即低成本,高效率。简约治理,是相对于正式的科层治理而言的,它是一种非正式治理模式,是指通过一定非正式性及灵活性,结合群众路线,使乡村拥有更多的自主性,在有限的治理资源下,尽可能更多地回应村民的诉求。

第一节 村庄概况

(一)基本村情

2019年12月,承县成为全国乡村治理体系建设试点单位。整体来看,承县的城郊村与发展中的村落数量较多,社区化是城郊村发展的必经之路。现阶段资源配置与人口不匹配造成基层治理难度大、负担重,需要县级地区制定相关的

政策,逐步形成地域特色治理体系,充分调动各主体的积极性,强化多层联动,富村带动发展村,多方面共同推进,加速完成乡村的"四治""三清一改"等方面的重建与再塑,让乡村更快更好地朝现代化发展。

华村内有隶属于承县的工业园区。作为一个城郊村,既有向城镇化转型的城市型村落,也有以务农为衣食父母的农村村落。

(二)城郊村特征

城郊村展示出非城非乡、半城半乡的特征,具有过渡性特征。

1. 传统农耕文化向半工半耕转变

从地域层次上来看,我国呈现出城市化和城镇化共同推进的局面。现代化发展的背景下,把年轻人送去上学后,进城成为家庭目标,这一代年轻人几乎没有人继承父辈的土地。而老一辈的农民由于城市的扩张或是村庄发展需要,陆续被政府征收赖以生存的土地。失去部分土地的农民,余下的土地难以维持生计,为了不给子代工作生活增加压力,只能在种田之余,再找零工减轻生活负担。原本传统的农耕文化,由于过渡性村庄的变革,逐步向半工半耕转变。

另外,城郊村相较于以农业为主的村庄,"文字下乡"的速度是较快的。本身文字被创造出来,是因为有交流的需求。在乡土社会,农民接触的都是生长、生活到老都在村里的乡里乡亲,不需要过多文字传达情感,但随着城郊村的现代化,农民接受现代化新知识的速度被迫提升,城郊村向现代化大步迈进。

2. 熟人社会向半熟人社会转变

《乡土中国》一书中,费孝通先生对照西方的团体格局思想创造性提出"差序格局"来概括乡土社会的特点。由于乡村具有一定稳定性,所以逐渐形成熟人社会。村内两个人之间的亲疏关系可以通过两方红白喜事出的份子钱来判断,出份子钱是一种人际关系的体系,也是为了证明一个人与其作为中心向外辐射的影响力的高低。另外不流动的人口使"人和人在空间排列关系上形成孤立和隔膜"。大部分农村的土地、房子都是大片地连在一起,这不仅是为了耕地方便,也是为了乡里乡亲之间安全,最终形成了数不清大大小小的村落。可能村落与村落之间隔得比较远,村民不会有过多的交际与联系,但是在村落内部,由于稳定性极高,所以久而久之形成了熟人社会。在这种社会里大家从彼此熟悉中得到信任,无须签字画押,无须法律契约,只需根据大家心照不宣的规矩,很多事都是约定俗成的,这便是传统乡村中的熟人社会。

在调研过程中,我们能明显感觉到乡村在向现代化过渡的过程中,逐渐从熟人社会向陌生人社会转变。华村作为一个城郊村,不仅有本村户籍人口,也有周边地区的移民人口,较大的人员流动使村民之间的深入接触并不多,不同的生活经历使他们难以产生共鸣。随着城镇化、现代化建设,越来越多的人放弃种地另谋生路,村民间的联系与交流慢慢变少。华村乡村社会原本因地缘结成的亲密关系越来越淡薄。每个人以自己为核心扩散的圈子范围不断扩大,原来的紧密关系逐渐分崩离析,熟人社会一步步朝半熟人社会过渡。随着时间的推移,原本固化的乡土人际关系被冲垮,乡土力量也随之削弱,最终导致村庄社会关系走向"陌生人社会"。

3.嵌入县域的乡村经济

集体经济是我国公有制经济的重要组成部分,由合作社发展演变至今。农村的集体经济参与了从脱贫攻坚战到现在的乡村振兴,一直以来都扮演着极为重要的角色。华村集体经济主要服务于县域经济发展。

首先是村庄征地。为了响应国家号召,加快城镇化建设,承县政府将越来越多的农村集体用地征用为城市建设用地,将部分乡镇纳入高速、高铁的行驶范围,完善各地交通等基础建设,华村被包含在其中。征地不仅仅是给村民补偿,土地作为村集体的部分,有20%土地拆迁款归华村集体所有,像一些公共区域、沟、渠、道路等应按面积补偿给华村。但自征地以来,由于种种原因,集体补偿款一直未到华村的账户。另外还有一部分征地是为了隶属于承县工业园区的发展,在与工业园交接期间,工业园曾承诺会对本村村民有优待政策。但在调研中我们发现,工业园区仅将周边村民视为廉价的劳动力,甚至其他村的工人比例要大于本村的村民。所以对于华村村民以及华村而言,征地拆迁后并没有获得预期利益,反而因补偿款导致出现对村干部乃至政府的信任危机,关系难以缓和。

其次是基础设施建设。华村很多项目建设的资金都是来源于县域的拨款,但是近年来的基础建设工程总会出现实施效果不好、资源与经济浪费的现象,主要原因在于村庄缺乏合理有效的监督。虽然乡村基础建设是乡村发展基础中的核心,是上级领导视察目光所及之处,但村干部也提及:"因为项目其实不是村里承包的,所以在施工完成后,项目出现问题,村民来找我们反映,我们能做的也只能是向上级政府反映,或是给村民一个临时的解决方案,具体还是要等政府出经费来解决。"基层治理很多时候就是利用更少的资源、更少的经费去建设更多更好的项目,虽然华村集体拿不出更多的经费去完善基础设施,但可以将基础建设与村民的利益捆绑在一起,变成村集体的共同利益,共同建设项目,村民同时充当监督方,才能与村庄一起迈进现代化高质量发展。

第二节 村庄治理现状

传统乡村社会日常生活中维持村集体的是礼治秩序,由乡土社会的稳定性决定的,人民生活在不流动的熟人社会,与外界几乎没有思想交流,在祖祖辈辈的思想传承下会形成当地固有的、约定俗成的道德体系和行为规则,村民之间的事务通过这种以礼治为基础的惩罚与监督机制就可以解决。随着现代化的逐步推进,很多传统乡村社会也逐渐丧失其稳定性,形成的新型社会关系与原本的礼治秩序不再相互融洽,华村在经历社会变革后展现出独特的治理现状。

(一)村治工作架构

在与书记访谈时,他向我们介绍具有华村特色的村庄治理模式,即"双线运行、五级架构"。该模式是城郊村过渡性社会以及行政功能渗透与党组织力量下沉后的理性选择。华村村两委班子可以划分成"双线运行",即村庄是在党总支与村委会两方协同下进行治理的。"五级"由上到下分别是指承县政府、苗镇政府、华村村两委、华村党小组及理事会和村民。

1. 双套不同治理模式

为了缓解农村村民因居住分散而导致的组织聚集困难、公共服务难以到位等问题,承县开展了一场基层自治模式的探索。自2012年开始,承县设立13个试点村落进行社会治理创新模式建设,推行"一长八员"制度,由于制度推行效果好,市、县级政府要求在制度中加入党建引领,改革成"两长八员"制度,最终形成了基层社会治理新模式。该模式开展以来,始终坚持党的领导,通过合理规划村内治理单元,强调民主参与,让村民选出以信任为基础的理事会成员,而理事长等人也会为了村民的期望与信任,接手组内大大小小的矛盾纠纷,从而落实村民自治秩序。当地在进一步强化制度建设后,成功探索出一条党建引领、共建共治共享的有效途径,为推动基层社会治理现代化提供了新模式。

2020年,为了响应将社会治理重心向基层下移的要求,承县通过转变治理方式、优化治理结构、整合治理资源、创新治理措施,推行"幸福小区"建设工作,具体是构建以"社区党委—小组党支部—网格党小组—居民党员"为主线的社区党建工作体系,以"社区居委会—居民小组(片区)—小组(网格)业委会—居民"为轴线的社区居民自治体系,以"社区功能大党委—片区功能党支部—责任区功能党小组—机关企事业单位党员"为主线的功能党建体系。因此华村为了进一步落实县级政府政策要求,对于山下8个村民小组,推行"幸福小区"建设,对每个楼栋实行"1+2+N"管理模式,明确一名下沉党员,一名网格员和若干名社区志愿者协助共同管理,同时将选出来的服务人员,增加告示牌在相应楼栋进行告示,利用网格员对幸福小区进行精细化管理,增加"小区夜话",进一步畅通小区的沟通交流机制。

"幸福小区"的建设过程,参照了城市社区的管理模式,通过增设网格员进行信息管理,网格员是县政府下派的专职人员,不归村委会管,主要工作是录入村民信息,比如对村民自建房等进行摸底排查,或者对村民接种疫苗情况有一定了解,需要将自己所划分片区的信息汇总,日常要做到信息更新,也需要对租户有一定的了解。除此之外,网格员还需要协助村两委的工作,推进"幸福小区"网格化管理。而山上2个村落由于流动性没有小区那样畅通,大多数是在家种田为生的老一辈农民,因此华村选择利用两名后备干部,由他们进行基本信息的汇总以及变更。总体来说,华村在"双线运行、五级架构"的基础上,按区域特点进行分类建设,始终坚持党建引领,加强基层党组织建设,通过建立健全基层治理体系,有效化解农村基层社会"神经末梢"的管理缺位和失灵问题,最终破解基层治理瓶颈问题。

2.大村小组治理模式

将华村方圆5km,按地域发展划分成10个组。每个村干部除了自己本身职责所在,还需负责管辖2~3个组的具体事务,每个组都有本组的"两长八员"以及对应的包干责任单位。作为村干部,大多时候难以顾及本村14000多人的常住人口,一一了解他们的日常所需以及困难问题等,因此通过将大村划分成以组为单位进行管理,利用"两长八员"制度架起村干部与村民沟通的桥梁。以华村推行殡葬改革政策为例,首先由村干部对政策进行学习,制定措施;其次召集10个组的组长开会,就杜绝土葬进行研究讨论,指出工作推进的难点以及切入点,并利用党会加强对党员的宣传,达到更好的政策宣传效果;最后通过村民代表不断参会,不断商讨发表意见后,由组长利用微信群宣传,通过打电话、邻间及上班宣传等综合方式,让村民更加全面地了解政策实施的意义、目的及方式等。

由于理事长(组长)们是最了解本组内村民情况的人,虽然有八员承担不同职责,但是村民有事主要会找组长,由理事长(组长)联系八员对应人员协同解决问题;倘若解决不了,理事长(组长)将上报给村干部,因此"两长八员"中发挥绝大多数作用的是理事长(组长)。这种治理模式目前是承县特有,通过村民推选以及本人的公益热情,自发地为村委分担基本自治职责。由于村民的利益诉求是不同的,难以百分之百满足,因此对于少数人的特殊需求,通过理事长(组长)自身角色定位,予以定点帮扶。由于村委会的行政化程度高,所以为了使组织结构更加合理化,承县进行了制度创新。而理事长(组长)作为基层治理中干部的延伸,也是村干部在村委会坐着就能将基层治理做到基本维稳以及村庄发展的保障之一。在行政化程度高,村干部全职坐班,同时要对其工作实施过程、结果监督的今天,只有通过动员,先将少部分人调动起来,以小组的方式进行村庄治理,才能尽可能减轻村干部治理负担。

(二)村庄公共服务呈现竞争性

城郊村人口的增加导致本村人口对基本公共服务需求的增加。由于华村本身资源供给有限,因此人口数量与公共服务的数量并不能完全匹配。长久下来,华村常住人口只增不减,使村庄公共服务出现"拥挤效应",产生竞争性。

华村村内有不少产业加工厂,包括几百家电商企业、纺织业、玻璃厂等,在发展经济的同时还提供了众多就业岗位。同时相比于苗镇其他几个村庄,华村幼儿园、小学等基础教育资源较好,师资水平与素质较高。为此华村除户籍人口以外,大量涌入两类人群。一类是从周围村庄迁过来的农民劳动力,他们为了谋求更高的工资,在征完地后寻找工作谋生活,到华村的工厂里打工。居住在中心城区,路途遥远,物价水平以及租房费用都比村里要高出数倍,综合衡量之下,大量人群选择在华村打工。另一类是过来陪读的老辈。这类人群通常由于子女在外打工,工作繁忙顾不上照顾孩子,而孩子又到了上学的年龄,故选择将孩子委托给老人照顾,并给其在村里租一套房子,老人通常负责接送孙子孙女上学放学,做饭照顾起居等。

在入户调查时,询问村民日常生活是否有解决不了的问题时,很多外来住户反映,他们不是华村本村人,是因为种种原因搬过来,现居住在这里,但是他们基本与村委会没有联系过,有问题最多会找邻居寻求帮助。而在对村干部访谈中,我们了解到,其实外来人口也是可以享受本村的公共服务的,但是因村干部的人员配备及其高负担的工作,难以让他们再将外来人口纳入服务范围。只能要求理事长(组长)空闲之余,去了解外来人口的一些基本信息。同时外来住户也认为,他们不属于华村户籍人口,是属于别的村子的,有问题应该回本村去解决。这种想法无形之中加大了处理事情的成本,而村子原本的资源配置问题也让其失去享受公共服务的机会。在调查中了解到,华村私立幼儿园上半个学期大约要缴5000元的学费,对于很多有孩子的家庭来说,这笔费用几乎占去了家里一大部分开支。正因为在村庄缺少面向孩子的公共服务,因此幼儿园显得格外稀缺,而能让家长认可的幼儿园更是少之又少。

山区空心化导致村民往中心村或是城镇化程度高的村庄迁移。这就导致过渡型村庄的公共服务不能很好地与人口相匹配。可以通过与市场、政策的有机配合,构建有村庄自身特色的并与之相配的公共服务,才能协调好人口流动与基本公共服务资源配置的空间合理性,以缓解我国现如今不平衡不充分发展同人民日益增长的物质文化需要的矛盾。

城郊村同时包含了城市与农村的双重属性,而不同性质的社会形态,治理模式也是不一样的。华村的过渡性,导致其具有两套不同的治理模式,需要同时兼顾小区和村落的发展。华村常住人口数量与村两委干部数量严重失衡,若要充分调动包括村民在内所有自治主体的积极性,优化资源配置,就要构建出华村多主体共同参与社会治理的模式,由此导致村庄治理网络结构复杂。一旦各方权责不够明晰,各主体之间易出现互相推让责任的现象,村民在寻求帮助时,找错主体,最后只得到一个"这事不归我管"的结果。

在访谈华村村民过程中,也了解到村民以前有事习惯于去找村委会干部。因为在村民眼中,村委是一群"当官"的,有能力有权力给他们解决问题。但是随着合村分组,华村开始实施以组为单位的管理方案,鼓励村民有事先去找理事长(组长),将村民的诉求就地解决。据了解,理事长(组长)虽然是靠着乡里乡亲一票票投出来的,但是平时也是有自己工作的,久而久之,村民也不好意思事事都去麻烦理事长(组长),一些可以由理事长(组长)出面协调解决的事情仍然由村委解决,理事长(组长)并未能减轻村干部的负担。所以在华村这样一个具有特殊形态的村庄,要将治理网络结构合理化,需要各主体职责分工明晰,强化各级联动。

(三)以不同视角感受乡村治理

1.基层干部视角

此次调研对华村所有的村干部都做了一次访谈,从他们的工作开始谈起,到对村庄各个具体事情的看法。访谈过程中可以明显发现,不同年龄的村干部对待村治工作的激情与信心都是不一样的。在谈起华村经济发展时,有多年村干部经验的书记表示,华村经济主要是服务于县域经济发展的,想将本村经济发展壮大起来,长路漫漫;而作为年轻代表的治调主任认为,农贸市场经过整改之后,肯定能将周围经济带动起来,村集体经济壮大也是早晚的事。虽然不同干部的工作热情不一样,但是他们一致认为:村治工作很难做好。因为华村人口流动量大,与基层干部比例悬殊,村民众口难调的要求无法做到一一回应。因此对于村委会来说,他们的人力物力有限,大部分情况需要村民开展自治,村民之间互帮互助,不能过度依赖村委会。比如说防汛防洪,村委会肯定会帮助有困难的村民;但如果是自建房的排水系统,他们没有精力也没有义务去一一帮助他们疏通管道。这种时候如果村委会处理得当,村民会感谢政府,倘若处理不当,居民会认为村委会占着官位不做事,过于官僚主义,服务态度不好。总之,村委会很难做到让每个村民对村干部都百分之一百的满意。但很多村民认为,村干部拿了这个"饭碗",就应该满足大众的需要,这是他们的本职工作。

作为村级自治组织,最重要也是最基本的工作是维稳,在维持村庄稳定的基础上发展。与此同时,城镇化发展速度越来越快,村庄也被迫改变原本的发展态势,加之上级政府给村干部增加的各种"留痕工作",强调过程与结果双重监督,村级干部的负担与压力应运而生。

2. 理事会视角

对华村的"两长八员"或是楼栋长们而言,参与村庄治理完全是自愿,依靠着内生动力与积极性。他们愿意参与村庄自治,很大一部分原因是他们从小在华村长大,与华村有不可磨灭的地缘关系,爱着这个村庄。此外,他们到了一定年龄,子女长大成家立业,家里没有经济压力,同时又受到村民的尊敬,让他们去贡献自己的力量服务村民,相较于其他群体是较为容易的。而作为村庄个人的力量,他们能做的主要在于帮忙调解群众纠纷,以及上传下达一些政策文件,将村民反映的问题以及困难汇总起来,向村干部反映。作为联系村干部与村民的桥梁,相对于村民来说,他们能知道村委一些日常安排、最近忙的工作,对基层治理不仅仅是服务工作有一个基本的认识。同时,作为村民之一,他们也能理解村民遇到困难,诉求无果后的焦急与无奈。所以这部分人其实是村干部与村民之间的传话筒,一般村干部下组探访时,都会请理事长来带路,不仅仅是因为理事长更了解村民情况,而且是因为相比于村干部,理事长能更好地与村民沟通交流。

3. 群众视角

村民会认为现如今脱产化的村治工作,相比以前要轻松很多。在"两长八员"制度成熟以后,这样的想法愈加强烈,理事长或组长都没有固定的工资可以拿。所以他们认为,有困难、有需要时应该找村干部,既然他们拿了工资,就应该完成自己的工作。在信息化时代的今天,村治工作不再停留于基础的群众工作,下队入户等,更多的档案整理、政策下达、信息传递都转变为电脑整理、传达,办公纸质化逐渐被办公电脑化所取代。一些对于信息化时代难以接受的村民就会认为,村委每天的工作就是对着电脑"敲敲打打",谁也不知道具体是在做什么。

第三节 乡村治理特质

村治工作从来都不是一件容易的事情,小到村民矛盾纠纷、村民的日常生活,大到村庄的经济发展、项目建设,甚至村庄的社会关系,都会影响到村庄治理。在村庄治理中,即便是相同的政策或管理办法,还是会因为不同的地域、村民,而导致不同的治理效果。因此,想了解更加实际的村治工作,需要结合村庄的特质。

(一)全职坐班化的青年干部治村——村干部

1. 村级干部的工作压力大

一直以来,我国农村都是采取村民自治制度。随着农村经济体制改革,得到经济自主权的农民开始关注自己切身的利益,包括村庄的治理事务、村干部的选举等。正是在这种背景下,我国农村开始前所未有的实践——成立村委会。过去,村级治理任务是一些粮食生产、计算村集体开支、保管生产工具等工作,而现在的治理任务更多的是环境治理、基础建设、项目发展等。正因为治理工作牵扯到经费的使用,对于村干部来说,坐班化更是代表村治工作就是其本职工作。上级政府为了更好地监督管理基层工作者的工作完成度,采取事事留痕的办法,是对基层工作的认可,也使基层工作更加职业化、专业化。留痕工作不单是为了监督管理,从另一个角度来说,基层工作难免遇到一些钉子户不予配合的情况,可能今天同意了,事后反悔的情况都是常有的,所以留痕工作对基层工作者也是一种保护。

但留痕工作也加重了基层负担。在对纪检委员的访谈中,他向我们反映:"留痕工作实在是太多了,每天如果不下队(去各个组走访),就有数不清做不完的报表要写,感觉时间都花费在写报表上了。"这位村干部很直白地向我们表示,留痕工作做得太多,容易导致工作只停留在表面,只做一些留痕中看得见的事情。现在的基层工作需要紧跟时代发展,不仅要将村庄的治安、日常纠纷处理好,还要考虑如何发展村集体经济,如何利用不多的经费改善基础建设,面对村民不同的诉求,尽可能做到有回应。种种加之,导致村级干部的工作负担增加。所以也有村干部表示基层工作人员就是做了公务员的事,上了公务员的班,但没有公务员的待遇。在调研过程中,遇到山上一位老党员,以前在村里当了四五十年的会计,但是因为以前没有养老保险这一说,退休时年龄过了 60 岁,到现在 90 多岁,一点生活保障都没有,只能靠子女赡养。据了解,现在村干部收入加上村集体项目分红以后,一年收入在 4 万~5 万元,相比之前收入增加了不少。但是相比于上级政府的工作人员,村级干部只能自行缴纳养老保险,才可能在将来有基本生活保障。

除此之外,年度考核也以留痕材料为依据。一般次年年初县及乡镇政府会派各个部门,比如公安局、社保局、人社局约 20 个代表还有各党员与群众代表,利用村干部日常的留痕工作,通过村干部的会议记录、档案等进行一年一考核。比如纪检委员,主要是检查相关案件、安全生产、林业、企业建设等文件,考核主要以资料为主,实地考察比较少。这种考核留痕机制其实无形之中助长了留痕工作向形式主义迈进。在调研时,恰逢村干部带领一个志愿队去探访一个先天身体畸形的女孩子,在探访过程中,志愿者们在与小女孩及其家人合影之后,就站在那里摆弄手机,整个探访过程也很快,全程 10 分钟不到。

基层工作者的任务指标增多,他们可能会花更多的心思在如何完成指标,如何超过其他村获得上级资源上,而为群众服务就排在之后了。

2. 村级干部趋向年轻化

在我国迎来脱贫攻坚战胜利的今天,坚持农业农村优先发展,要持续缩小城乡区域发展差距,让这些地区在现代化进程中不掉队、赶上来。各地基层组织为了提升基层治理能力,提出在农村干部队伍中增加一批年轻人,希望可以通过注入新生代的血液推动农村又快又好发展。在调研中发现,华村村两委干部年龄都在 20~30 岁之间,只有书记是工作多年的村委。在对书记访谈中得知,为了让村干部在岗位上工作得更久一点,偏向于选择年纪较轻一点的人才。如果是快到退休年龄的村民,就算对村情很了解,将工作内容熟悉得差不多后,可能就要退休了,村庄的发展又要等下一位新上任的干部才能继续推进。

然而,对其他几位年轻干部访谈过程中,询问选择当村委会干部的原因时,他们表示,现在国家为了鼓励年轻人到基层工作,有相应的鼓励政策,在基层工作满几年的话,可以报考公务员。现在只是在村委会工作的同时等待机会,不会一直留在这里的。虽然也有像"感动中国2019年度人物"黄文秀那样立志村庄发展的村干部,着实令人动容,但是绝大部分注入基层的新鲜血液是以基层工作经历为跳板的。尽管在工作两三年后对村民村情有了深入了解,一旦有机会,他们还是会毫不犹豫地跳出基层,寻求更好的发展。再招收新的年轻人,又要从头来过,先熟悉村庄的基本情况、治理模式,这并没有达到最初想引入新鲜血液的预期。

村民代表指出,这几年,上级政府对很多事情都管得比较严,村干部滋生腐败的现象有所减少。在去年换届以前,村干部是村里的老人,虽然他们有能力治理村子,但确实存在腐败现象。换届以后,村民委员会主任年轻化,腐败现象有所减少。但是他们经验不足,相比以前村干部的能力要稍微弱一些。

华村村干部的特点是年轻化。年龄大的干部可能在村里生活了几十年,家家户户的情况都烂熟于心,而年龄小的干部可能更有动力,对于各种项目建设都充满信心与希望,对于基层治理工作也更有可能提出新观点与想法。只有将两者优势结合,才有可能提高基层治理能力。而在村干部逐渐成为全职的情况下,如果想将人留住,要让干部有最起码的生活保障。就像一位村干部所说:"还不如我以前开面包车接小孩子上下学的工作时间灵活、赚得多。"因此,通过一些物质保障,可以激励村干部更加全身心地投入治村当中。另外,大多数愿意当村干部的人还是希望本村可以建设发展起来,也愿意为人民服务,即便没有过多的物质奖励,也可以得到一些精神上的荣誉。

(二)党建引领的基层治理模式

华村利用党总支班子的几位成员来具体统筹,将本村分散各组的党员调动起来,从而吸收更多力量完成整个村庄的共同治理。

1.充分发挥党员先锋模范作用

基层强则国家强,基层安则天下安,必须抓好基层治理现代化这项基础性工作。如果想要又快又好地提升基层治理能力,就需要坚持把党的全面领导贯穿到基层治理的各方面、全过程。华村在2020年新冠疫情暴发的时候,由于村子离高速路口很近,为了保证全村人的生命安全,需要有人排班24小时不间断地在高速路口执勤站岗,对来村人员的车辆、人员信息进行登记排查。因为高速路口人流量大,执勤人员存在一定安全隐患。华村发动党员带头,优先报名当志愿者,服务全村人民。党员带头做表率调动了全村人民捐献物资捐款,征集了众多志愿者按排班去轮岗执勤,甚至很多退休在家的老党员,都坚持要当志愿者。老党员认为,自己当了一辈子的党员,作为一个老干部,肩负党的责任,危急时刻就是要全心全意为人民服务,贡献自己的力量。华村村民一开始没有把疫情当一回事,不理解疫情的严重性,村干部带动党员,挨家挨户地宣传,耐心解释疫情的现状,提醒村民要记得戴口罩,非必要不外出。随着疫情形势严峻化,越来越多的村民意识到防疫的重要性,他们积极参与到华村的防疫小组当中,希望为本村防疫工作做出自己的贡献。

党员不单单在疫情、洪涝灾害这样的特殊时期发挥先锋模范作用,在日常治理中也发挥着重要作用。为了更好地发展村集体经济,华村需要征收部分村民的土地。对于农民来说,土地就是他们赖以生存的生计,祖祖辈辈都是靠这几亩地生活的。现在要为了村子发展征收他们的土地,补偿款还没以前多,农民纷纷不同意。难以疏通群众工作的村委会,将目光转向党员,希望党员带头征收土地。在开了一次次屋场会,一次次夜话之后,大部分村民了解了新政策。

另外,华村也充分利用下沉党员的作用,在网上合理派单,在下沉党员空闲之余去村里做一些基础的群众工作,比如慰问五保户、拆除违规违建物的监督管理等。下沉党员工作,对于村里的党员干部也是一种变相的提醒,告诉他们身为党员,在村资源有限的情况下,要主动带领大家积极展开自治,有困难一起解决,有纠纷互相协调。总之,在村委工作难以开展或是村委负担过重,难以满足所有村民的诉求时,党员的作用就充分展现出来了。作为华村的一分子,作为华村的党员,要主动发挥党员的主观能动性,建立一个强有力的基层党建组织,切实把党的组织优势转化为基层治理效能。

2. 定期开展主题党日活动

华村党总支下分3个党支部,每个党支部都由党总支领导班子的一个成员管理,而党支部又按照华村划分的组别分成10个党小组进行管理。每个组都有一个党小组长,职责是对村里的政策进行宣传引领。华村每个月定期召开一次党员大会,每次会议内容都不一样,主要围绕近期村内工作任务以及国家召开的会议精神展开。因此在党员大会上,村民委员会主任首先为党员宣传最近村内重大事项,对于已经开展并结束的工作进行总结,给正在开展的工作提出问题并给出解决方案,介绍上级政府下达的工作任务以及政策。让党员群众了解村干部近一个月以来的工作安排,也是让党员最先接触即将开展的工作,调用党员的群众基础做实做透,通过党员扩大宣传范围,其核心就是为群众服务。如果真心实意地为群众工作,久而久之,群众也是会看在眼里,记在心里的。

因此，在自治资源极度缺乏的华村，选择率先通过党员示范，宣传政策，带头支持村干部的工作，的的确确为村干部减少了群众工作的负担。但是相比于其他的党建引领示范区，华村做得还远远不够。如果说要达到利用党建来夯实基层治理效能，那么华村还只是迈出了一小步，没有达到"1+1＞2"的效果。可以通过横向构建以村党组织集中引领集体经济组织、物业、企业、社会组织、志愿组织等各类经济社会组织环绕聚合的组织矩阵，建构起条块结合的政府组织体系和管理体制，基于此最终实现村庄的简约治理。

第四节 乡村治理面临的挑战

（一）治理工作重点——矛盾纠纷调解以及人居环境整治

在基层治理过程中，最基本的村治工作就是维护村庄的基本秩序。以前的农村社会，由于农民世世代代都是依靠土地生活在一起，农民低头不见抬头见，有矛盾纠纷找村委会主任这类有很高威望的人来主持公道。但是随着亲缘、地缘关系的瓦解，原本"面子"也不那么管用了。对于村民来说，威望再高的人也不能让他们在维护自己利益时让步妥协。因此会出现很多在村庄处理不好的纠纷，要上报到乡镇一级去处理。与此同时，为了降低治理成本，村干部需要负担起处理矛盾纠纷的工作。但是很多时候，村级自治组织没有更多的权力与能力去调解矛盾。调研时，我们了解到华村6组发生过一次难以协调的纠纷案件。村内一户村民发现水井盖丢了，向村干部反映是另一户人家偷的，另一户人家拒绝承认，说被污蔑。事情村委协调不好，只能打电话报警，请公安机关介入处理调解。

华村正处于向城镇化、现代化转型过程中，需要村委对人居环境整治有长期的规划，有大局掌控意识，跟上苗镇乃至承县的发展速度。华村目前也有相应的工作重点，比如，杜绝排污企业将废水污水排到河道里，每周五还有华村全村的村居清洁活动；根据政府相关指示文件，村民自行处理自家门口的垃圾、石头以及杂草等，达到"十不见"的目标。除此以外还有生态建设项目，对土葬的公墓进行整改，建设生态公园。同时还利用责任承包责任制，落实环境整治责任。为深入推进人居环境整治，华村现还有正在实施的项目，修复河道两边堤岸，保护村民的生命财产安全等。在规划的同时也考虑村民的需求，通过合理利用有限资源逐步完善人居环境。比如，原先组内离村民居住很近的地方有一个垃圾处理厂，对村民生活的影响很大，因为华村内所有的垃圾都是要运输到这个处理厂进

行处理。经过村民的投诉以及反馈,将垃圾处理厂关闭,实行垃圾分类,要求村民丢垃圾要按类别扔,垃圾分类箱陆续在各组按规划安装。

(二)治理工作困点——难以引导群众自治

长期以来,基层治理陷入"没钱不能开展工作"的陷阱。但事实真的这样吗?没钱真的不能开展治理吗?基层治理是自治,以前村庄的公共事务都是靠村民自发来维护治理。比如街道的清扫工作,在城市发展之前,大家都是"自扫门前雪",自己的垃圾自己扫,根本不需要另外请人来监督和帮助环境卫生清理。但是为了改善环境,开始设立相关项目,配备相关的清理卫生人员之时,环境清理便纳入基层政府的管辖范围之内。一旦将卫生清理与村民的义务分开,村民就不会自觉清理垃圾,甚至认为这就是村委应该做的事情。随着国家强调精细化管理、网格化管理,明确基层政府的责任,将基本的事务纳入基层工作者的职责范围内,村民不再将自己算在自治主体之内。

过于强调基层政府的治理责任,忽略了农民的责任,导致的结果是公共治理水平衰减。一旦村民遇到一点事情,第一反应就是去找村委会、村干部。虽然在自治过程中,积极引导党员发挥带头模范作用,但是无法改变包括党员在内的村民认为基层管理事务不归他们管的现象,所以在村民得不到村干部回应时两者矛盾加剧。与此同时,由于村庄社会结构、社会关系的转变,干群关系也随之变化,这也直接使得村干部治理工作出现难点,始终难以做好群众工作。

调研中,村干部反复强调,村集体没有多少资金,村庄治理陷入瓶颈,难以进行下一步发展与治理。事实上,基层工作的难点不在于没有资金,而在于基层干部难以培养村民有意识进行自治。因为基层工作的核心主体是村民,只有万众一心,让村民一心为村,村庄治理才会事半功倍,反之则会事倍功半。随着社会治理创新的开展,参与村庄自治的人数由原来的十多人增加到了八九十人,也加强了部分村民的主人翁意识。村落理事会成员由村民选举产生,村民认为村内有威望的村民参与治理更能反映群众诉求,代表群众利益。为了促进华村更好地实现三治融合,需要鼓励群众参与基层治理,否则一直陷在没钱办不了事的陷阱中,基层工作者的负担越来越重,治理成本将会不断提升。

(三)治理工作难点——难以做好群众工作

在乡村治理过程中,村干部所做的工作很容易与村民的需要相脱节。以前村干部所做的工作是对村民生产生活进行管理,现在村干部需要着眼于村庄治理、经济发展。村庄现居的老人居多,有困难有诉求的大多也是这类群体。由于时代的发展,现在的政策与以前的政策相比产生了很大的转变。村委在宣传政策时,很有可能会遇到老人不理解的情况,需要工作人员好好地沟通。如果缺乏沟通,或者沟通方式不畅,就会导致群众工作不好做,政策梗阻就此产生。村庄发展与村民利益相挂钩,若是村民不信任,则会导致村干部在村庄治理过程中,更难以做好村民工作。对于村治工作而言,只能尽可能让村民理解政府政策。在调研初期,我们能明显感受到村干部所做的工作并没有得到村民的认可。村民表示:"不知道村委会那些人天天在忙些什么,村民的需求时常得不到村干部的回应。"信息的不对称,使得村干部与村民有可能形成利益博弈,两者的"供求关系"存在一定张力。

另外,村干部和村民看待问题的角度不同,群众工作难做。比如雨污分流的例子,村副主任认为,村民对雨污分流建设有意见,但雨污分流项目是区域化建设项目之一,村里对该项目导致的问题无法解决。现阶段只能采取一些临时性的措施对问题进行缓冲,以保证村民日常生活生产的需要。要彻底解决问题,则需要在以后的建设中将雨污分流建设考虑进来,向县政府打报告申请资金,协商资金由谁来出。但村民需要马上解决问题,这就与村干部产生矛盾。村委办事需要有一个流程,还需要资金,但是村民并没有考虑到这些,因此一旦存在村委对他们的问题不做出正面回应,或是处理结果未使他们满意,村民就会认为村委对他们重视度不够,不作为。可能村委做了十件好事,有一件事情没有做到让村民满意,村民就只记住村委办了一件不令人满意的事情,而忽略之前帮村民处理好的事情。

总之,治理工作的重点、难点,有可能是因为村民不理解村治工作,也有可能是村干部工作没有切身为村民考虑。作为村干部在开展工作中,要时刻牢记"听民声、察民情、知民意、解民忧、暖民心",鼓励村民积极参与自治,充分利用广大村民的力量,将其作为基层工作者的后方支援,通过协调村干部与村民的关系,缓解利益纠纷带来的敌对气氛,才能让村干部更好地服务群众,让村民提升生活质量。

第五节 结 语

华村的简约治理是应对复杂治理环境的适应性尝试。在资源有限的情况下如何分配资源,村干部、理事长、村民等多元治理主体的立场与诉求各异等问题的存在成为简约治理效能提升的瓶颈。发挥党员先锋模范作用以带动自治主体共治为破题提供了明确方向。当然,这并非简单叠加行政力量,而是将党员作为连接组织与群众的桥梁,将"自上而下"的治理要求与"自下而上"的自治需求有机融合,从而真正激活简约治理的核心动能:多元主体的协同共治。

未来,可通过制度设计优化资源分配机制,依托党员在凝聚共识、化解矛盾、服务群众中的纽带作用,吸引村民参与村务的意愿,实现"简约"不"简单"、"治理"促"善治"的目标。

(中国地质大学(武汉)公共管理学院

陶　冉)

第十章 乡村千百味:基层治理的酸甜苦辣咸

乡村稳则天下安,乡村富则国家盛,乡村生活是中华民族世代向往的精神归宿。云村位于承县苗镇西南方向,是当地小有名气的"明星村",近年来获得了各类荣誉称号。云村拥有属于自己的村庄特点,同时也映射出现代村庄的发展现状。第一,人口老龄化程度高,常住居民以60岁以上的老年人为主。这主要是由于大多数青壮年在年轻时外出务工,等到中老年时期再选择回归乡村生活,呈现出候鸟式的活动轨迹,因此农村始终缺少足够的劳动力资源发展经济。第二,对政府资源的依赖性强。目前,乡村建设的大多数项目及资金是经政府批准下派的,因此,村庄的发展路径很大程度上取决于政府的规划,乡村失去了一定的自主权。第三,人情化社会氛围浓厚。乡村里的各家各户是相互影响、相互依存的。在乡村中生活,就像生活在一个大家庭,每家每户的人情关系十分紧密。作为一名之前从未踏入过乡村这片热土的学生,笔者在这两周调研中真真切切地看到了乡村生活的面貌,亲身实地的感受到乡村基层治理的酸甜苦辣咸。

第一节 公平:资源配置背后的挑战

在乡村资源配置问题上,要公平,以实现乡村发展过程中的整体均衡。

(一)装饰了一半的蛋糕

"美丽乡村建设?不太清楚,村委会那边发展得比这边好,你们可以去问问。"在小组就美丽乡村主题开展访谈过程中,我们经常会听到这样"酸酸的"答复。这样的说法不无道理。

云村村落房屋建筑沿河两侧呈条状分布。全村12个村落分别位于村两侧,在实际走访中,能够明显观察到河岸两侧基础设施建设的显著差异。

首先是村两侧的房屋样式,村委会一侧村庄多为统一样式的青砖白瓦建筑,部分墙壁还绘有水墨画图案,整体美观大方,颇有江南风味。而河对岸一侧房屋建筑则较为老旧,样式各不相同。其次是村两侧的道路,村委会一侧为宽敞整洁的柏油马路,而河对岸一侧道路坑洼不平,宽度也远小于另外一侧。最后,村委会一侧小商店、快递驿站、广场等数量较多,而河对岸一侧则相对较少。

在基础设施配置中如何体现公平?答案是村民自己觉得被公平对待。

"我们村落这边没有广场,其他村落都有。""村委会那边道路修得宽敞,这边施工队已经和公司扯皮好久了。"基础设施差异使得河岸两侧居民的生活质量出现了差别,同时也影响到了部分居民的获得感和幸福感,尤其是云村在2019年开启美丽乡村建设项目以来,选择将资金集中投入村委会周围的试点区域,建设健康步道、花园庭院等娱乐养生类设施,造成了河岸两侧基础设施建设的显著反差,就像是只精心装饰了一半的蛋糕,一半铺满了美丽诱人的花朵,而另外一半甚至还缺少表层的奶油。

除此之外,基础设施的使用效率问题也应当被重视。目前村庄建设了几处公共厕所,但使用者也仅限于每年特定时期前往村内采摘园和示范茶园的游客,这在部分村民看来实属资源的浪费。"除了公共厕所,健康步道平常也没有人去,我看这都是应付检查的面子工程。"村民视角下,这些基础设施并没有为自己带来真正实惠,这也反映出村民的需求与村委会总体规划产生了矛盾和脱节。

还有一些村内的沿路设施是由政府项目拨款建设的。云村是"数字乡村"的典型示范村,因此在村内修建了数字测控屏,将每天的温度、湿度、风向等信息显示在屏幕上,供行人参考。数字化建设能够帮助乡村更加智能化、便捷化,但对于村民的日常生活又有多大的帮助呢?"那个屏幕其实就像个摆设,也没有人会去看。"不少村民认为这种建设项目过于形式化,并没有给村民带来好处。另外,据我们观察,村内设置的图书馆也少有人问津,馆内图书多数作为摆设应付考察,这类设施并没有很好地契合村民的实际需求。

(二)是谁这样做的蛋糕?

其实,村两侧基础设施的差异问题不是一天两天形成,有时如何建设也不是由村委会所决定的,这些都是历史因素、政治偏好、经济发展潜力等多种因素综合影响的。

从历史因素上看,云村是2011年由以河为界的X村和H村两个村合并的行政村,河岸两侧原本发展情况就有所差异,由于河岸的地域分割及不便的交通,使得两村居民的交流并不密切,两侧原本的发展规划也不尽相同。

从政治偏好看,发展好的区域通常会得到更多的政策重视。有时,村委会为获得项目资金,也有可能建设部分"面子工程"。同时,村委会领导班子对村庄各区域具体情况的了解程度也有所差异,无法完全了解或兼顾到另一侧,从而存在一定的主观偏向。

从经济发展潜力看,村委会所在一侧的道路通往风景区,人流量较多,是多个经济主体活动的主要区域。为了能够给游客带来更好的体验,政府带头修缮途经道路以方便游客前往风景区,云村村委会一侧借此机会建设了广阔平坦的柏油马路。而河对岸一侧交通不便,未靠近经济活动地区,环境相对闭塞,经济发展潜力小。

(三)蛋糕究竟应该怎么做?

在乡村治理及建设的过程中,经常会出现基础建设资源分配问题。如果资源配置效率低,则会使村民的满意度下降,影响人民生活质量以及乡村居民间的和谐共处氛围。村委会是首席乡村"甜品师"。为了乡村的良性发展,村委会作为拥有资源调配职能的第一组织者,自然要承担起全方位考量各方利益的重任,公平、公开、公正地做好资源配置工作。

第一,关注民生,坚持务实。基础设施数量是否合理、质量是否过关不能单单由评估报告评判,村民是直接使用者,理所应当是最大的受益者。因此在资源配置过程中,要了解村民需求,站在民众视角看问题,帮助民众解决最实际的问题,让基础设施资源能够真正惠及百姓,提升人民的幸福感和获得感。

第二,注重沟通,政务公开,让民众成为知情者。当前许多乡村项目在建设过程中,由于资金、时间、精力等条件有限,确实会采取"先试点再推广"的项目建设模式,但同时也应当做好未推广区域居民的人情关怀。试点工程的建设效果对于未来村庄规划具有重要意义,部分村民表示不理解是因为不了解工程实施的具体内容及作用。因此村委会要坚持政务工作的公开透明,主动向民众介绍村内的项目规划及意义,取得民众的信任与理解。

第三,精准规划,避免浪费。在基础设施资源一定的基础上,利用好资金、土地等基础资源,使其尽可能地发挥最大效能,例如,村内小广场设置的数量及便民距离应当合理,公共厕所应当根据游客量及游览区域修建等。

总之,村委会要努力成为一名合格的乡村"甜品师",把资源配置这个蛋糕做得又大又好,让全体人民共享基础设施的建设成果,帮助民村把生活过得开心,对村委会放心,同时自己也感到舒心。

第二节 增收:产业发展须以民为本

乡村产业发展是村民增收的一颗甜美的果实,拥有让人品尝过后赞叹不绝的神奇魔力。但这颗果实有时也会成为外甜内酸的陷阱,令人猝不及防。

(一)扶贫?

拥有支柱的经济产业是每个村庄谋求持续发展的强烈愿景。云村地处长江三峡河谷地带,独特的地理环境和峡江气候适宜茶叶生长,该村种茶历史悠久,村内茶叶种植面积达1500亩,茶叶生产几乎是每户人家的增收渠道之一。

2010年,云村引进国家扶贫对口支援项目,与来自福建省的茗公司开展扶贫项目合作。该公司通过土地流转方式租赁本村村民350亩左右的土地,建设特色白茶基地,每年以每亩1400元的价格支付农民土地流转费用,并向村委会每年缴纳租金20万元。除了交付租金,每年的采摘期企业会雇用村民到基地进行采摘,按照采摘重量支付采摘费用。

白茶基地的建设旨在带动乡村经济发展,为经济产业增添活力。作为发达地区省份对点支援扶贫企业,茗公司在生产技术和管理方式上凸显了自己的独特优势,建立"茶产业+农村"这种模式可以起到以点带面的示范引领作用,发挥独特的品牌效应,有利于提升云村的知名度。云村老龄化严重,缺少劳动力,因此将土地交给公司打理也是不错的选择,白茶基地的建成一定程度上避免了土地资源的浪费。

但是,目前这种模式仍然存在一些问题,不少人对于看似"双赢"模式所发挥的扶贫效果提出了质疑。在深入了解后,我们发现企业与农民之间的联系并不紧密。除了每年支付相应租金以及少次雇用采茶劳动力,茗公司的种植、生产、加工、销售都拥有自己独立的体系,因此村内能够参与的劳动力人数较少。白茶种植品质要求高、种植难度大,普通村民并没有能力种植白茶,也没有渠道将自家茶叶销售给茗公司。一般自家种植的茶叶都是送到村里的加工厂,茗公司是不会收的。村民与茗公司的经济联系较少且具有局限性。如果说村集体种植为吸引外出务工人员返乡提供了可能性,那么茗公司垄断性的生产则是为这种可能性画上了句号,没有大规模的种植和集中的管理,茶叶的收益微乎其微。另外,之前村内唯一的老年人活动中心在引进茗公司后被改造为茶叶展览厅,村内没有再修建老年人活动中心,这给乡村居民日常娱乐活动带来了困难。可以说,茗公司自身的经济利益高过了扶贫效果,与当初打着的扶贫招牌背道而驰。

这种情况并不少见,扶贫项目的实际扶贫效果偏离了最初的设想规划,部分企业借助扶贫优惠政策谋取自身的经济效益,这是产业扶贫进行中需要注意的问题。那么,如何杜绝虚假扶贫企业进驻乡村?首先,要改进扶贫的激励机制,避免企业短期牟利和掠夺式开发,保证企业扶贫效果延续发展。其次,建立严格的管控制度,加大对虚假企业的惩罚力度,让企业不能假、不敢假。最后,强化企业的责任意识,培养其社会责任感,密切村民与企业的利益联系。

如何定义契合乡村发展的经济产业呢?一方面,经济产业创造的成果应该由人民共享,坚持以人民为中心,要能够给人民带来最真实、最直观的收益。另一方面,农民应当作为参与者而不是旁观者,要依靠人民、富裕人民。分散的农民往往处于弱势地位,只有组织好、引导好,才能达到农民和企业双赢的目标。此外,可以鼓励发展股份合作,建立企业与农户紧密的利益联结机制,打造"风险共担、利益共享"的共同体。

(二)扶贫!

精准扶贫的资金来源不能单单靠上级拨款,发挥乡村经济内在的驱动力也很关键。云村以本村光伏发电产业为契机,建立了"集体经济+产业+贫困户"的发展模式,将光伏发电产业的年收入纳入每年贫困户扶贫的计划中。

2016年云村获得了国家专项资金834万元,以此建成了800kW集中式光伏发电站,这是全县最大的光伏发电站,同时形成了"棚上发电,棚下种养"的"农光互补"立体生产模式。2021年云村光伏收入约为75万元,本村获利45万元作为集体经济资金,附近村落共同获利约30万元。

目前,云村光伏发电产业收入主要用于村内部分干部如理事长、振兴专干等的工资,村庄活动费,老党员慰问资金,贫困帮扶资金等。其中贫困帮扶资金主要用于70岁以上老人慰问、老党员老干部慰问、重病人群医疗补助、家庭困难学生救助等。另外,云村还为贫困户专门设立劳动岗位,比如定期打扫村内卫生及参与协调村内会议准备等,这部分的劳动报酬也是从光伏发电产业拨款而来。

光伏发电产业发挥了集体经济的良好优势,是云村扶贫工作的一大特色,也是为民服务宗旨的体现,为云村的扶贫工作提供了内在助力。光伏发电既能够带来经济效益和环境效益,也拥有独特的社会价值,这在产业发展中是一举两得的。将精准扶贫与农村清洁能源工程相结合,促进了新能源开发利用与乡村振兴的融合发展。

脱贫攻坚,产业先行。只有找准扶贫路线,"把"准脱贫脉络,因地制宜,才能为脱贫户的增收致富开辟出一条新路子。

第三节 烦恼:乡村治理人才的困境

乡村治理缺人才,这是乡村普遍面临的困境,是乡村发展的软性烦恼。

(一)找不到与留不住

"目前村委会最大的困难就是招不到人,这份工作付出的多收获的少,没有人愿意干。"村委会党总支副书记一直在为乡村治理人才问题而忧虑。近年来,国家坚持出台"三支一扶""大学生村官""第一书记"等政策鼓励年轻一代人才来到乡村任职。但是青年群体普遍倾向于选择城市就业,对乡村的生活环境、工作强度、薪资待遇等存在刻板印象,导致乡村治理力量缺失,村级组织缺少延续活力。

"有些人因为相关政策下乡,只工作了两年就走了,没有几个愿意一直留下来。"除了找不到人才,能不能留得住人才也是件麻烦事。许多任职者将下基层政策作为后续职业发展的跳板,没有长期留在基层的意愿,由此造成基层工作时长会有间接性中断,影响基层工作效率,不利于基层组织强劲发展。

乡村治理人才是基层的"细胞",是基层建设的"一线力量",人才队伍建设关系到乡村振兴战略的实施效果。在巩固拓展脱贫攻坚成果的基础上做好乡村振兴这篇大文章,培育乡村治理人才是一个重要环节。实现乡村振兴亟需进一步加快乡村治理人才队伍培养,让更多优秀的人加入村级干部群体中,培养一批懂民意、解民心、知民情的优秀人才队伍。

当前乡村治理人才队伍激励机制仍存在许多有待解决的问题。第一,发展出路狭窄。许多地区的村干部定向招录公职人员只针对村级正职,并且名额有限、门槛较高,能够符合条件的人较少,由此降低了对年轻村干部和非正职村干部的职位吸引力。第二,政策导向不足。现行的村干部补贴政策未能很好地按照村干部的付出给予回报,容易造成"干好干坏都一样"的局面,致使在职工作的村干部工作动力降低,甚至领着补贴应付工作。第三,补贴机制不完善。目前村干部群体的月工资普遍较低,而随着乡村振兴的深入推进,村干部的工作量与日俱增,这种情况打消了许多人的积极性。第四,退出保障弱,仍存在许多后顾之忧。虽然目前许多乡村对村干部的养老问题较为重视,但由于养老保险购买档次较低,不能解决村干部的后续生活,因此有部分村干部会选择离开。

如何更好地吸引人才常驻乡村?首先,推出多元化的支持政策,重视人才的发展需求,为其提供充足的发展空间。多渠道拓宽人才培训范围,通过党组织书记培训班、"一村多名大学生计划"等加强村两委干部培养,建立后备干部人才库和优秀人才库。其次,在精神层面加强激励,可以设立荣誉机制,让人才在精神上获得价值和认可,切实提高他们的荣誉感和自豪感,营造识才、爱才、敬才的环境氛围。再次,积极培育本土化人才,建立适度补贴政策,召唤优秀青年农民返乡,支持家乡建设。这在一定程度上能够促进乡村人才资源的合理配置,促进基层治理能力的提升。最后,拓宽激励资金来源,完善社会保障。要将村干部收入与集体经济收入挂钩,政府积极出台相关政策,对村干部在村集体收入中的收入比例报酬给予明确的规定。可以开设"职务+服务年限"阶梯工资制度,同时按照实际情况适当提高基础养老金标准。

(二)珍贵的中间人

虽然乡村发展需要优秀的外来人才资源,但这背后还存在着一个问题,即在乡村这个人情社会中,外来人才能否适应乡村工作,能否为村民做好真正的服务?在这种情况下,理事长这一中间人的角色便发挥了重要且关键的作用。

理事长是村小组村民选举而来的村民代表,同时也是村委会认可并授权的一类"百姓官",以"为人民服务"为宗旨,具有村民代表和村委会代表的双重性质。理事长在日常生活中主要负责村委会与村民之间的上传下达工作,协助村委会组织开展各项活动,例如组织会议、雷雨天安全巡逻等,是村委会的行政内嵌;同时理事长也会帮助村民处理各类大事小情,帮助筹备本组村户的婚丧嫁娶事务,相当于每组的大家长。

目前云村共分为12个村民小组,每个小组设立一名理事长。在我们的观察与采访中,我们总结出理事长具有如下个人品质及特点。

第一,个人公信力强。理事长在村民间具有较大的话语权和较高的权威性,并且村民在遇到困难时会首先想到寻求理事长的帮助。第二,综合能力强。理事长需要有较强的组织和沟通能力,具有较高的志愿奉献意识,能够有能力帮助村民解决问题。在我们采访过的理事长中,大多数理事长都能够大概说出组内村户的家庭组成及经济情况,能够与我们侃侃而谈,清晰明了地回答问题。并且,所有理事长都会提及"为人民服务"的词句:"当理事长很辛苦也没有很高的工资,但还是想为大家做力所能及的事情"。第三,个人基础条件合适。由于理事长工资较低,工作时间为全天候,因此能够承担起此项职位的人需要有足够的时间与精力,家庭经济负担也不会太重。综合以上特征,理事长也能够称得上是乡村内的本土人才。

理事长在乡村治理中发挥着重要的作用,是村民与村委会之间的协调者,为村委会工作带来方便,能够有效避免村级治理行政化。云村建立了"两长八员"制度,每个小组下设村落理事长、党理事长、经济员、宣传员等10个职位,目前每组只有3~4名负责人,有的人担任3~4个职位,这样做也有利于精简小组结构。

不同于其他村级工作职位看重薪资待遇,理事长更多的是在追求精神上的荣誉和价值,更重要的是希望得到村委会和居民的认同和肯定。因此村委会更应当关注理事长的精神需求,设置评奖评优机制,适当提高奖酬待遇,激励理事长积极完成协助任务,发挥自身本领,服务全村居民,在全村范围内营造"自己的事情自己办、大家的事情大家办"的良好自治氛围。

第四节 理性:非遗传承面临的抉择

非物质文化遗产是人类文明的印证,而关于其延续传承问题,理性的人们有着不同的看法。

(一)困境

乡村茶飘香,花鼓响四方。云村花鼓戏作为非物质文化遗产,是云村的一大特色文化。村内组建了云村花鼓戏剧团,积极培育第七代花鼓戏非物质文化遗产代表性传承人,现有花鼓戏演艺队伍30人,创作演出了《扶贫路上》和《晚宴》等节目,多次参加了县镇组织的各项活动演出,丰富了人们的精神生活。每年的3月8日和重阳节,村委会都会牵头进行花鼓戏的表演,花鼓戏表演逐渐成为了云村的习俗印记。但是,当前花鼓戏的传承也面临着些许困境。

第一,成才周期长。一位技艺成熟的花鼓戏表演者应当具备作词、作曲、编排、表演等多方面能力,因此培养独立的花鼓戏表演者需要投入很多时间和精力,目前社团节目排练仍需要老一辈人指导,传承难度较大。"一方面是喜欢花鼓戏,另一方面还需要我给他们编排节目哩!"在被问到为何古稀之年还在坚持唱花鼓戏,花鼓戏第七代传承人傅爷爷这样回答。

第二,年轻力量少。"花鼓戏一般都是老人在唱,年轻人都去外面打工,才不会关注这些。"当前村内花鼓戏团队成员年龄均在 50 岁以上,缺乏年轻的传承人,年轻一代对云村花鼓戏的关注度较低。同时,云村村民目前的经济来源主要为外出务工所获得的工资,许多年轻力量选择进城务工,花鼓戏的经济回报也较少,所以培养年轻继承力量几乎是不可能的。

第三,亲缘传承多。据了解,云村花鼓戏各代间存在很多亲缘传承关系,以傅姓为主,传承人之间很多是兄弟姐妹关系。当然,这并不代表花鼓戏传承不培养外姓演艺人,云村花鼓戏包容能力较强,并未出现家族技艺垄断封闭现象,这也给培养下一代继承人创造了较好的机会。"我现在六十多岁,表演花鼓戏已经有三四十年了。"第七代传承人鲁阿姨骄傲地对我们说。

第四,外部支持少。获得官方认证的非物质文化遗产继承人每年只有不到一万元的补贴,专心从事花鼓戏表演显然是不可能。同时,云村村委会也没有为花鼓戏表演者们提供可以排练的场所,平常活动较少,缺乏可以展示的平台。"唉,我们唱花鼓戏都是因为爱好,没想过真的要靠这个赚钱维生,家人有时也不理解我唱花鼓戏,还是希望村里和政府能多给花鼓戏一些支持。"傅爷爷向我们诉说了自己的心里话。

可见,目前云村花鼓戏发展正处于"半死不活"的状态,由于乡村人口年龄、流动方式和花鼓戏表演的形式等特点,花鼓戏的传承是个令众人头疼的问题。

(二)矛盾

但是,当一种事物濒临消殒时,人们便开始思考它存在的意义。

"花鼓戏发展是天时、地利、人和的,我觉得人和的部分是最重要的。"人们应不应该拯救花鼓戏,对于这个问题,不同人有不同的理解,而最具代表性的是花鼓戏演艺人与村委会"重情怀"还是"重利益"的碰撞。

花鼓戏演艺人群体认为存在就有意义,花鼓戏要繁荣发展下去。作为云村的特色艺术形式,它是村里一代又一代人的精神寄托,也是花鼓戏传承人们日常生活中的主要娱乐方式。甚至有部分演艺人不顾家人的反对,不计经济回报始终活跃在表演舞台上。因此村委会和政府若能给予一定的经济支持,或许能保证花鼓戏长足发展。

而村委会对于花鼓戏的发展却显得不那么重视,虽然会在特定节日及县镇活动上组织花鼓戏表演,但花鼓戏日常的排练场地、排练物资、排练方式都由花鼓戏演艺人们自行安排,政府和村委会的经济拨款相对较少。村委会只是期望利用花鼓戏为云村带来更高的社会效益。

(三)取舍

那么,到底谁对谁错?如何选择才是最合适的?对于花鼓戏云村应该投入多少?其中蕴含着乡村非物质文化遗产如何发展的问题。

一方面,应当对乡村的非物质文化遗产进行价值考量,非物质文化遗产的文化价值固然重要,但也要适应乡村发展趋势,兼顾经济价值与社会价值。要理清非物质文化遗产文化保护和利用的关系,不片面地追求经济利益。另一方面,注重对非物质文化遗产文化的留存记录,每种非物质文化遗产文化都应该留下存在过的痕迹,因此可以采用文字、影像等形式进行保存,利用"数字化"延续其文化价值。另外,要认定和保护非物质文化遗产代表性传承人,非物质文化的载体是人,因此也要加强对其代表性传承人的保护。

云村目前以花鼓戏作为宣传对象,肯定了其发挥的社会价值,因此应当给予花鼓戏发展一定的支持,保证云村花鼓戏永续流传。云村可以探索将花鼓戏与其他产业进行融合,发展出"非遗+旅游""非遗+特色村""非遗+文创"等模式,探索花鼓戏的经济价值,使其适应时代发展趋势的要求。

另外,花鼓戏延续之争也从侧面反映出云村文化娱乐基础设施建设较为薄弱,村民娱乐活动较为单一,云村要注重对乡村文化基础设施的建设,依据村内老龄化严重的特征组织文化活动,为村民提供休闲娱乐的场地与途径。文化娱乐建设也是建设美丽乡村的重要内容之一,尤其是对于云村这个老年人比重大的村庄,积极关心老年群体的精神健康显得越来越重要。

第五节 刻苦:与上级部门良性互动

努力才能有所收获,村委会就像在考场紧张答题的考生,绞尽脑汁地想要给出令上级部门满意的答卷。

(一)被压在五指山下的孙悟空

"我负责的是村委会文书工作,主要负责上报各类文件,听起来很简单,其实挺麻烦,也很折磨人。"小干部也有烦恼,村委会成员高主任在接受采访时诉说了他的心里话。

2020年,高主任作为振兴专干来到云村村委会。作为村委会班子里最年轻的成员,自然而然地承担起了各类文书上报工作。按理说,年轻人对于这类工作应该得心应手一些,但是这工作也有它的难度所在,有时让高主任熬夜到"头秃"。

据了解,村委会在对接上级各部门工作时,通常以书面形式向上级汇报情况。"有时一件事要向多个部门重复上报,但每个部门表格格式都不同,重复填表的问题普遍存在。"一件事情重复上报几遍,耗费的是时间、精力,更是在消磨村干部对于基层工作的热情。

"重复填表"的问题说大不大,说小也不小,这反映出在上级政府各部门之间存在着的信息隔离问题,即下层信息无法在上层之间实现信息共享。这对于上层部门可能没有什么影响,但对于相关基层工作者来说,却是很大的负担。就像是无所不能的孙悟空,被压在了五指山下,想要施展本领却不能动弹。"尤其是每年年底,上报的材料重复且复杂,有时工作到凌晨三四点。""高悟空"向我们浅浅吐槽到。

现如今,政府与基层政务互动的效率问题应当成为尝试优化的地方。上下层之间实现信息互通的同时,也要考虑政务工作的精简度。如何最大限度地减轻基层政务反馈工作的负担,如何提高双方沟通的效率,都是值得思考的问题。一方面,应当密切政府部门间的联系,设置信息统一共享平台,基层组织将信息上报后由平台发送,减轻基层组织政务活动的负担。另一方面,避免形式主义的文件上报程序,可以统一政府部门间的文书文件规范,方便下级一文多发。拒绝无用繁杂文件的上报,减轻政府部门整理工作的压力。

(二)村干部需要"走亲戚"

"目前我们村子的很多项目都是靠村干部跑出来的,有事没事就要去上级政府转转,要抓住机会。"云村是苗镇当地有名的"明星村",获得过全省"五好"基层党组织、"新农村建设示范村"、"民主法治示范村"等多项荣誉称号,同时也承接了许多上级建设项目。但我们通过了解得知,很多项目在选择落地村庄时,背后隐藏着人情化的资源倾斜现象,即村干部与上级政府部门越熟越亲近,村庄获得项目资源的可能性越大。

当今社会是个人情社会,这种问题看似情有可原,实则是乡村间资源分配的矛盾,是对政府工作作风的考验,更是乡村间"马太效应"愈演愈烈的催化剂。对于每个村庄来说,获得项目都是发展的好机会,但在评估过程中,如果掺杂了偏袒的情感,那么公正的天平也将不复存在。这种资源倾斜现象可能会导致乡村间发展出现越来越大的差距,好的越好,差的越差。这对于那些正处于困境的乡村来说是不公平的。

因此,应当杜绝人情化资源倾斜现象的发生,政府应当"不近人情",公开、公平、公正地对各村庄发展特点进行评估,根据项目情况进行合理分配,并对项目实施过程进行监控和测评,作为下次项目资源分配的依据。另外,政府内部应当定期举办监督抽查活动,并对政府人员进行专业培训,杜绝工作中以权谋私现象的发生。可以允许村干部必要时前往上级政府,但不允许经常"走亲戚",留在村委会服务村民才是最合适的选择。

(三)我家大门常打开

"云村是苗镇数一数二的示范村,几乎每周都会有领导下来检查。"近年来,云村经济发展较好、民主制度完善、乡村安宁祥和,因此经常会被安排上级政府领导参观检查。乡村发展受到上层关注是好事情,这说明乡村发展潜力大,能够对周边地区起到示范带头作用。但检查参观的目的、形式、时间、效果反馈等问题有待改进。

一方面,检查参观不应该成为村委会的工作负担。"有时候一次检查就要花费一个半天,更别提准备时间了。并且村委会大部分干部都要陪同,挺影响正常工作的。"迎接检查在一定程度上加大了村委会的工作量,挤占了正常公务时间。另一方面,检查参观不应当只是走个形式。"领导检查主要集中在村委会附近的区域,我们这边一般不怎么来。"河对岸一侧的村民在接受访谈时向我们反映。领导下基层的目的是要了解百姓的困难,并且帮助他们解决问题,但按照目前的情况来看是实现不了的。

其实,讲求形式化的上级检查与检查者和被检查者都有一定的关系。被检查者"不敢不形式",为了避免上级的责罚以及后续项目的落地,从而努力营造出乡村生活繁荣的景象,试图给检查者留下良好印象。除此之外,检查者"不想不形式",乡村发展"好"是上层机关治理能力"强"的体现。同时,为了避免检查后麻烦的汇报程序,尽量装作若无其事,对某些官员来说也是个轻松的选择。

但这样讲求形式主义就让参观考察失去了存在的意义,阻止乡村振兴政策落地,不利于农业农村现代化推进。形式主义也会败坏社会风气,增加治理成本,浪费国家资源。因此,应当对此类形式主义问题进行相应的解决处理。

在制度建设上,要建立上下贯通、精准联结的工作体系,从填表、考核、评估多方面为基层减负,规避"数字化形式主义"问题。在制度执行中,要明确主体责任,避免层层加码、随意"甩锅"等问题的发生。在考察方式上,政府部门应当合理安排考察的时间和频率,鼓励政府相关人员进行"暗访",同时,不以考察结果作为对于乡村的唯一评判标准,真正走进村民生活的地方,亲自问问百姓需要什么。村委会也应该摆正态度,不害怕"惩罚",将问题如实上报,合理寻求上级帮助。

第六节 结 语

解乡村千百味,造基层百家欢。本章从资源配置、产业发展、招收人才、观念冲突及村政互动五个方面浅谈了乡村治理过程中面临的问题,揭示出问题背后的本质特点,并提出了相关的解决措施。资源配置时,要手持公平的杠杆;产业发展时,要胸怀共富的信念;招收人才时,要传递包容的理念;观念冲突时,要尝试共情的思考;村政互动时,要规避形式化手段。在当代中国乡村治理的过程中,还存在着许许多多尚未解决的问题,建设美丽乡村,实现乡村振兴,任重而道远。因此,我们要将乡村振兴视作一场持久战,各方共同努力,坚定信心,苦干实干。相信在不久的将来,我们定能实现乡村振兴之志,共同描绘出新时代更加绚丽美好的乡村画卷。

(中国地质大学(武汉)公共管理学院

张若莹)

第四篇

田野感悟

第四篇 田野感悟

一

初见——实践中成长

逝者如斯夫,不舍昼夜。回顾这一段经历,不管是从下乡调研本身还是其带来的一系列附加值来说,对我都弥足珍贵。调研之前,我有过疑惑,调研到底为了什么,写一篇论文,拍一些照片,完成学校布置的任务?调研出来的结果对社会发展有什么意义?一群大学生到村子里,走马观花式地看一遍农村环境,开玩笑般地和村民唠唠嗑,问一些基本情况,调研结束后收东西走人,什么也没带走,什么也没留下。我想这不是我想要的。身为大学生的我们为什么要下基层下乡村?我想学校和社会所期盼的人才绝不是只会纸上谈兵的赵括,而是要以自身实践去真真切切地感悟社会的发展、人民的需求。通过亲身经历去思索、去感受、去厘清事物之间的层层联系,再结合所学理论知识,提出自己的看法和意见,为社会的进步出谋划策,出一份力,哪怕微薄。

初到承县,我搬着大行李箱上楼,还念叨着怎么连个电梯也没有,觉得两周的实习时间实在太长太长。韶华如驶,离开时搬着行李箱下楼,看着熟悉的楼道,心中不舍。回顾昨日,完全没有调研经验的我焦虑不安,只觉得"调研"离我太远,不知如何开展,生怕自己说错话或者没有收集到有用的信息使得调研没有意义。所以在进入云村正式开始调研前,我们小组一次次讨论所需获得的信息,怎样组织语言向村民提问能既得到我们想要的信息又不冒犯别人,我们互相鼓励互相提建议,不断地提出新的想法,步步完善访问提纲及内容。

第一天调研结束后与老师的第一次讨论令我记忆犹新,身为"调研小白"的我们并未想到探讨更深入的东西,仅仅停留在了解村庄和村民基本情况上,而老师带领的小组已然探讨了一些学术性的有内涵的东西,比如"村级治理行政化问题""村委会角色功能的变迁"等。在老师带领小组的同学发言过程中,我深感"降维打击",内心失落又惶恐不安,担心自己调研方向不对,调研内容过于浅显无意义,只当得月露风云之势,整个讨论过程我都十分忐忑。谈论结束后,我向老师表达出不安,老师们对我们的调研情况给予肯定,鼓励我们一步一步来,同时指导并提出我们第二天调研需重点关注的内容,这极大安抚了我的不安情绪,有种"枯木逢春"之感。

为了更加完善所访信息,找出存在的问题和需要改进的地方,在每次访谈结束后,我们总会聚在一起复盘整个访谈过程,这耗费了我们大量的时间。我们向老师提出了困惑,老师给予的建议是,访谈结束后不需要全面复盘,抓住关键信息即可。之后,我们及时调整,发现"抓关键"确实有事半功倍的效果。不同于第一天访谈后的迷茫,通过不断总结经验、与老师沟通,我们学习从与村民的对话中,正面或侧面获得我们想要的信息,在不断揣摩探讨中发现云村发展的路径和规律。

这是我第一次以调研者的身份进入农村,似是旁观者又是当局者。中国作为一个农业大国,农村发展问题关系到国民素质、经济发展,关系到社会稳定、国家富强,也是全面建设小康社会进程中的关键问题。我自小生活在城市,享受着便利的生活条件,很多时候忽略了农村农业问题也与我们的生活息息相关,对一些应了然于心的事物却不明所以,比如某些农作物是地上长的,或是地下埋的,再或是树上结的。此次调研将我们带入了农村,深入体验了农村生活,了解了农民的收入来源、生活状态及他们对目前生活的感受和需求。拿农民收入来源来说,我们探访的云村村民收入以种茶和务工为主,对于茶叶种植收入我们就需了解种茶的种类、成本、利润、种植及制茶方式、销售路径等一系列事项,需要我们结合实际的走访,将所访谈的不同村民的回答互相印证得出判断。在此过程中,极大地锻炼考查了我的信息收集能力、整合能力、判断能力和对所得信息辩证思考能力。

渐入——笃行致远

"操千曲而后晓声,观千剑而后识器"。在一次次的总结讨论后,我对获取有用信息有了更加明确的认知,总结出更多访谈经验,颇有熟能生巧之感。

印象里的两位老师很严肃,不苟言笑。在此之前,我从未想过有一天能和老师像朋友一样聊天谈话,一起开玩笑,一起哈哈大笑,这种感觉非常的奇妙。两位老师像是大家长带领着我们,在学习和生活中给了我们很多指导帮助。感触最深的是老师们的思维方式和思想深度,每次讨论老师都会指出一些我们没想过的问题或者提醒我们访谈对象的选择和访谈重点,讨论过后都感觉自己的思想高度被拔高了,这也激励着我们不断实践不断学习,努力朝老师的方向靠拢。我们顶着大太阳进行访谈,老师也和我们一样到处跑,晚上还陪我们一起交流讨论。在此过程中从未有过任何不耐烦,一直耐心解答我们的疑惑,鼓励和启发我们,老师的以身作则也是我们前进的动力。

通过这次社会实践我更加坚信:意气风发的我们经历了下乡的再次洗礼,象牙塔里的我们并非两耳不闻窗外事,一心只读圣贤书。年轻的我们拥有绚丽的青春年华,走出校园,踏上社会,我们仍会交上一份满意的答卷。总之,这个暑假的社会实践是丰富而有意义的,一些心得和体会让人感到兴奋,但却绝不仅仅用兴奋就能描述清楚,这是一种实实在在的收获。不仅是一次实践,还是一次人生经历,是一生宝贵的财富!身为当代大学生的我们,更应该致力于发展建设、回报祖国,为祖国各项建设事业出谋划策,为实现中华民族伟大复兴不懈奋斗。

回望——稇载而归

纸上得来终觉浅,绝知此事要躬行

"实践出真知"是我最深的感悟。之前获得资料的途径仅仅局限在网络及社交媒体,这些让人眼花缭乱的资料数据,让我们无处判断资料的真实性和可信度。本次调研我们通过对村干部、理事长及村民的实地访谈,收集一手资料,将他们的观点结合在一起相互验证,获取的资料具有一定的真实性和可信度。民族要复兴,乡村必振兴。在实施乡村振兴战略行动中,积极发展乡村文化、产业,不仅能促进乡村文化繁荣,而且有利于乡村治理和文明建设。本次调研让我有机会去到农村,亲身体验农村生活环境,通过实地调研一个典型示范村的发展,探索乡村的建设和发展情况、基层治理情况及农民的真实需求和发展愿望,这都是我不能通过网络获得的真实体验。对我来说,除了调研成果,更是一次宝贵的生活经历。

沉舟侧畔千帆过,病树前头万木春

在云村的调研实践中,我们看待事物的态度经历着不同的变化。第一天初入村庄,看到村委会附近修饰漂亮的环境,就被这个示范村惊艳了,随着我们逐步了解,发现了初步判断与实际情况有所出入。

一件事物从不同角度、不同层面分析也存在差异。最典型的例子便是白茶基地的建设情况,第一天与村干部交流的时候,他们表示白茶基地是对口扶贫项目。在云村种植生产茶叶期间,基地支付村民较高的租金,采摘期会雇用村民,与云村属于合作共赢的关系。当天我们对基地管理人员进行采访时,他们更多向我们展示的是自身发展情况及发展规划。当我们询问与云村的合作,管理人员表示茶叶制作生产过程都是请专业人士来完成,不存在雇用村民的情况,与村庄不会有深入的合作。这引起我们对白茶基地的好奇。隔天我们向村民询问时,村民表示白茶基地当时入住云村时与老书记达成口头协议,在建成后将帮助村民销售村内茶叶,甚至为了建设白茶基地还拆除了村内的老年活动中心。然而白茶基地建成后,并未履行当时与老书记达成的帮助村民销售茶叶的口头协议。由于是口头协议没有实质性证据,村民对于白茶基地的建造也无可奈何。为建白茶基地而拆除老年活动中心,给村内活动的开展和举办带来了极大不便,引发了村民的极度不满。村民纷纷表示白茶基地的建造对村内茶叶发展积极影响不明显。我们对老书记进行采访,他表示,该项目作为国家扶贫对口支援项目引进,得到了国家政策优惠。引进基地主要考虑到这几个方面:第一,该企业在云村种植白茶需租用村民闲置土地,由此付给村民租金;在采摘期基地会雇用村民,为其提供工作岗位;第二,该企业拥有较为先进的茶叶生产技术和管理方式,能为村内茶产业发展起到良好的带头示范作用;第三,该企业品牌名声较响,落脚村内能一定程度发挥品牌效应,可以提升云村茶叶的知名度。从村干部和老书记的角度上来看,更多偏向于白茶基地带来的益处,也更想证明自己当时的引进决策是正确的;站在老百姓的角度上,白茶基地占用了村内的活动场地,但没有给村民带来实际收益;而白茶基地更关注自身发展,对村内茶产业的发展并不关心。

从不同的人了解到的不同情况恰恰反映了不同利益主体站在自己的立场上权衡利益、判断对错,孰是孰非需要更深入地了解及多方面的思考,不能单靠个人或单个群体的说辞就得出结论。实地调研让我通过和当事人正面沟通交流、自我判断总结和思考来看待事物,极大地锻炼了我的辩证思维能力及发散思维能力。

海内存知己,天涯若比邻

实习开始之前的我虽然有一定的交际能力,但跟陌生人交往心怀忐忑,尤其是在陌生的环境与陌生的人对话,甚至还有方言的障碍,无疑加大了我内心的忐忑。但当我真正进入这个村子和村民进行沟通时,我完全融入了进去。村民们十分热情,酷暑时分走在村里总会遇到村民提醒我们注意防晒别中暑了。"从群众中来,到群众中去"。我也会主动搭话,主动寻找话题。更多的时候,我并非把他们当作我的访谈对象而是当作我的亲戚朋友,我们在一起唠家常,除了从与他们聊天过程中获取我需要的信息,更多的是享受这个和他们聊天的过程。印象最深的是与一位阿姨的聊天。那是我们第一次入户调研,当我们正犹豫怎么和阿姨搭话时,阿姨朝我们亲切地笑了,这极大地鼓舞了我,也开启了我们的第一次入户调研。阿姨热情地邀请我们到她家里休息,为我们倒了白开水。在和阿姨交谈中,我们了解到,在她小女儿三岁的时候,丈夫生了一场大病,阿姨只能到

处做工为丈夫赚医药费、生活费,但最终阿姨的丈夫还是去世了。之后,她一个人供两个女儿读书,拉扯她们长大。现在两个女儿都有了工作,成了家,生活过得不错。阿姨将家里收拾得井井有条,精神状态也很好。阿姨说,女儿就是自己全部的力量,不管当时怎么苦怎么难,她都坚持下来了。她觉得生活总是有光的,不会埋怨命运不公,只想着努力一点,再努力一点,好日子就在前面。她喜滋滋地给我们翻照片,跟我们分享去年女儿带她去旅游的事情,我由衷地为她感到高兴。阿姨身上满满的正能量深深感动了我,她的热情好客给予了我们极大的精神鼓励,她用行动无声地告诉我们要勇敢大方地与村民交流,迈出人际交往的重要步伐。

这次实践活动不仅锻炼了我与人交往的能力,更让我在人际交往中收获了不一样的感受。我曾经很反感小组作业,因为感觉所谓的小组作业更像是我一个人或者和组内一两位同学的独角戏,没有任何合作体验感。这次的小组合作完全改变了我之前的感受,大家都非常积极认真,在调研过程中积极互动,交流不同想法,我十分享受这个思想碰撞的过程。本次实践我结交到了很多新的朋友,之前虽然在同一个专业但只是面熟,这次调研活动让我们有机会一起迎着骄阳、踏着雨露、上山下坡,互相支持鼓励,分享调研成果。

(中国地质大学(武汉)公共管理学院
黄 蕾)

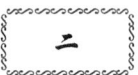

二

2022 年 6 月 19 日,我们跟随着两位实习老师,在一个远离校园和城市的小村庄展开为期两周的调研,这次体验是我人生中从未拥有过的,它是无比新奇和令人难以忘怀的。回忆起这次旅程,往事历历在目,仿佛是昨天发生的事情:第一次静下心来和陌生人进行长时间面对面的纸笔交谈;第一次顶着炎炎烈日,在村庄四处奔波只为寻到有效信息;第一次真实地融入农村的生活中,感受着村庄里每一位村民的善意……除了收获到这些鲜活的体验,我还收获了其他珍贵无比的东西。

访谈过程中不断成长

最初的调研如果用一句话来表示,我想"摸着石头过河"可能最能诠释我们的经历。我们对于"要访谈些什么,如何进行访谈"一窍不通,每天的访谈都找不到重点,只能多撒网,了解多少算多少。对于访谈过程中碰到的一些关于农村治理的专业名词、基本知识更是一头雾水,我这才意识到我的知识面过于狭窄,在学校所学习的知识也没有完全掌握,也缺乏将理论与实践相结合的能力。因此,每天除了记录访谈对象所提供的信息之外,我还不断了解扩充有关农村治理的知识,进行深刻总结,从而对村庄现状有充分了解,逐步构建出村庄治理的知识体系。

除了知识学习,我们的访谈能力也在逐步的增长。访谈不仅仅是同访谈对象漫无目地聊天与调侃,而是带着问题有意识地、富有逻辑地获取经验现象、理解经验现象的过程。最初,由于我比较胆小,逻辑没那么缜密,几乎插不上话,只充当着记录者的角色;在持续的访谈中,我观察体味别人的访谈,慢慢掌握访谈的技巧,逐渐放开自己;到后期,我能够充当队伍的主访,甚至能够独立地进行入户访谈且能熟练地抓住访谈重点,这是我能力的成长。

白天我们入户访谈,晚上进行小组讨论,一周进行一次大讨论,这个过程使得我们逐步明晰访谈路线,提炼出访谈的知识点。在最初的讨论中,我深感压力。由于我访谈时流于表面,无法从中总结出关键信息,表述较为凌乱、口语化,因此,每到发言环节,我总是较为紧张,无法聚焦。但是,经过每日的锻炼,我的逻辑思维日益清晰,勇气和胆量不断提升,发言较于之前稳定。比起在学校课堂上被动地接受老师传授的知识,这种发挥自身主观能动性、积极参与到理论与经验交流的学习方式让我更加印象深刻且受益匪浅。

经过这次调研,我深刻地理解了"任何理论都来源于实践"这句话。其实,很多的理论往往存在于我们的生活当中,只不过我们总是忽略且缺乏将经验提炼为理论的能力。同时,我也学习到了"理论须在实践中检验和发展"这个要点。在现实世界里,任何理论都需要经过实践的检验才能变得更加生动和具体,也只有实践才能让空洞的课本知识更加具象和鲜活。因此,实践是每一位大学生都需要经历的旅程,它不仅能够检验你对知识的掌握程度,同时也能巩固你所拥有的知识体系。

收获了真情和温暖

在为期两周的调研过程中,我感受到村庄里每位村民满满的善意和温暖,这打破了我原本对于农村的认知。在访谈过程中,村委会中的村干部们在工作如此繁重的情况下依旧十分配合我们的访谈,且对于我们的调研十分关注并且给予帮助,从调研的餐饮到入户路途中的车辆,村干部们为我们安排得无比细致,

让我们感受到满满的温情。我们也遇到过很多的好心人,比如不收钱来回接送我们的大叔,中途吃饭时给我们打折的餐馆老板……调研中的一切都令我感动和难忘。除了村民的善意,我还感受到齐心协力的团结精神,认知踏实、不畏困难的调研精神。在调研过程中,我们小组成员团结一致,无论遇到何种阻碍都积极解决,从不畏惧;且在疲惫的调研后期,依旧保持着昂扬奋进的精神态度。相比于课堂中的以完成学习任务为目标的小组,在这个调研小组中我更能真正感受到团队的力量,那份特有的温暖。此外,两位带队老师也是这次调研的重要力量。每当我们调研过程中遇到困难,两位老师总能及时给我们指导,将我们偏离的航线摆正;同时,当我们坚持不下去的时候,老师们总能适时调解和教会我们坚持的可贵,她们就像是众多荆棘道路上的路灯,指引我们前进的方向。也许这些独特的经验和人以后无法遇到,但我希望我能够学习这些人身上的精神,将这股纯粹的、真实的、温暖的力量传递给每一个人。

两周的调研,虽然时间不长,但收获颇多。这段旅途中的所见所闻,我会永远铭记在心,其中的所得所感,我也将内化于心,并在此后的实践中付诸行动。

(中国地质大学(武汉)公共管理学院

张玉瑶)

三

来到承县实习可以算是我大学生涯中做的最有意义的事情之一。没来承县之前,我一直很清楚自己在前两年的大学学习中是一个怎么样的状态。明确地说,我缺少了一些去跟我舒适圈外的人交流的勇气,比如难以去跟长辈交流。我一直认为我缺少这些能力,很难去适应下乡调研的环境,所以在出发调研之前非常害怕。我以为在这种心态的影响下,我可能会很难迈出自主采访询问问题的第一步,但是出乎意料,在下乡调研时,在第一次对村支部书记的访谈中,我感觉自己游刃有余,并没有想象的困难,这时我才认识到自己一些潜在的能力会在特定的环境中凸显出来。在之后的访谈中,我也学会了跟不同的人打交道。我们团队成员在人生地不熟的地方独自开展调查,这是先前从来没有感受过的并肩作战的感觉。从学校到社会,大环境发生转变,交流对象从同学老师变成了村委干部和村民。在这种转变之中,我们也曾有过抱怨和迷茫:心理上和身体上承受的压力都很大,我们不仅要面对高温和暴雨的天气,还要处理在调研过程中遇到的人情世故,这对我们来说是非常困难的。第一次下乡调研是新奇的,也是充满挫折的。在和村民、村委干部访谈的过程中,我们也经常碰壁。对我来说,以往可能会因为别人的拒绝而难过,但在云村的调研明显让我的心理承受能力增强,不会再因一个人的否定和拒绝而难过。内心变得强大、沟通能力得到提升,能够处理一些社会生活中的人情世故,这些对于以后踏入社会都有帮助。

在下乡调研期间,我们白天采访,晚上开会讨论整理一天所得,我认为这种模式是非常有用的。在每天的讨论中,我们小组成员可以自由发表对一件事情的看法,也可以对一个问题进行深入探讨。这样的模式是以前我们很少接触到的,是一种全新的模式。我们通过一手资料直观地认识到该村的现状以及存在的一些问题,通过讨论,将书本知识真正运用到村庄治理问题中,将实践与理论相结合。在我看来,社会是复杂的,在学校里可能较少直接去接触真实的社会。这两周的调研成果以及从中学习到的知识比在学校只能通过二手资料来获取信息要更多样,基层的情况往往比书中所写的境况要更加复杂,基层涉及了很多隐性因素,比如人情和利益等。在调研过程中可能会出现一系列问题,包括如何确保在与村民寥寥几句谈话中获取我们想要的信息,如何对出现的问题进行深入的分析和理解,如何在我们能力所及范围内助力该村的发展等,这都是在本次的调研和一次次的探讨中得出的。

这是一次重要的机会,是我绝无仅有的首次的经历,在社会实践中增长才干,发现不足,向他人虚心求教,与成员友好相处,真正学会团结协作,学会用心思考问题,学会透过现象看本质。两位带队老师为了让我们能在短暂的时间学到更多的知识,不断商讨方案,为出发做准备,我们社会实践中一切琐碎的事情包括作业没有时间写这些本应该我们自己去解决的问题,老师都会很理解我们,给予我们适当的放假时间,让我们不必那么紧迫,十分理解我们的诉求,很多重要的决定也都是大家商讨出来的,尊重我们的意见。两位老师也同我们一起下乡调研,同吃同住,共同讨论,带领我们进步,给我们指导,对我们帮助很大。值得铭记的是作为行政管理专业的学生,了解社会,服务社会,将我们学习的知识用在社会生活中,对我来说是具有莫大意义的。作为普通的学生,很多人认为我们不够成熟,不够专业,空有志向,不会脚踏实地,社会始终向前发展,很多模式已经固定,很多规则早已默认,仅凭我们几人也很难改变现实,但在这次经历中,我们算是第一次用我们自己的力量去推动一个规划的发展,即使结果未知,过程艰难,我们仍然希望,我们在这里留下的痕迹和努力,会结出美丽的果实。

(中国地质大学(武汉)公共管理学院

李瑶柯)

第四篇　田野感悟

四

在承县的调研是一个从最开始的忐忑不安,经历精神与身体上的双重疲惫后收获满满的过程。最开始由我带着我们组进行访谈,第一天的调研是慌乱的,带着对所在的村庄一切未知的好奇去的,所有的问题都是按照经济、环境、治安等逻辑去问的。曾经一度担心我们组的调研进度会不会太慢,调研方向会不会有偏差。随着访谈天数的增加和访谈后的集体讨论,我慢慢尝试通过几天的访谈提取一些关键点,形成问题并加以思考,与队员分析其内涵所在,也学着利用一个事情作为出发点,在访谈过程中深度剖析去提出问题,顺着一条线下来,探索发现藏在现实背后的道理。因为有些内容被访谈者一般是不会自动讲出来的,要靠访谈者利用问题去引导、发问。尤其是当遇到一些不善言辞,不问就不会多说的被访谈者,很容易在访谈过程中冷场,这也锻炼了我访谈的能力。除此之外,调研培养了我们看待问题不能仅仅停留在现象表面,而是要深入思考,追问自己为什么会产生这些现象,又如何解释成因。以村庄治理为例,过去的我可能会停留在知道过渡型村庄有它的特点与特色,治理也有所不同上,而现在会去思考,这些特点是什么,过渡型村庄是如何一步步发展到现在这样的,治理环境与问题有什么不同等。

当然在调研中学到的不仅仅这些。虽然以前学过社会学原理,对社会学、社会结构有基础的理论了解,但是当我们一头扎进村庄开始调研时,很容易先入为主地被我们在村委会所听到的、所看到的迷惑。在进一步调研时,我们会发现一些与开始在村委听到的截然不同的想法、态度,这时容易陷入两者到底谁说得对的争论当中。其实争论对错没有意义,因为是不同主体,站在不同角度去看待事情,想法不同是正常的,并不一定非要争论出孰是孰非。现在想来,我当时在村民家听到他们生活的不易后,产生对村委的排斥心理都是可笑的,是很幼稚的行为。像在书中看到的一句话一样:存在即合理。在调研中其实不应该带入过多的主观判断,这也是我一开始调研所缺乏的。因为一旦带入主观判断,甚至产生感情共鸣,那么接下来提出问题、分析原因都将会带有一定的偏见。

在参加这次调研之前,对于两年以来的学习是茫然且迷惑的。学了很多的专业知识,很多专业名词,看过很多案例分析,但是都不如这次调研带给我的感悟来得彻底。只有对村庄不同主体之间的关系以及村庄社会有一定的了解,才能跳出自己的思维逻辑,去感受书本以外的知识经验。也会尝试着将自己学习两年的知识与实践相结合,利用专业知识去剖析村庄社会变迁、结构演变的内生动力。

总而言之,我认为在本科期间能有这种去村里调研的机会很难得,也很庆幸我被抽到承县实习,更庆幸遇到两位带队老师在调研期间花很多时间来教我们如何抽丝剥茧地从现象中发现问题,受益匪浅,感恩相遇。不能说这两周时间学到的所有大于前两年的学习,因为没有理论学习可能在实践过程中也会迷茫,但是实践无疑让我原有的学习模式与框架得以升级。虽然可能现在思考问题的高度、深度还是会受限于我的经历阅历,但是正所谓实践出真知,在下一阶段的学习中,我会带着调研中我想不明白、解释不清的问题继续加强专业知识的学习,锻炼尚不成熟的思考模式。

(中国地质大学(武汉)公共管理学院

陶 冉)

五

"两耳不闻窗外事,一心只读圣贤书"的人不是现代社会需要的人才。这次的调研真正让我感受到了实践的重要性。在这个过程中我体会到了"纸上得来终觉浅",课堂上学习的知识只是理论型知识,那并不会指导我们到了社会上该怎么处理事情。大学生需要在社会实践中培养独立思考、独立工作和独立解决问题的能力和潜力。透过参加实践性的活动可以巩固所学的理论知识,增长一些书本上学不到的知识和技能,因为知识要转化成真正的潜力要依靠实践的经验和锻炼。

这是我第一次离开学校进行社会实践活动,每一步都需要思考。在进入村庄的第一天,心情十分忐忑,要思考怎样同书记和主任们交流,怎样从他们那里获得有效的信息。好在村委会里的人都很好,尽管我们不断问问题,他们还是会耐心地为我们解答。在进行每日的访谈过程之前,都要准备一些不同的具有针对性问题,才能使访谈更有效率、更加顺畅、更有意义。在入户访谈的过程中,也有过被人拒之门外的经历,但是我们知道,这是步入社会必然会经历的事情。我比较害怕和陌生人交谈,这次的实践让我感觉自己改变了不少。这次在农村的磨砺将会成为我成长过程中一笔巨大的财富。

在调研的过程中,访谈村中不同身份的人,能够得到各种各样的信息。有的时候他们对一件事情会有不同的看法,从不同的想法中总结出问题进行讨论和研究才是有价值的调研。这也教会了我从不同角度去思考问题,站在不同的人的位置去看待问题。

这次调研还提升了我们团队协作的能力以及彼此之间的理解和包容。从最开始不是特别熟的关系,到一起一步一步规划每天的行程,不断交流心得,分工合作进行访谈,最后合力创作小组论文,每一个大大小小的环节中都充满着不同的挑战,时时刻刻考验着每一位小组成员,每一环节都锻炼了组员们各方面的素质和潜力,体现着团队的努力合作精神。每遇到一个问题,成员们都会毫无保留地说出自己的观点,也会主动指出其他人的不足,最终达成一个每个人都认可的方案;每攻破一个难题,成员们都会大松一口气,分享喜悦,总结经验和成果。团队中每个人的性格都会有所不同,我们不能够去要求其他人都有和自己一样的做事方法,也不能把自己的想法强加在大家的身上,这就需要磨合、理解和包容。没有人的人生是一帆风顺的,人的一生总会遇见各种各样的人和事情,每次遇到问题时,要学会找出解决问题的方法,而不是无休止地埋怨,要学会理解和包容别人。

我第一次深入农村了解乡村如何建设、如何生活、如何发展。平整的道路、整齐的房屋、随处可见的绿化,和我想象中的农村完全不同,让我有了想要去探索的欲望。村庄也有先进的科技,也有网络媒体,大数据让乡村振兴起来。通过社会实践活动,在与老百姓广泛的接触与交流中得到真切的体验,从无数典型的事例中受到深刻的教育和启发,使思想得到升华,提高了认识能力、适应能力和创新能力。理解了"从群众中来,到群众中去"的真正含义,只有到实践中去、到基层去,把个人的命运同社会、同国家的命运发展联系起来,才是大学生成长成才的正确之路。这次机会让我了解到了不一样的乡村,这是在课本上学不到的,开阔了视野,对我以后步入社会有很大的帮助。

我相信,有收获、有经验、有挫折、有教训的实践活动才是一个真正意义上的完整的实践活动。作为当代大学生,这也是一份责任感,用所学去回馈社会。我将这次实习所带来的收获记在心中,和今后的生活形成一种联系,从中总结经验。用发展的眼光,满怀着期待和热情,对待今后的学习与生活。养成良好的学习习惯和工作态度,形成高尚的思想觉悟,进一步完善和充实自己。社会实践结束了,但是我们的学习生涯并没有结束,把这一次当作宝贵的经历,这是起点。从老师们、同学们身上学到了许多,也帮助我在成长道路上更好地前进。无论是欢乐还是难过抑或是不舍,都将化作我们今后前进的动力,不虚此行。

(中国地质大学(武汉)公共管理学院

翟 琳)

六

在校园里，我对调研的理解是从书本中静态的文字和老师口中生动却依然遥远的示例中得来，但在这次实践调研中，我第一次置身于村庄社会，亲自实践了那些从书中学来的社会调查知识，并在实践中加深了对它们的理解。我从小就生活在城市，因为家在学校附近，很多邻居都选择将房子出租出去，所以邻居在我心里，一直都是陌生的、变化的概念，但在农村就大不相同，住在一个村子里的人都很熟悉，我也在同他们的日常相处中见识了村庄社会的人情百态。

这次调研对于我而言，不仅仅是一次学习，一次实践，更重要的是我大学生活中一个重要的转折点。从刚进入大学学习伊始，我就知道了自己与别人的不同，我好像做不到勇敢地表达自己的想法，在陌生人很多的情况下恨不得将头藏进地底下，我没有办法走出这种现象的圈圈，甚至在一次次逃避中不断变得封闭自我。我给自己打上"社恐""内向"的标签，安于藏在熟悉的朋友身后，不去结交新的朋友。但或许天意使然，我实习抽签抽到了承县，拥有了这样一次特别的社会调研经历。第一次进入村委会给我们准备的访谈室，我以为我会紧张得一句话都说不出来，但是当我想要了解问题时，我居然能够礼貌大方地问出来；第一次开小结大会时，我讲了很多自己的收获和想法，我居然完全没打磕巴；第一次和完全陌生的小组去调研，我居然没有犯"社恐"，反而是和他们相处得像认识了很久的朋友。或许我过于依赖自己的舒适圈了，这次调研给了我一个机会，将我从那个圈子里彻底拎出来，让我不得不去做一些勇敢的事情，因此给了我莫大的信心，让我继续勇敢地走下去。

而选择殡葬改革作为调研专题，更是给了我更多的勇气。人们常说，"生老病死"，人生无非这几件大事，但是想明白和做得到本身就是两码事。我实在是一个过于感性的人，经常会对别人遭受的苦难感同身受，也经常因为生活中的小事伤心难过。在调研过程中我们去往了逝者家中，当时那个场景里的悲伤一下子就把我淹没了，后来同组同学开玩笑讲，在场的除了逝者的儿子，就属我最伤心了。我们还遇到了一位头发花白的老人，本来我们害怕刺激到她便悄悄和她的儿子在聊，哪想到老人直接就走了过来，说："这有什么不好说的，人总会是有一死的嘛。"我在她的眼睛里看见了满满的平静淡然，我佩服她对于死亡的勇气，这种眼神我在调研过程中看见了好多次，也引发了我更深层次的思考，生命的意义本身就在于过程，死亡只是这个过程的结束，是每个人必经的自然过程，又有什么可怕的呢。换个思路,连死亡都没什么可畏惧的,那生活中哪有那么多过不去的坎呢。

此次调研让我深刻感受到乡亲们的朴实热心。第一次由老师们带领着走进村中党员群众服务中心时,我们小组成员无一不带着紧张,面对村干部对我们餐饮出行的包办我们都感觉很惶恐,所以感谢并婉拒了他们的安排。第一天上午访谈结束后,我们感觉得到的信息都过于表面化,对于村内的大体情况没有直观的感受,所以我们向村干部提出想去村中走一走转一转,原本此举只是为了向他们报告我们的行踪,但是村民委员会主任竟然直接打电话让自家妹妹开车带我们进村。这件事情给了我们小组每个成员以温暖和信心。我们不再扭捏,开展调研时遇到了什么问题也大方地向村干部、小组长等知情人士询问。在火葬场告诉我们要学会自上而下的思考模式的工作人员;在我们租车困难时坚持不要车费载我们的司机大叔;在我们想要拜访上级干部却没有门路时帮忙引荐的驻村干部……感恩这次调研中遇到的所有好人,我们只是他们工作或是生活中所遇见的一个过客,不存在社会上复杂的资源置换和人情往来,他们帮助我们,大多只是出于内心最朴实的善意,而我永远会被这些真挚的善意打动。

(中国地质大学(武汉)公共管理学院

施 翩)

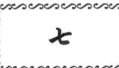

通过前两周的调研,我了解了同兴社区的概况,并与许多老人交谈。同兴社区是由滨湖社区分出来的,成立时间较短。在调研同兴社区时调研任务不重,但下午有时需要跟随网格员参与工作,容易中暑。不过网格员们对我们照顾有加,会时刻关心我们的状态。走在承县的街道,空气环境很好,缓解了我在炎热天气下的烦躁。前一周我们从陌生到熟悉,从客套到密切合作,认真工作的氛围容易拉近同学们之间的关系,我从中收获了友谊和增加了调研的乐趣。

第二周开始采访,采访对象是村庄的老党员,在交流中能感受到老人对于生活乐观积极向上的态度,以及对同兴社区工作的肯定。在与其中几位老人的交流中,我似乎也看到自己爷爷奶奶的影子,他们也爱在枯燥的生活里听歌、玩乐器,但总的来说,与其他人的交流活动还是较少。后来我们自己寻找采访对象,虽有时也会遭到了拒绝,但锻炼了我们不怕挫折的能力。不过大部分老人是非常配合的,他们有一些无法解决的问题,希望我们可以向上汇报。在天气如此炎热的承县,我每天都会出很多汗,这期间我中暑过一次,一直很想吐,但小组成员对我非常关照,嘱咐我多喝水,让我感受到了团队的温暖。每当结束对老人的访谈我都迫不及待想回到宿舍吹空调,但回到宿舍又会觉得很多问题没有问到,会在笔记本上记录下想要问的问题。这一周的调研无疑比上一周劳累许多,并且小组被分散开来,安全出行与相互协调对我们来说都是考验,好在组长非常负责任,在确保我们安全回到宿舍后会及时给老师汇报。

调研帮助我接触到在学校里无法经历的人和事,开拓了我的视野,每天晚上的会议不仅是对一天工作的复盘与总结,也让我们更深入思考。前期我们小组成员对于调研都是无从下手的状态,但是经过反复摸索和老师的讲解,逐渐找到了调研方向,也更加明确社区调研的价值。调研时碰到了一些让人无奈的问题,这也将激励我不断努力,以期能够将来在更高的平台上发声。调研结束后我非常不舍,仍然觉得意犹未尽,没有好好向同兴社区告别成为我们小组的遗憾。

(中国地质大学(武汉)公共管理学院

冯园园)

八

本次在承县苗镇华村为期两周的调研是一次重塑我对乡村治理认知的经历。无论是在书本上学到的经过了一代人努力实践出真知而得来的治理方法,还是网络上输出的各式各样新农村示范典型的模式,好像都与我的所见所闻有些不一样。一千个读者就有一千个哈姆雷特,何况是出生不同、经历不同、价值观念不同的我们去感受村民生活。踏进的每一户农户,推开的每一扇门都是一个不一样的人生,我们通过访谈,更确切地说应该是聊天,轻轻叩开他们的心扉,只为听见村民内心深处最真实的声音,了解到普通人生活最真实的状态。无论是不易与艰辛还是幸福美满,都是一个独特的人生,结局是不同的悲欢离合与相同的生老病死。山上的村民采茶种地,握刀砍柴的手一升一落就是大半辈子;山下的居民打工养家,冰冷的铁门一开一合就是几载年华;基层的村干部,年年岁岁的操劳换来染白的黑发和被压塌的眼角。

刚到承县的我抱着一种旅游的心态,甚至还想着周末可以去漂流,而且我外婆家乡就在这边的山上,我很小时曾来过,所以在得知实习地点时,我是满怀期待的,但紧接着的调研活动完全打消了我的娱乐构想。根据调研要求,我们要在第一周内了解村情,第二周根据确定的主题开展专题调研。累,就是最直观、最纯粹的感受,一天下来身心俱疲。首先,不懂方言是一大困难,刚开始的几天,我们经常会因为村民讲话太快听不懂他们说的具体内容。经过几天的磨合,终于可以听懂当地的方言了,也算是一个很明显的进步和提升。其次是精力的持续消耗,在学校时我们的课不算多,供我们自己支配的空余时间是较为充裕的,也能休息和调整自己,以保持饱满的精神状态,然而,来到承县以后,我们的作息可以说是除了吃饭睡觉外,就是调研,特别是每天晚上还要开会分析整合一天所收集到的信息,发现问题并提出方案。不可否认这样的"今日事今日毕"可以提高我们的调研质量,且总结后更能摆正第二天的调研方向,但每天熬到快凌晨也多多少少影响了后面的精力。两周下来,我的调研能力和组织能力也有了很大提高。从刚开始的连怎么问问题都不知道,到迅速调整好状态走出舒适圈,慢慢形成自己的一套访谈体系,很快就可以独当一面进行调研了,这种成长速度是令我十分惊喜的。还记得那天老师们参与我们小组的讨论时,前两天集聚的自信一下子就烟消云散,在我们还为自己的调研发现满心欢喜时,老师随意提出的两个问题让我们瞬间蔫了,原来我们获得的信息是如此片面,我们的提问是那样浅显不深入,我们挖掘有效信息的能力还是这么不足。那天讨论进行到了23:40,我们都精疲力竭,但收获极大,摆正了我们后期调研的正确方向。直到后来与老师的交流才得知,老师在做调研时讨论到凌晨两三点是常有的事。这一刻,我体会到我们的辛苦在专业面前不值一提。我们十分幸运,若非老师们的帮助,绝不可能在短时间内成长得如此迅速。两周的时光,我们把欢乐与汗水一同留在了华村:我们一起吃饭一起午睡,互相敲醒在访谈中沉睡的脑袋;一起在暴雨后的沙地上放声大笑,踩出的一个个水洼倒映出青春的笑颜;一起带着村民阿姨给的大袋零食搭着她的小汽车去另一户村民家蹭饭,最后顶着烈日徒步下山还顺带拐走了大叔家的小狗;一起体验真正的"过山车",感受华村赛车手在崎岖颠簸的山路上如履平地,让我脸红于自己那车技居然配拿到驾照……现在回想起来,那些日子是如此清晰,感恩遇见,未来祝好。

第一周,我们从村级组织治理模式变迁、基层上下级"信息不对称"的破解、网格化治理的可行性与必要性、特色品类怎样助力乡村振兴等视角多维度地认识华村村情及整体运行模式。第二周,我们确定的主题是基层组织治理模式和架构,通过访谈村干部、组长了解村级架构组织,再入户走访调研这些组织架构存在的必要性和合理性,以及基于此模式如何完善村级组织的管理体系和去行政化后的治理体系,在"双线运行、五级架构"的基础上保障华村的城镇化进程。

在城镇化进程中,城郊村在乡村治理时面临重重困境。城镇化给基层工作者和村民都带来了不小的压力。进入21世纪以来,随着我国经济发展速度的加快,现代化的生产方式和生活方式给农村社会带来了巨大变化,为应对这种现代与传统因素的博弈、治理机制区域差异明显的发展状况,以及顺应国家的宏观制度变迁、国家的战略安排和阶段性目标,产生了"过渡型"村庄的概念。"过渡型"村庄所特有的阶段性,呈现出治理目标与治理需求存在张力、策略性应对突出和弹性治理鲜明等多重样态。从纯粹的乡村生活变革至城郊村的治理模式,过于理想的建设目标容易遮蔽乡村社会变迁和转型中所暴露出来的治理上的缺憾,而这类问题在华村的主要体现是自治主体结构失调,资源配置不合理,传统生产方式变为半工半耕,搬迁移民造成的社会形态转变,集体经济在资源裂缝中艰难发展等。用脚丈量每一寸土地,才能感受到何为"把论文写在祖国的山河大地上";深入基层组织治理,才能懂干部的劳苦不易;切身融入村民生活,才能看见时代留下的印记难以消除。

(中国地质大学(武汉)公共管理学院

段佳文)

九

每一个村庄都有其独特的存在形式,无论是治理模式、经济发展方向还是民风民俗都有着独有体系。要想研究中国社会的发展逻辑就要走入中国农村,与当地村干部、村民进行深入交谈。两周的调研使我们对于我国中西部农村的发展有了一定的了解,但是我国地域辽阔,不同地区发展差异较大,风土人情各异,不同的村庄有着不同的故事,描绘乡村图景还需要在将来走向田间地头。我们无法在两周时间内掌握这个村庄的全貌,也无法像"当地人"一样熟知村里的方方面面。第一次参与乡村调研,我能看到的只是这个村庄所呈现出来的表面,只能说是"见识"过农村,对农村农业农民还是缺乏深入的、系统的、全面的认识。不过这些已经足够让我对田野调查产生兴趣,也让我有了一颗好奇心,学会了追问社会现象背后的原因,也让我的学习从一直以来的听课模式转换到了实践探索模式。

调研的两周充实而快乐,我们所有小组成员都是第一次进行调研。我们刚开始很难从以前单纯听课做笔记完成作业的模式转变过来,面对村干部不知道如何提问,也不知道应该问什么样的问题,还像从前上课一样,村干部说什么就记什么,话题的走向也完全是村干部在主导。除了在访谈上存在问题外,最开始

第四篇 田野感悟

的我们因为对当地的物价不了解,在村里的第一顿饭还被"宰"了,每天的午饭如何解决也成为困扰我们的难题。等到走遍了全村6个组对村子较为熟悉后,我们每天的午饭时间也成为一段难忘的回忆,无论是在农家乐还是路边的小餐馆,我们聊着上午的收获,讨论着下午的安排。小组6个人也从最开始的拘谨客气变得熟悉,一路上说说笑笑,哪怕在35℃的高温下进村上山也是笑声不断。除了小组成员之间相互熟悉起来外,对于访谈我们也没有最开始那么迷茫了。在一天天的交谈中我们逐渐能够把握话题的走向,能够有效获取想要的信息,也能够合理地规划一天的时间安排。

在调研期间,除了白天在村里进行访谈外,回到基地后我们也没有闲着。在一起谈论今天的收获,商量第二天的安排,一起想办法解决遇到的困难……最开始小组开会讨论时,大家都比较沉默,不知道该表达些什么,自己有与其他成员相似的话题时也因为组织不好语言而难以参与进去。连续几天开会后,在老师的逐步引导下,我们学会找问题、寻原因,思路也慢慢变得清晰,小组讨论大家基本都能畅所欲言了。也正是因为每天晚上的开会讨论让我们能够及时整理当日的访谈资料,理清思路。

与王村的相遇相识,让我感受到了我国基层村干部的不易、村民的淳朴与热情、乡村的美丽。上山路上的那场大雨、农家乐里可爱的小狗、村委会附近的小餐馆、整理笔记后抬头看到的夕阳、小组成员在调研中的付出、老师们为我们的第一次调研保驾护航都会成为这个夏天的专属回忆。

(中国地质大学(武汉)公共管理学院

郑 爽)

十

2022年,我们抓着6月的尾巴前往承县,开启我们的第一次实习之旅,这也意味着我们将第一次奔赴"田野"。在我的脑海里,"田野"一词因为社会学而被赋予了浪漫的意义,它代表着丰富多彩的社会现象,也代表着通过这些社会现象发现其实质的过程。曾经在读学者们的调研成果时,往往因他们能够精准找到某个社会问题的症结所在而震撼,因此在得知我们也有机会亲身体验"田野调查"时,我已经开始摩拳擦掌、跃跃欲试了。但这种冲动很快被磨灭在了"艰难"的调研过程中。

"艰难"并不是因为外部环境,而是因为我们难以找到正确的访谈方法和逻辑。本次参与调研的所有学生,都是第一次接触村级治理体系,第一次有机会了解村庄秩序的运行,因此对村干部们所提到的所有现象都很感兴趣。事实上这种兴趣都只建立在浅显的表层逻辑上,很多我们认为有趣的现象根本经不起推敲,因此我们的调研一连两天都没有实质进展。好在有老师们的指导,调研工作才得以顺利推进。

在逐渐理清调研思路之后,调研工作开始有条不紊地进行起来。调研期间,我们的思维一直处于活跃状态:在访谈期间要及时发现能够深入研究的问题,访谈结束后要对一天的收获加以总结,还要准备第二天的访谈内容。这段时间虽然很累,但也乐在其中。调研期间除了小组内的讨论还有组间大讨论,其他小组发现的现象和老师的观点往往能激发我们新的灵感,进而完善我们的访谈提纲,正是这些碰撞的过程,让我们的研究思维有所成长。

当然,调研中除了工作带来的乐趣,还有在当地风土人情中获得的感动。记得一次入组的路上遇到一位善良的叔叔,免费载我们到达目的地,还嘱咐我们返程时有需要再联系他。返程途中我们偷偷留了车费,但叔叔执意不收,说:"收你们的钱我才不好意思。"除此之外还有很多感动的瞬间:雨天村民邀请我们到家中避雨、农家乐老板偷偷添的饭菜、村委会张主任为我们安排行程、即使高温下已汗湿衣衫也依旧不减的欢声笑语……如今回想起来每一件都历历在目。也许我们对于村委会、对于村民而言并不是第一批实地调研的大学生,但这次经历于我们而言却是珍贵且难忘的第一次。调研结束的那天早上我们和往常一样稍加整顿准备出发,治调主任轻轻地说了声"别说,还有些不舍",我们也在这一句话中湿了眼眶。

(中国地质大学(武汉)公共管理学院
韩蕙敏)

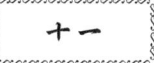

(一)思

两周的调研生活转瞬即逝,给我留下的是内心深深的触动。我明白了所谓的公共管理不应该只停留在书本上的理论,而是要走进基层,亲身体验过后,才能有所发现,才会明晰百姓生活之困苦、基层工作之艰难、乡村振兴之前路。

什么是农民?农民需要什么?这是老师曾经问过我们的问题。我想,这其实适用于所有的关于乡村治理的课题,因为"以民为本"永远是各时代对于公共管理的终极信条。

农民是什么？农民是一批最真实、最朴素、最可爱的人。

农民需要什么？农民需要的是吃得饱、穿得暖、睡得香。

但是实现这些很难，需要许多人的共同努力。

首先，最需要优秀的基层治理者，他们是基层治理工作运转的主动力，同时也是最接近农民最了解农民的人。成为基层治理者很简单，但成为优秀的却很难，需要完成最琐碎的工作，更需要与村民成为家人和朋友，需要"想村民之所想，为村民所难为"。因此，我十分敬佩那些坚守在基层岗位上默默付出的人，正是有了他们，乡村的热土才能滚烫依旧。

其次，需要乡村中平凡而伟大的英雄。无论是村委还是理事长，他们在乡村治理过程中都充当着"中间人"的角色，是机器维修中必备的"润滑油"。他们的工作不只是上传下达，而是作为发声者，代表村民倾诉自己的感受，代表村委会第一时间与村民交流。我在访谈中能够感受到他们对于这份工作的热爱与责任感，也见证了他们受到夸奖时的幸福与快乐。

再有，需要真正体察民情的政府部门。乡村治理不只是基层的工作，而应该是由上而下的改进与变革，因此，政府部门应当摒弃形式主义的作风，亲身实地地考察基层治理工作的困难与挑战，真正了解村民的想法与建议。政府的支持与帮助对于乡村发展起着举足轻重的作用，有了外部坚实的支持，乡村才能发展得越来越好。

云村的未来之路是怎样的，如何发展才能让村民过上好日子？

未来，云村计划积极探索将"茶产业"与"旅游业"相结合，结合本村实际，发展独具特色的乡旅产业，立足区位优势和产业特色，建成茶旅融合试验区，初步形成观茶景、体验采摘、品茶、购物于一体的综合服务中心。

目前，云村对于乡旅产业仍处于起初探索阶段，还有许多应当注意和改进的地方。

第一，建立利益联结机制，促进农村共同富裕。建立"农民＋产业＋农村"的利益联结机制，在促进乡旅产业经济发展的同时也要兼顾当地农民的主体利益，提升农民在发展乡村旅游中的主体地位，积极开辟农民增收渠道，确保乡旅产业给农民带来切实福祉。村委会要发挥自身职能，对相关产业进行评估，组织村民参与产业发展。在开发当地资源的同时也要将农村整体发展纳入合理考量，秉持"乡旅发展靠农民，乡旅产业为农村"的行动理念，促进乡村人文自然的协同发展，助力农村共同富裕。

第二,盘活当地优势资源,发展特色乡旅产业。结合当地自然环境、气候条件、人文环境的实际情况,挖掘乡旅产业的内在潜能。要发展独具特色的乡旅产业,不搞统一模式,杜绝形象工程,形成特色旅游资源开发与村庄发展的良性互促机制。结合当地红色文化、非物质文化遗产、地域文化建立特色旅游项目,设计相关文创产品,生产售卖当地特色农牧产品,延长产业链,发挥第三产业的衍生优势。另外,可以与周边乡村进行旅游项目合作,发挥聚合作用,提高旅游产业的影响力,带动周边地区发展。

第三,积极创造就业机会,加强村民技术培训。乡村旅游业能够为当地创造大量的就业机会,对于吸引外出务工人员返乡、带动周边地区就业、解决当地失业人员就业问题具有重要意义。目前许多乡村面临老龄化、空心化的问题,乡村旅游业能够一定程度上为乡村提供可持续发展动力,解决乡村"空巢"问题。同时,大力加强与乡村旅游发展相关的人员培训,培养一批有文化、懂技术、会经营的新型农民,让农民了解到乡村旅游发展对于乡村振兴的重要性,从而激发农民的积极性和认同感。

第四,加强基础设施建设,关注游客观感体验。统筹规划区域乡村旅游道路、景区、厕所等基础设施建设,完善公共服务体系,优化乡村旅游的整体布局,利用互联网、大数据、人工智能技术推进景区电子化、智能化建设,提升游客在吃、穿、住、行等方面的满意度,保证全天候的便携式服务。根据游客群体的年龄特征、兴趣习惯设计有针对性的旅游项目,定期开展游客满意度调研,积极听取游客意见和建议,并对相关方面进行合理改进。

第五,加大乡旅宣传投入,建设当地标杆品牌。多途径、多渠道加强乡旅产业的宣传推广力度,利用网络、报纸、电视等媒体平台进行宣传,利用乡贤、网红、明星的个人影响力提升当地乡旅产业发展的知名度。当地政府应当给予地区一定的乡旅发展资金支持,出台乡村旅游业专项补贴政策,保证乡旅产业资源、产品和服务的质量,实现经济效益、社会效益与生态效益相统一,打造以乡村旅游引领乡村振兴的示范标杆。

近年来,乡村旅游的基础设施不断完善、服务质量不断提升、农民为主体的利益联结机制不断健全,乡村旅游在经济社会发展中的综合效益不断凸显,相信云村能够将茶旅产业的潜力发挥到最大,继续依托优势资源,努力打造一方留得住乡愁、记得住历史、令游客流连忘返的美丽乡村,带领全村人民共同走上致富之路。

"为天地立心,为生民立命,为往圣继绝学,为万世开太平",以前我认为这句

话过于空泛宏大,但经过了这两周的实践,这句话在我心里变成了一个又一个具象。当村干部谈起对于乡村工作的付出,当理事长说起对于这份工作的热爱,当村民笑着谈起现在的美好生活,当我的脑海中勾勒出一幅和谐幸福的村庄图景,我想,这就是这句话对我的启迪——要怀着理想与目标,不断前行。

(二)悟

两周调研的经历提高了我探索问题、思考问题、解决问题的能力,对我今后的行为方式产生了影响。

首先,要全方位地思考问题。在看待某种问题时,要辩证地从各个视角、各个主体思考。让我感受最深的一次是我们去采访河对岸一侧居住的某位老人。他自家的茶田在崎岖的山路旁,三轮车无法通行,只能靠人力运输茶叶。但老人患有腿疾,因此上下山行动非常不便,希望我们能够跟村委会反映情况修路,当时听到这个情况,我对老人产生了深深的共情,一阵心酸涌上心头,眼泪近乎夺眶而出,随之而来的是对于村委会不解民情的愤懑。后来,我们就此问题与村委会干部沟通,他们向我们解释了原因:崎岖的山路原就不适合通车,且茶叶属于重量较轻的经济作物,因此人工搬运也较为轻松,目前村庄建设资金一直短缺,无法兼顾到所有细节。两个主体、两种态度、两类利益考量。村民自私吗?不,他们只是想让日子过得更加舒服,这是乡村发展的归宿。村委会自私吗?不,他们只是很难做到面面俱到,眼光放得更加长远,更注重村庄整体发展。因此,很多问题有时无法评判谁对谁错,关键是我们如何思考问题。

其次,任何事物都不是永恒不变的,人们对于问题的认知也是不断变化的。初入云村,我们只在村委会调查,看到美丽的茶园和规整的道路,听到云村数不清的荣誉称号,我们认为云村的发展完美无缺。但随着调查的深入,我们发现云村也是一个普通的乡村,存在与其他乡村一样大大小小的问题,这里的每个人也拥有自己的专属烦恼,某些事物需要深入了解才能发现背后的逻辑与困境。

再有,学术研究应以中立视角观察评判问题。在研究一个问题时,不能过多地掺杂个人情感,要以中立者的角度客观分析问题,要摒弃个人原本的价值偏好。感触最深的是对于花鼓戏的去留问题,最初我们小组的一致态度是应当鼓励花鼓戏的发展,保证非物质文化遗产的延续。但经过与老师的交流,我们开始思考文化与经济社会契合度的问题。如果一种文化不再适应社会的发展,那么我们应当如何处理呢?只有在问题面前保持足够的理性,才能挖掘出背后应该思考的是非。

最后，实践出真知——这是我最深的感悟。两年来我学习的专业知识停留在了表面，当我亲自走进乡村，才能理解书本上谈到的各类治理问题，其实都有问题表象背后深刻的逻辑，而实践是将理论变为行动，也是发现问题、更新理论的唯一途径。在我来到乡村之前，我认为乡村治理是一件简单而枯燥的事情，但是在深入了解之后，我发现乡村治理并没有自己原本想象的那么简单，优秀的基层组织能够协调好各主体的利益，推进乡村经济、政治、文化协同发展，这刷新了我原本的认知。只有亲身走过、看过、经历过，才能在实践中获得真知。在之后的专业学习中，我会尝试多看、多学、多感受，希望能够有更多实践的机会，让我亲身实地去观察生活、观察社会、观察世界。

（三）得

回顾两周的调研生活，我感到无比充实而有意义！

我结交了5位珍贵的挚友，同甘共苦过后，才更加珍惜。在实习开始之前，我与小组成员的关系都略为陌生，我也只是把这次组队当作是一次简单的同学合作。但是在这两周的调研生活中，我们小组成员的关系越来越亲密，6个人逐渐成为同舟共济的战友。从最开始的无从入手，到最后的从容不迫，每一次访谈过后，我们都会进行集中谈论，每个人畅谈自己的想法和观点，有人赞同也有人反驳，对于访谈技巧的反思，对于第二天后续的安排等，思想碰撞使我们越来越亲近，这也拉近了我们6个人的距离。全天几乎12小时的彼此陪伴，我们组成了一个平等、互助、友爱的小团体。这份友情让人难忘，也会一直持续下去。

我收获了一段特殊的经历。这是我第一次参加此类社会调查活动，也是第一次走进村庄。面对全新的事物，我心里有些恐惧和忐忑，因此访谈时也有些退缩。但是经过几天的"磨炼"，我掌握了社会调查的技巧，逐渐发现了社会调查的乐趣。我们拥有极高的自由度，因此可以自主安排调研计划和内容，没有格式化的约束使我们虽然辛苦但是内心感到很轻松，这是在平常上课时无法体会的感受。另外，每天晚上的讨论和小组之间的交流，老师对问题的引导让我们能够静下心来思考问题背后的逻辑与本质，这种实习的方式是特别的，也是对我帮助很大的。

我看见了一座乡村的图景。云村是我接触到的第一个乡村，两周期间，我与小组其他成员一起在村庄开展调研，用脚步丈量云村的每一寸土地，用眼睛欣赏属于云村独有的风景。云村的人民朴实而热情。我们在村子里总会遇见一位卖杏子的老奶奶，每次见到我们都会非常热情地打招呼，并且塞给我们自家种的甜

杏。还有许多村民在遇见我们时都会主动与我们搭话,关心我们天气炎热会不会中暑。当我们访问村民时,很少会被拒绝,他们都会热情地招呼我们进去坐一坐,为我们倒上一杯热气腾腾的茶水,耐心地回答我们那些"幼稚可笑"的问题,仿佛我们不是外来人,而是他们的家人。另外云村村委会也为我们提供最优待的服务,为我们提供休息讨论的房间,帮助我们联系每位受访者,最深的感动留在心底。

尽管云村仍然存在大大小小的问题,我仍然能从云村发展的繁荣图景中看见中国乡村未来的样子。未来的农村不再是落后闭塞的,那是一片自然环境优美、基础设施完善、民主政治清明、经济发展稳定、百姓安居乐业的土地,是中华民族几千年来憧憬的乡土文化具象,也是全体人民乡村振兴共同富裕迈向小康生活的康庄大道。乡村振兴,让农村更美丽,让农民更幸福。只有全部农民都过上了好日子,才是真正的小康社会,才真正体现祖国富强的意义。

(中国地质大学(武汉)公共管理学院
张若莹)

十二

村里热情善谈的大爷大妈,村干部周到的服务,山路的"九曲十八弯",每晚激烈的讨论,白天调研的好奇或困倦,甚至在村委会中午休息的座椅,每天中午的一根小布丁,在宿舍半夜赶作业的狼狈,共同组成了15天的乡村调研的回忆。

初进村庄,村委会的三层小楼屹立在我们面前,所有村干部都在这里办公,我们则在办公区旁边的一个独立的会议室进行访谈。每个访谈对象都有自己的性格特点、生活轨迹、工作态度,每访谈一个人都能窥见一段全新的生活,这是以往从没有过的体验。看看在同一个时代、同一个国家,不同地区、不同成长环境下的人的成长路径、思维方式,让我对人生、对国家、对基层治理都有了不一样的认知,更能深刻地了解到生活的意义。

调研的村庄,和我印象中我老家所处华北平原的村庄在外观上有很大不同。四五层的自建楼房,每家每户一楼大门都是敞开的,因为是白天,年轻人可能都在工厂打工,村民零零散散地坐在家门口的阴凉处或扇扇子或和人闲聊或打麻将。我们的到来可能有点打破了这里的宁静,一路走一路有村民追随看着我们这些陌生人,眼神里没有冷漠,没有防备,只有对我们的好奇。这是有人情味儿的农村,是有温度的村民。反观在我的家里,在城市里,如果几个陌生人走进我们单元,敲敲房门问我们,可不可以聊一聊?我的回应永远只会是冰冷的,并且会将门锁得严严实实。如果这帮人一连出现半个月,我只会送他们警察叔叔的"问候"。这种村庄间原始的热情对我影响较深,我永远会记得自己还领着低保却因为怕我们饿却硬塞给我们八宝粥和面包的"五星党员"爷爷,永远不会忘了山上那家养了七条狗的只因为我们找他们唠唠就留我们在那里吃饭的叔叔,永远不会忘记承县的橙子有多么甜。

调研对我来说是奇幻而坎坷的。我作为一个土生土长的城里人,对乡村生活的一切都是那么的陌生,那么的好奇,一个深入农村的机会也是我不可多得的经验。从刚开始没有重点的磕磕巴巴的提问,到后来的应对自如,这是我们的进步。其中有一次的访谈是在老师的带领下进行的,那次访谈留给我的印象尤其深刻。对于我们原本可能就此打住的话题,老师抽丝剥茧地深入问下去,有时遇到村干部不想回答的问题也会通过迂回的方式继续访谈。口语化的"唠嗑"通过老师的梳理变成一个一个逻辑化、学术化的观点,真正做到了学术和实践生活相联系,生活才是研究的原点和终点。

15天的农村调研转眼闪过,我又回到了宿舍书桌旁。在宿舍回忆着大山里的广阔,对村庄的乡土人情进行思考,到现在我依旧有点恍惚,15天"穿越"般的鲜活体验生活,也带给我了足够的思考。

(中国地质大学(武汉)公共管理学院

任奕璇)

主要参考文献

陈经富,2021.半熟人社会:理解当代乡村社会治理的一个重要概念[J].邢台学院学报,36(3):54-58.

仇叶,2021.行政权集中化配置与基层治理转型困境——以县域"多中心工作"模式为分析基础[J].政治学研究(1):78-89+156-157.

崔家田,2005.从"无序"到"有规"——一项关于殡葬改革的历史社会学研究[D].苏州:苏州大学.

崔盼盼,2019.内部动员、组织再造与治理有效——基于武汉过渡型村庄J村的经验研究[J].湖北行政学院学报(6):52-59.

杜姣,2017.村治主体的缺位与再造——以湖北省秭归县村落理事会为例[J].中国农村观察(5):32-45.

杜鹏,2021.生活治理:农民日常生活视域下的乡村治理逻辑[J].学习与实践(5):112-123.

杜志刚,2022.乡村振兴背景下美丽乡村建设路径探讨[J].南方农业,16(12):129-131.

贺雪峰,2020.互助养老:中国农村养老的出路[J].南京农业大学学报(社会科学版),20(5):1-8.

贺雪峰,2017.乡村建设中提高农民组织化程度的思考[J].探索(2):41-46+2.

黄斌军,2022.乡村振兴战略视域下美丽乡村建设研究[D].赣州:江西理工大学.

黄政.从城乡共融视角看乡村转型与发展[N].中国社会科学网,2022-01-26(005).

纪晓岚,刘晓梅,2023.空间再造与秩序重构:农村互助养老的运行逻辑与生成机理——基于上海市奉贤区"四堂间"的经验观察[J].云南大学学报(社会科学版),22(1):93-103.

加芬芬,2019.传统文化复兴与村庄文化功能优化[J].探索(2):181-192.

蒋悟真,2021.殡葬改革的法治挑战及应对[J].政治与法律(10):107-119.

金太军,王运生,2002.村民自治对国家与农村社会关系的制度化重构[J].文史哲(2):151-156.

李宁,龚源远,2013.新农村建设中自然村落村民自治类型的探索——以南京市六合区两个自然村为例[J].学术界(11):218-226+312.

李万忠,2010.村庄治理主体变迁:从乡镇干部到乡村精英[J].村委主任(3):34-35.

李燕喜,2012.完善我国殡葬制度改革之研究[D].长沙:湖南大学.

李意,2011.边缘治理:城市化进程中的城郊村社区治理——以浙江省T村社区为个案[J].社会科学(8):84-91.

李玉碟,2020.新时代农村社区自组织的运作逻辑及实践限度——以秭归"村落理事会"为例[D].武汉:华中师范大学.

李祖佩,2022.村级治理视域中的农民参与——兼议农村社会治理共同体的实现[J].求索(6):131-138.

林艳艳,2021.运用大数据实现基层减负的实践研究[J].中国管理信息化,24(5):188-190.

刘成良,2016.微自治:乡村治理转型的实践与反思[J].学习与实践(3):102-110.

刘二鹏,韩天阔,乐章,2022.县域统筹视角下农村多层次养老服务体系建设研究[J].农业经济问题(7):133-142.

刘津,2022.村民参与村治的行动逻辑及关系结构困境[J].华南农业大学学报(社会科学版),21(5):59-70.

刘燕舞,2022.生活治理:分析农村人居环境整治的一个视角[J].求索(3):116-123.

刘云根,王妍,2019.美丽乡村建设创新理论与实践[M].北京:科学出版社.

龙玉其,和润铃,2022.兴盛、冲击与调适:社会变迁视角下的民族地区农村家庭养老——基于云南省香格里拉市S乡B村的调查[J].青海民族研究,33(2):42-52.

卢福营,2013.边缘化:近郊村民市民化面临的问题[J].东岳论丛,34(6):77-81.

卢福营,2017.城中村改造:一项系统的新型城镇化工程[J].社会科学(10):84-89.

陆彦,孙超,阮文彪,2022.以组织振兴促进乡村振兴的理论与实践——安徽省农村基层组织建设的经验及政策启示[J].安徽农业大学学报(社会科学版),31(5):24-30.

吕德文,2024.生活治理与国家治理新秩序[J].开放时代(3):153-166+9.

欧阳静,2023.简约治理是什么[J].广西师范大学学报(哲学社会科学版),59(2):86-95.

彭宗峰,许江,2023.新乡贤治村的理解模式构建:反思与出路[J].北京社会科学(1):118-128.

邱婷,2020.刚柔并济:国家与社会互动视角下风俗治理的有效机制——基于鲁西南农村移风易俗改革的经验调查[J].地方治理研究(3):67-77+80.

苏运勋,2018.科层化:基层治理转型的实践及其反思——基于鄂西贫困农村的调研[J].中共宁波市委党校学报,40(6):81-87.

唐斌,2008.论信息不对称条件下的基层政府治理与新农村建设[J].长春工业大学学报(社会科学版),20(4):35-38.

王辉,2022.赋权与削权:乡村治理的逻辑集及组合研究——以浙江H村老年协会的治理为例[J].公共管理学报,19(3):12-23+165.

王露璐,2021.中国共产党百年乡村道德建设的历史演进与内在逻辑[J].道德与文明(6):5-12.

王向阳,2021.国家如何引领私人生活的变革——基于近年来农民生活治理实践的考察[J].上海行政学院学报,22(5):14-23.

望超凡,2022.行政嵌入与农村社会自治能力再造——基于对浙江宋村的个案研究[J].云南民族大学学报(哲学社会科学版),39(3):100-109.

韦少雄,2016.村域基层党建创新与村民自治有效实现——基于广西河池市"党群共治"模式的分析[J].求实(8):30-36.

温铁军,2021.推进农业农村现代化的关键抓手[J].中国生态文明(2):23-26.

项继权,王明为,2017.村民理事会:性质及其限度[J].福建论坛(人文社会科学版)(9):155-160.

熊万胜,2018.社会治理,还是生活治理?——审思当代中国的基层治理[J].文化纵横(1):115-121.

徐琴,2021.乡村振兴背景下农民主体性建设的自组织路径研究[J].内蒙古社会科学,42(1):20-28.

徐一平,2021.乡村振兴背景下发达地区村干部工作激励中的问题与对策研究——以宁波市姜山镇为个案[D].贵阳:贵州大学.

徐勇,周青年,2011."组为基础,三级联动":村民自治运行的长效机制——广东省云浮市探索的背景与价值[J].河北学刊,31(5):96-102.

徐勇,2013.中国家户制传统与农村发展道路——以俄国、印度的村社传统为参照[J].中国社会科学(8):102-123+206-207.

杨思远,2018.城郊村经济发展与制度变革[J].政治经济学报,11(1):121-149.

杨正,胡象明,刘浩然,2021.从"缺场"到"在场":公众在网络谣言协同治理中的新"人设"及特征[J].电子政务(11):69-79.

殷焕举,2021.新时代村级党组织振兴的实践路径研究[J].中州学刊(3):12-17.

于伟宣,戴云,2021.基于乡村振兴视角的农村集体经济发展模式探究[J].中国集体经济(5):4-5.

翟玉晓,2021.论从"熟人社会"走向"陌生人社会"——兼析法治在社会秩序重构中的核心作用[J].辽宁省社会主义学院学报(2):112-114.

张汉元,孙卫华,2021.探索与完善:诉源治理的机制路径研究——以构建我国基层农村矛盾纠纷多元化解机制的必要性为视角[C].第十四届中部崛起法治论坛论文集(上).太原:第十四届中部崛起法治论坛.

张英魁,徐彩勤,2022.中国乡村精英群体的赋权机制与治理功能[J].华南农业大学学报(社会科学版),21(4):104-116.

张永胜,2021.中西部山区脱贫县农村集体经济发展研究——以豫西A县为例[J].河南牧业经济学院学报,34(2):43-48.

钟涨宝,杨柳,2016.转型期农村家庭养老困境解析[J].西北农林科技大学学报(社会科学版),16(5):22-28.

周仁标,2016.村民理事会的功能、性质与发展趋向——基于对安徽省全椒县的调查[J].行政与法(7):29-35.